JN237970

| How-nual 図解入門ビジネス |

Shuwa Business Guide Book

最新 企業価値評価の基本と仕組みがよ〜くわかる本

経営戦略のためのバリュエーション入門

㈱バリュークリエイト 著

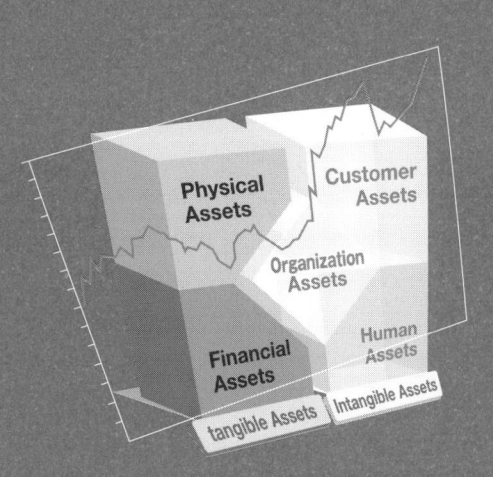

Physical Assets
Customer Assets
Organization Assets
Financial Assets
Human Assets
tangible Assets　Intangible Assets

秀和システム

●注意
(1) 本書は著者が独自に調査した結果を出版したものです。
(2) 本書は内容について万全を期して作成いたしましたが、万一、ご不審な点や誤り、記載漏れなどお気付きの点がありましたら、出版元まで書面にてご連絡ください。
(3) 本書の内容に関して運用した結果の影響については、上記(2)項にかかわらず責任を負いかねます。あらかじめご了承ください。
(4) 本書の全部または一部について、出版元から文書による承諾を得ずに複製することは禁じられています。
(5) 本書に記載されているホームページのアドレスなどは、予告なく変更されることがあります。
(6) 商標
本書に記載されている会社名、商品名などは一般に各社の商標または登録商標です。なお、本文中には™、®を明記しておりません。

はじめに

　この本は、経営者、次世代経営者、企業の現場で活躍するビジネス・パーソン、起業家、これからビジネスの世界に入る学生の方などに、企業価値評価の入門書として、是非、読んでいただきたいと思います。すでに企業価値評価に馴染みのある投資や金融業界の方には、特に後半において、これまでと違う企業価値評価の活用法、企業価値創造の考え方を提案できればと願っています。

　私たちは、バリュークリエイトという社名の通り、「個人と組織の価値創造を応援したい」という強い想いから会社を設立しました。1990年代、日本企業と欧米企業の株式時価総額に大きな格差がついてしまいました。国内外のさまざまな企業と対話をする中で、この格差の主な要因は、従業員の質、技術力、現場の力などではなく、企業価値創造の経営に対する理解の差であると気づきました。日本のビジネス・パーソンの企業価値に対する理解が深まれば、大きな価値創造ができると信じています。大切なことは、企業価値創造の視点があるかどうかです。細かい数式を理解する必要はありません。考え方をおおらかに理解するだけでも大きな第一歩となります。

　構成は、第1章で企業価値とは何か、第2章でさまざまな企業価値評価、第3章、第4章でDCFモデルによる企業価値（本質価値）の算出、第5章、第6章で企業価値評価を実務でどのように生かすか、第7章、第8章で5つの資産とバリュートライアングルによる企業価値創造を説明しています。あくまでも企業価値の考え方の全体感を理解していただくことが主目的です。実際に企業価値を算出する2〜4章はすべて理解いただかなくても先に進んでいただいても大丈夫です。

　バリュークリエイトとして本を書くのは初めてのチャレンジです。本を書こうと考えたのは、経営者、現場でまじめに働いている従業員の方々との対話（研修）で、企業価値の視点を提供させていただき、私たちのアプローチの効果を実感したからです。日本のビジネスの現場で、企業価値の視点が浸透して、それぞれの企業が企業価値創造という軸で行動すれば、豊かな社会と明るい未来が実現すると思います。1人でも多くの人に、大きな企業価値の視点を提供したいと願っています。この本だけでなく、ホームページを通じて、企業価値創造についてのメッセージを発信させていただきます。こちらもご参照ください。

2005年6月
バリュークリエイト一同

図解入門 How-nual 最新 企業価値評価の基本と仕組みが よ～くわかる本

CONTENTS

第1章 企業価値とはなんだろうか

- 1-1 注目される企業価値 ……………………………………… 10
- 1-2 なぜ企業価値評価が必要なのか ………………………… 12
- 1-3 企業価値とは何か ………………………………………… 14
- 1-4 企業価値活用のポイント ………………………………… 16
- コラム 企業価値評価は大らかに正しく ………………………… 19
- 1-5 株式時価総額 ……………………………………………… 20
- 1-6 株価は私たちにとって大切です ………………………… 22
- 1-7 株式市場リスク …………………………………………… 24
- 1-8 企業価値と株式時価総額の違いは ……………………… 26
- 1-9 企業価値リスクの管理 …………………………………… 28
- コラム ギャップは本当に埋まるのか？ ………………………… 30

第2章 企業価値評価のための基礎知識

- 2-1 3つの財務諸表 …………………………………………… 32
- 2-2 損益計算書 ………………………………………………… 34
- 2-3 貸借対照表 ………………………………………………… 36
- 2-4 キャッシュフロー計算書 ………………………………… 38
- 2-5 配当はどうやって決める？ ……………………………… 40
- コラム 無借金経営は企業価値破壊？ …………………………… 43
- 2-6 設備投資はどうやって費用に計上する？ ……………… 44
- 2-7 日常の営業活動に必要なお金 …………………………… 46
- 2-8 自由に使えるお金 ………………………………………… 48
- 2-9 お金には時間的な価値がある …………………………… 50

2-10　資本効率を示す指標 ･････････････････････････ 52
コラム　毒薬より漢方薬 ･････････････････････････ 54

第3章　企業価値の算定方法

3-1　企業価値の算定方法 ･････････････････････････ 56
3-2　純資産方式 ･････････････････････････････････ 60
3-3　収益方式 ･･･････････････････････････････････ 63
コラム　収益還元法の公式の導出 ･････････････････ 66
3-4　配当方式 ･･･････････････････････････････････ 68
コラム　配当還元法の公式の導出 ･････････････････ 70
3-5　比準方式 ･･･････････････････････････････････ 72
3-6　株価倍率法 ･････････････････････････････････ 74
3-7　PER（株価収益率） ･････････････････････････ 76
コラム　サスティナブル成長率 ･･･････････････････ 77
3-8　PBR（株価純資産倍率） ･････････････････････ 78
3-9　PCFR（株価キャッシュフロー倍率） ･････････ 80
コラム　PERとPERの逆数の関係 ････････････････ 81
3-10　EV/EBITDA倍率 ･････････････････････････ 82
3-11　配当利回り ････････････････････････････････ 84
3-12　PSR（株価売上高倍率） ････････････････････ 85
3-13　オプション理論や確率手法 ･････････････････ 86
コラム　2年後のPER、3年後のPER ･･････････････ 89

第4章　ディスカウントキャッシュフローモデル

4-1　ディスカウントキャッシュフローモデル ･････ 92
4-2　事業価値を算定する ･････････････････････････ 96
4-3　売上高、営業利益率を予想する ･･･････････････ 98

4-4	減価償却費、設備投資、運転資本増減を予想する	101
4-5	資本コスト	104
4-6	株主資本コスト	106
4-7	財務レバレッジ	108
4-8	株主資本コストに影響を与える要因	110
4-9	継続価値を計算する	112
4-10	企業価値、株主価値を計算する	113

第5章 企業価値評価を実際にやってみよう

5-1	企業価値評価のプロセス	116
5-2	現状の株価から企業の将来をイメージする	119
5-3	過去の企業の変化から企業価値をイメージする	128
5-4	自分で企業価値をイメージする	134
5-5	ギャップを算定する	142

第6章 企業価値評価の実践

6-1	企業価値創造の2つのステップ	146
コラム	四半期決算と車の運転	149
6-2	企業価値評価を誰がどのように使うか	150
6-3	日本で増加するM&A	152
6-4	日本で増加するM&A ―「胃袋レシオ」から見た時価総額の格差	154
6-5	日本企業が狙われる？ ―「バーゲン・レシオ」から見た時価総額の格差	156
6-6	買収対象として狙われる企業	158

- 6-7 敵対的買収に備えて ･････････････････････160
- 6-8 M&Aによる企業価値創造 ････････････････162
- 6-9 IRでギャップを解消 ･････････････････････164
- **コラム** 米国企業から学ぶ人的資産経営････････････167
- 6-10 IRで見えない資産を伝える ･････････････････168
- 6-11 IRで将来を伝える ･･････････････････････170
- 6-12 IRでアナリストと対話する ･････････････････172
- 6-13 アニュアルレポートを通じて対話する ･･･････････174
- 6-14 なぜ資本政策が大切か ･･････････････････176
- 6-15 ギャップを理解した上での自社株取得 ･････････178
- 6-16 配当は株主への重要なメッセージ ･･･････････180
- **コラム** 株主の質が経営の質を決める？ ･････････････182

第7章 企業価値の創造

- 7-1 企業価値の創造とフレームワーク ･･･････････184
- 7-2 企業価値の創造はぐるぐる回る渦巻き ･････････186
- 7-3 5つの資産 ･･････････････････････････188
- 7-4 5つの資産を使って企業価値をイメージする ･･････191
- 7-5 企業価値とブランド ･････････････････････193
- 7-6 企業価値と利害関係者 ･･････････････････195
- 7-7 企業価値と対話によるマネジメント ･････････････197
- 7-8 5つの資産の限界 ･･････････････････････199
- 7-9 価値創造のプロセス ････････････････････201
- 7-10 価値創造のプロセスとタイムラグ ･･････････････204
- 7-11 企業価値と将来の時間軸 ････････････････206
- 7-12 企業価値と中長期の価値 ････････････････208

7-13 企業価値の構造とバリュートライアングル ･････････210
7-14 バリュートライアングル―短期的な価値 ･･･････････212
7-15 バリュートライアングル―中期的な価値 ･･･････････214
7-16 バリュートライアングル―長期的な価値 ･･･････････216
7-17 バリュートライアングルと価値創造のプロセス ･･･････218
7-18 バリュートライアングルとDCFモデル ･･･････････220
7-19 3つの輪と企業のタイプ ････････････････････222
7-20 経営の質と経営者の役割 ･･･････････････････225

第8章 見えない資産とKVD

8-1 KVDとは ･･･････････････････････････228
コラム IPOと企業価値 ･･････････････････････････230
8-2 見えない資産とKVD ･･･････････････････････231
8-3 重要度と緊急度 ･････････････････････････233
8-4 組織資産―情熱・ビジョン ･･････････････････235
8-5 組織資産―習慣・行動基準 ･･････････････････237
8-6 組織資産―習慣曲線 ･･････････････････････240
8-7 組織資産―対話 ･････････････････････････242
コラム 短期的な株価の上昇 ････････････････････････245
8-8 人的資産―採用 ･････････････････････････246
8-9 人的資産―成果主義 ･･････････････････････248
8-10 人的資産―従業員への教育 ･････････････････250
8-11 人的資産―次世代の経営者の育成 ･････････････252
8-12 顧客資産―顧客満足度 ･･･････････････････255

索引 ･･････････････････････････････････259

第 1 章

企業価値とは
なんだろうか

　2005年春のライブドアによるニッポン放送の買収劇をきっかけに「企業価値」という言葉が使われることが増えています。企業価値は、企業と投資家の共通のモノサシ（評価尺度）であり、市場経済が健全に機能するためには不可欠です。企業価値には「本質価値」と「市場価値」があります。企業価値は、経営者や投資家だけでなく、企業の生産やサービスの現場でも大切です。企業価値を軽視した経営をするとさまざまなリスクができます。第1章では、企業価値とは何かについて全体像を解説します。

1-1
注目される企業価値

　企業の価値の共通のモノサシである「企業価値」が脚光を浴びています。欧米では広く浸透している企業価値の視点は、日本では、1990年代から投資業界で広がり、次第に経営者の間でも注目されるようになりました。

▶▶ 時代のキーワードとして脚光を浴びる企業価値

　2005年に入り、「企業価値」という言葉が脚光を浴びています。2000年頃から企業価値に対する経営者の関心が高まり、日本経済新聞などで取り上げられるようになりました。2005年には、ライブドアによるニッポン放送の買収劇をきっかけに、企業価値という言葉が日経新聞だけでなく、経済雑誌、一般の新聞でも度々登場するようになりました。ワイドショーでも連日報道され、企業価値がお茶の間にも広がった感があります。日経新聞（朝刊）の記事検索をすると企業価値というキーワードで出てくる件数（月平均）は、1995年には0.5件でしたが、2000年16件、2004年18件、2005年44件（1-4月）に増えています。

▶▶ 日本では1990年頃から投資業界で共通言語に

　企業価値という言葉は、新しいものではありません。理論としては、古くからあります。「モノやサービスの価値に対して値段がついているように、企業にもそれぞれの価値があり、適正な価格がある」という考え方は、企業買収（M&A）が盛んな欧米のビジネスの現場では広く浸透しています。日本においても1990年代前半から、証券アナリスト（6-12参照）の分析の中に企業価値評価が使われるようになり、1990年代後半にはアナリスト、ファンドマネジャー（投資の専門家）間の共通言語になりました。1980年代後半のバブル期に不動産の含み益を過大に評価したこと、不動産投資や設備投資が適切かどうかの分析を十分にできなかったことなどの反省から、適正な評価尺度が必要だという認識が広がったことなどが背景です。同時に、日本の株式市場において、海外投資家の存在感が高まり、彼らが重視していた企業価値評価というモノサシが自然に広がりました。

1-1 注目される企業価値

▶▶ 今では経営者やビジネスの現場でも

　企業の間でも、投資効率を軽視したバブル時代の反省から、企業の投資案件の評価や事業の評価においても企業価値評価というモノサシが使われるようになりました。また、2000年頃からの業界再編、2002年頃からの企業買収ファンドの登場により、日本でも企業買収が大幅に増加し、企業価値評価がビジネスの現場でも使われるようになりました。ライブドアによる敵対的買収劇の衝撃は大きく、何より、日本の公開企業の経営者は、第二のニッポン放送にならないように、企業価値を強く意識するようになりました。

企業価値の注目度が高まっています*

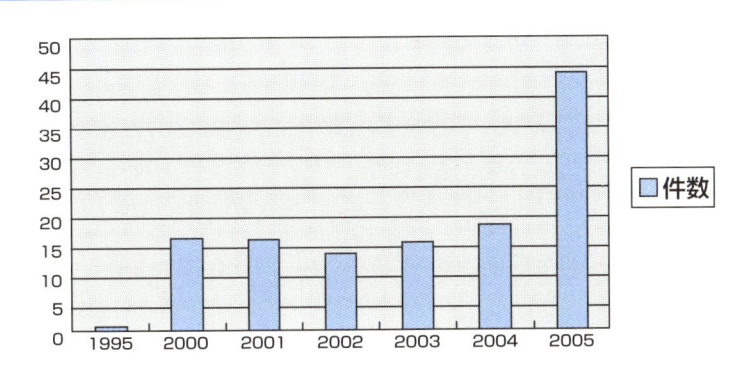

（グラフ：1995年＝約2件、2000年＝約17件、2001年＝約17件、2002年＝約15件、2003年＝約16件、2004年＝約20件、2005年＝約46件　凡例：件数）

第1章　企業価値とはなんだろうか

＊…高まっています　日本経済新聞朝刊の「企業価値」というキーワードでの記事検索結果（月平均。2005年は1～4月の平均）。

11

1-2 なぜ企業価値評価が必要なのか

市場経済が健全に機能するには、価格を評価する適切な尺度（モノサシ）が必要です。このモノサシが企業価値評価です。中期経営計画の策定、設備投資や配当政策の決定、投資の決定などで企業価値評価が不可欠です。

▶▶ 企業価値は市場経済のモノサシ

市場経済のメカニズムは、多くの参加者が市場に参加して、価格を決定します。特に、資本市場は、市場参加者ひとりひとりの知恵（分析力）と勇気（リスクを取る姿勢）で、良い企業を応援する（＝投資をする）仕組みと言えます。良い企業に適正な価格でリスクマネーが提供されれば、その企業が適正な経営資源の配分（＝適正な投資）をして、素晴らしいサービス、製品を生み、雇用を生み、税金を納めるでしょう。結果として、リスクを取った投資家は報われ、豊かな社会が実現します。ここで重要なことは、企業を適正な価格で評価すること、またこの企業が適切な投資をすることです。そのためにも合理的で、適切な尺度が必要になります。このモノサシがなければできません。このモノサシが企業価値評価です。

▶▶ 経営の意思決定の判断基準

企業価値評価は経営の意思決定のさまざまな場面で使われます。

- 経営資源の適正配分の判断のためのモノサシとなります。
- 中期的な経営計画の策定では、自社の適正な企業価値を把握して、それをどのように高めるかを検討します。
- 事業ごとの価値を算定します。それを事業部門の管理（本社と事業部の対話）、事業の再編の判断基準に活かします。
- 設備投資の合理性の判断に使います。
- M&Aの意思決定に使います。特に、買収・売却価格、合併比率を決める時に必要です。
- 資本政策の判断基準として重要です。特に、余剰キャッシュを自社株取得に使う

1-2 なぜ企業価値評価が必要なのか

のか、M&Aの時に株式交換を選択するのか、資本構成をどのように考えるのかなどの判断に活かされます。
・ IR（投資家向け広報）活動に活かされます。

▶▶ 投資家の投資判断の意思決定

・ 証券アナリストやファンドマネジャーの投資判断に使われます。
・ 企業再生ファンドや買収ファンドなどの投資判断に使われます。再生プランや投資後の企業価値の創造のシナリオを考える時に活かされます。

企業価値評価は共通のモノサシです

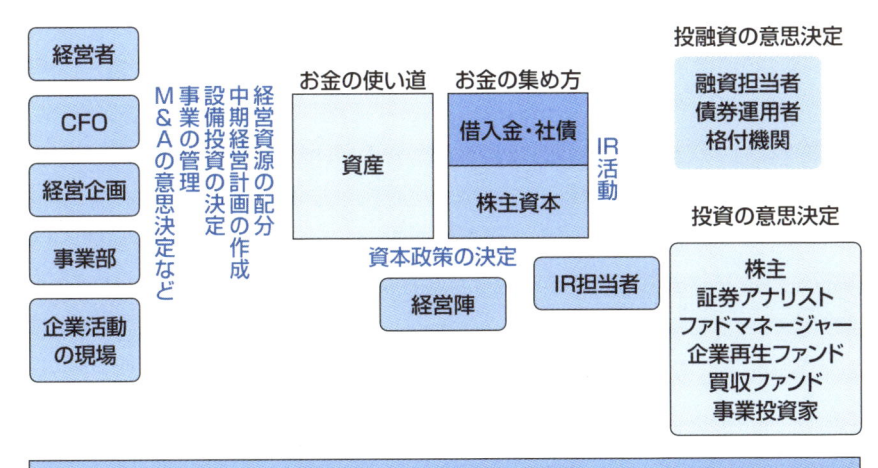

経営者
CFO
経営企画
事業部
企業活動の現場

経営資源の配分
中期経営計画の作成
設備投資の決定
事業の管理
M&Aの意思決定など

お金の使い道　　お金の集め方

| 資産 | 借入金・社債 |
| | 株主資本 |

IR活動

資本政策の決定
経営陣

IR担当者

投融資の意思決定
融資担当者
債券運用者
格付機関

投資の意思決定
株主
証券アナリスト
ファドマネージャー
企業再生ファンド
買収ファンド
事業投資家

共通のモノサシは企業価値評価

1-3 企業価値とは何か

「企業価値」という言葉は広く普及しましたが、実際には、十分に理解されていないままに使われていることや誤解されていることが多いです。企業価値には、本質価値と市場価値があり、この2つの違いを理解することが大切です。

▶▶ 企業価値に対するいろいろな解釈

　これほど広がった「企業価値」という言葉ですが、実際には、十分に理解されていないままに使われていることが多いように感じます。全く誤解されていることも少なくありません。そこで、まず、「企業価値とは何か」を整理しておきたいと思います。企業価値という言葉の解釈はいろいろあるようです。たとえば、企業価値を、競争力（技術力、ブランド力）、あるいは従業員、顧客、社会に対する存在価値などとする解釈です。多くの経営者、技術者、生産やサービスの現場の人たちの間でよく聞く考え方です。根底には、「企業価値を高めるには、本業をしっかりやり、良い製品・サービスを提供することで、社会に貢献して、利益を上げていくこと」という想いが感じられます。あるいは、企業価値を株価、株式時価総額（1-5参照）とほぼ同義で考える解釈もあります。「企業価値の上昇＝株価の上昇」という考え方です。金融関係者、新興企業の経営者などの間でごく普通に使われます。この2つの解釈は、全く違うようにも見えますが、実は、企業価値を違う視点から語っているだけです。

▶▶ 企業価値の定義：本質価値と市場価値

　この本における企業価値の定義は以下の2点です。

本質価値：企業が将来生み出すキャッシュフロー（現金収入）の現在価値
- 技術力やブランド力、従業員、顧客、社会などのステークホルダーとの信頼関係は、将来のキャッシュフローの源泉であり、企業価値を決定する重要な要因と考えます。
- 将来のキャッシュフローは現在価値に割り引きます（2-9参照）。

市場価値：市場における企業価値（本質価値）の評価
- 市場価値は、長期的には本質価値が反映されますが、短期的には株式市場の需給関係、企業に対する理解度など、さまざまな要素で本質価値から乖離することや、大きく変動することがあります。
- 株式時価総額と有利子負債の合計です。

それぞれの詳しい説明は、第3章をご覧ください。

企業価値の定義

本質価値
- 企業が将来生み出すキャッシュフローの現在価値
- 技術力、ブランド、従業員、顧客との信頼関係などは将来のキャッシュフローの源泉

市場価値
- 市場における企業価値（本質価値）の評価
- 株式時価総額と有利子負債の合計

1-4
企業価値活用のポイント

　企業価値をビジネスで活用するポイントは、本質価値と市場価値の違いを理解して、中期的に考えることです。本質的な価値を高め、それを中長期的に市場での評価に反映させる経営が望まれます。

▶▶ 第一に本質価値と市場価値の違いを理解すること

　企業価値を理解して、活用するには、大切なポイントが2つあります。1つは、企業価値を「本質価値」と「市場価値」に分けて考えることです。企業価値に対する誤解は、「本質価値」と「市場価値」を混同することから起きています。たとえば、経営者や企業の現場の方と話していると、「企業価値経営はマネーゲームである」という発言を聞くことがあります。これは、「株価（あるいは時価総額）偏重の経営」を意味している場合が多いです。企業価値経営が「本質的な価値（本質価値）を高め、それを市場での評価（市場価値）に反映させる経営」であれば、マネーゲームと考えられることはないでしょう。

▶▶ 本質価値と市場価値は実像と影の関係と似ている

　企業価値の「本質価値」と「市場価値」の関係を理解いただくために、人（実像）と影の関係をイメージしてみてください。実像の大きさが変わらなくても、光の当て方（＝視点）によって影（＝市場評価）は大きくも小さくもなります。また、いろいろな角度から光を当てれば、影は無くなり、実像（＝本質価値）が浮かび上がってきます。企業価値も同じです。少数の投資家の視点しか反映されなければ、市場価値（影）は本質価値（実像）と大きく乖離する可能性が高いです。一方、たくさんの市場参加者がいろいろな角度から企業を評価すれば、市場価値と本質価値のギャップは小さくなります。実際に、資本市場には、いろいろな人が参加しています。ある企業の価値は、一般の投資家だけでなく、企業価値評価の専門家（アナリスト、ファンドマネジャー）、国際比較の視点のある海外投資家、M&Aを考えている事業投資家、業界の競争状況に詳しいライバル企業、その企業の供給者、顧客、従業員、その企業の経営者までが評価をします。

第二にあまり短期に考えないこと

2つめのポイントは、市場評価を短期的に考えないことです。短期的には、一部の投機的な投資家の取引、円高などのマクロ経済の変化、新技術などに対する過度な期待などにより、株価が変動することがあります。80年代後半のバブル、2000年のITバブルのように、数年間にわたり市場全体が過熱している時もあります。長期的には、こうした要因の影響が緩和されるので、本質価値が反映されやすくなります。もちろん、公開企業は、本質価値と市場評価のギャップの解消を受動的に待つだけでなく、透明な情報開示と投資家との対話により、能動的に等身大で評価される努力が必要です。

2つの企業価値

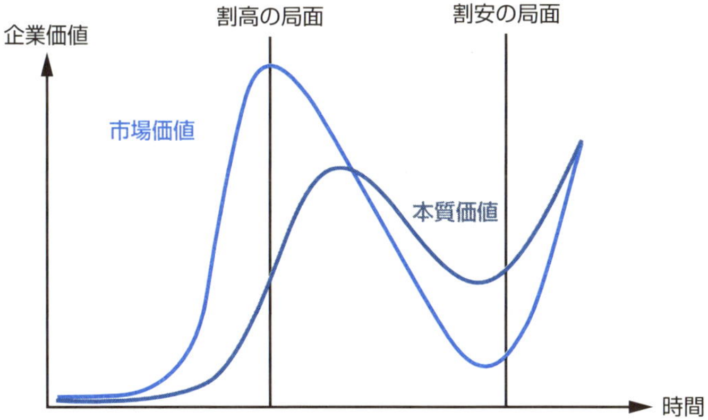
企業価値
割高の局面
割安の局面
市場価値
本質価値
時間

1-4　企業価値活用のポイント

実像（本質価値）と影（市場価値）

光の当て方で影は大きくなったり小さくなったりしますが…

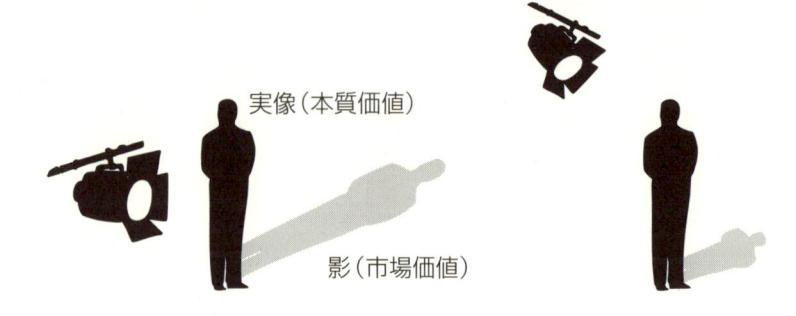

実像（本質価値）

影（市場価値）

…色々な角度から当てれば実像が見えてきます

Column コラム 企業価値評価は大らかに正しく

　この本の中では、「おおらかに」という言葉が度々使われています。経済や経営に関する本の中ではあまり使われない言葉なので、違和感を覚える読者も多いと思いますので、少し解説させていただきます。

　「おおらかに」という表現を繰り返し使っているのは、「おおらかに正しく」という姿勢が、企業価値の視点を企業経営に活かす時の重要なポイントだと思うからです。反対の言葉は「正確（あるいは精緻）に間違える」です。企業価値（本質価値）は、将来のフリーキャッシュフローの現在価値です。将来、特に5年、10年先のキャッシュフローがどうなるかは、いくら精緻に予想しても答えは出ません。しっかりとした前提とロジックがあることは重要ですが、あまり細部にこだわっていては、前に進めません。実務の場で企業価値を活用するには、ピンポイントの数値で求めるよりも、むしろ、ある程度の幅で考えることが有効です。

　実際、筆者の証券アナリスト時代の経験でも、「おおらかに正しく」という姿勢は有効でした。エクセルシートでデータを積み上げ、細かい分析をすればするほど、実態から乖離する失敗も経験しました。分析のための分析になり、ある部分では詳細な分析をしていながら、全体像が見えていなかったのだと思います。また、現実の世界では、緻密な業績予想を作り上げている間にも次の変化が起きているので、緻密な企業価値評価が完成した時には、すでに過去のことになっていることもありました。

　「大らかに正しく」は、手を抜くということではありません。大局観を持つということです。短期の売上高や営業利益の予想を精緻にすることに全身全霊を使うのではなく、5つの資産（物的資産、金融資産、組織資産、人的資産、顧客資産）全体を見ながら、5年度、10年後までをいくつかのシナリオで考えていくということです。実際の企業経営の場では、全く企業価値評価が活かされていないことがあります。たとえ大らかな評価であっても、ゼロよりは一歩前進です。驚くほど多くの気づきがあると思います。あとは、経験を積みながら、少しずつ精度を上げていけばよいのではないかと思います。

1-5

株式時価総額

　本質的な企業価値（本質価値）は、株式時価総額の変動を通じて中長期的に市場価値に反映されます。株式時価総額は、「株価×発行済み株式数」で計算される株主から見た企業の値段（時価）です。

▶▶ 株式時価総額とは

　本質的な企業価値（本質価値）は、株式時価総額（以下時価総額）の変動を通じて市場価値に反映されます。時価総額とは、会社の発行している株式（発行済み株式）を時価（直近の取引価格）で評価した金額（**時価総額＝株価×発行済み株式数***）のことです。つまり、株主から見た企業の値段（時価）であり、理論的には、時価総額の金額で企業の株式を100％取得することができます。株式を100％保有できるということは、経営権を完全に得ることができるということです。また、時価総額の50％以上の金額で、発行済み株式数の50％が取得できるので、実質的にはほとんどの経営権を得ることができます。企業買収（M&A）において時価総額が注目されるのはそのためです。

▶▶ 企業の歴史や規模とは違う評価

　世界の時価総額上位3社は、GE約39兆円、エクソンモービル33兆円、マイクロソフト29兆円です。日本では、トヨタ15兆円、NTTドコモ9兆円、NTT7兆円です。時価総額の比較から、企業の歴史や従業員数などの規模の序列と違う企業の評価が見えてきます。たとえば、新興企業のヤフージャパンの時価総額3兆円は、ソニー、東京電力などと同水準です。なお、東京証券取引所1部上場の企業の時価総額の合計は約350兆円です。

▶▶ 短期的にはいろいろな要因で変動

　株式を公開している会社の時価総額は、株価の変動に応じて刻々と変わります。企業活動の現場の方々から、「自分たちの日常は全く変わっていないのに、会社の価値がそんなに変動するのはおかしい。そもそもマネーゲームの世界のことではない

＊…発行済み株式数　新株予約権の行使などにより将来の発行株式数の増加が明らかな場合、増加が予想される株（＝潜在株）数まで含めて計算する場合もあります。

1-5　株式時価総額

か」という質問をよくされます。もっともな疑問だと思います。株価は、短期的には、株式需給関係、市場参加者のセンチメント、企業に対する思惑など、さまざまな要因で変動します。日々の価値創造の努力と、投資家との等身大の対話を継続していれば、やがて本質価値が市場価値に反映されるので、少し長い時間軸で考えること必要だと思います。一方、株価が急速かつ大幅に下落する場合、本質価値と市場価値の乖離が大きい場合、さまざまな問題が出てきますので、モニタリングが必要です。企業経営における株価の重要性については次ページで説明します。

日本と世界の時価総額上位10社

	日本	時価総額（兆円）		世界	時価総額（兆円）
1	トヨタ自動車	14.9	1	GE（米）	38.6
2	NTTドコモ	8.9	2	エクソンモービル（米）	33.1
3	NTT	7.4	3	マイクロソフト（米）	29.0
4	三菱東京FG	6.2	4	シティグループ（米）	25.0
5	みずほFG	6.1	5	ウォルマートストアーズ（米）	22.4
6	キヤノン	5.2	6	BP（米）	21.0
7	ホンダ	5.2	7	ファイザー（米）	20.3
8	日産自動車	5.1	8	バンクオブアメリカ（米）	19.0
9	武田薬品	4.6	9	HSBC（英）	18.9
10	三井住友FG	4.5	10	ジョンソン＆ジョンソン	18.8

2004年末　海外企業は年末の為替レートで換算

1-6
株価は私たちにとって大切です

株価が急激かつ大幅に下落すると、資金調達ができない、敵対的買収の標的になる、顧客、取引先の信用が下がる、従業員の士気が下がるなど、いろいろな問題が出てきます。個人の生活とも無関係ではありません。

▶▶ 株式市場の役割は

株式市場や株式投資について、「博打みたいなもの」、「リスクが大きい」、「普段の仕事と関係ない」などの声をよく聞きます。一般に、株式に対して、良いイメージを持っていないか、自分とは関係のない世界のことと感じている方も多いようです。また、経営者の方からも「本業をしっかりやることが大切で、株価には関心がない」など発言を聞くことがあります。しかし、実際には、株式は、私たちの日常と深い関係があります。株式市場は、株式を売買する場です。いろいろな目的の参加者がいます。しかし、長期的には、市場参加者ひとりひとりの知恵（分析力）と勇気（リスクを取る姿勢）で、良い会社を応援する（＝投資をする）仕組みと言えます。良い会社に適正な株価でリスクマネーが提供されれば、その会社が素晴らしいサービス、製品を生み、雇用をつくり、投資をして、税金を納めるでしょう。価値創造できれば、株価も上昇するので、豊かな社会が実現します。

▶▶ 株価低迷は企業活動に大きく影響

また、株価は、企業活動に影響します。たとえば、株価が急激かつ大幅に下落すると、以下のようないろいろな問題が出てきます。株価が正当に評価されていて、緩やかに上昇すると、逆にプラスの効果が期待されます。

- 事業に必要な資金が調達できません（設備投資や研究開発など事業拡張に影響します）
- 敵対的な買収の対象になります（本質価値よりも大幅に過小評価されている場合）
- 顧客や取引先に対する信用が下がります
- 従業員の士気が下がります
- 株価下落で株主から非難されます
- 投機的な株主が増えます

▶▶ 株価は個人の生活とも関係が深い

個人も株価と無関係ではありません。ベンチャー企業などでは従業員にストックオプション（株価連動報酬）を付与することが珍しくありません。これらの企業では、株価の上昇が、将来の報酬に影響します。ニッポン放送の買収劇では、株価低迷から敵対的買収のターゲットにされたため、従業員の間で雇用や将来に対する不安が生まれるというサイクルが見られました。また日々、実感することはありませんが、私たちの年金の少なからぬ部分が日本の株式市場で運用されています。株価が長期的に低迷すれば、私たちの生活に大きな影響が出てきます。

株価は、みんなにとって大切です

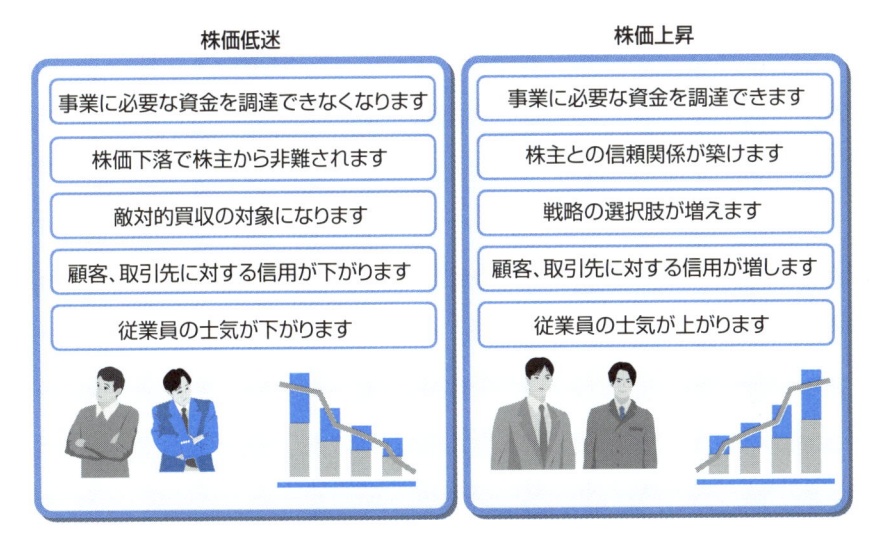

株価低迷	株価上昇
事業に必要な資金を調達できなくなります	事業に必要な資金を調達できます
株価下落で株主から非難されます	株主との信頼関係が築けます
敵対的買収の対象になります	戦略の選択肢が増えます
顧客、取引先に対する信用が下がります	顧客、取引先に対する信用が増します
従業員の士気が下がります	従業員の士気が上がります

1-7
株式市場リスク

株式公開企業には、敵対的な買収者に狙われるリスク、企業と株式市場との信頼関係が壊れるリスク、市場の期待を満たそうとして経営の方向性が変わってしまうリスクなどの株式市場リスクがあります。

▶▶ のどかな農村から国際都市の雑踏に

日本の株式市場は、過去10年間で大きく変わりました。日本企業同士や銀行との持ち合いが株式保有の50％を占める運命共同体の市場から、外国人投資家の保有比率が約20％（取引高では約50％）を占め、短期売買をするヘッジファンド、投機的なデイトレーダー、買収ファンドなどいろいろな投資家が参加する市場に変わりました。「のどかな日本の農村」から、「国際都会の雑踏」に変貌したようなイメージです。企業から見た株式市場リスクとは、株式市場との関わりの中で発生する企業価値に大きなインパクトを与える要因です。いろいろなリスクが考えられますが、企業価値創造の視点からは、以下のような点が指摘されます。経営者は、環境が大きく変わったことを認識して、リスク管理をすることが求められます。

▶▶ 敵対的な買収者に狙われるリスク

村上世彰氏が率いるMAC（通称村上ファンド）の昭栄に対する敵対的TOB（2000年）、スティール・パートナーズ（米国の投資ファンド）のソトー、ユシロ化学に対する敵対的TOB（2004年）、ライブドアによるニッポン放送の買収劇など、具体例が出てきています。今後、さらに増加が予想されます。ただし、現在の経営陣から見れば敵対的であっても株主から見れば敵対的とは限りません。企業価値の視点からは、買収者が長期に企業価値を高める提案をするか、短期的な利ざやや稼ぎ（キャッシュの回収）を優先して、人的資産などの無形資産を壊すのかを見極める必要があります。

▶▶ 企業と株式市場との信頼関係が壊れるリスク

企業と株式市場の参加者の信頼関係が崩れると、株価は下落します。信頼関係が回復しないと株価は安値で放置され、事業に大きな影響が出てくる可能性がありま

す。信頼関係が壊れるのは、①経営者と投資家が対話をしていないためにお互いの期待にギャップが生じる、②経営者が適正開示や等身大でのIRをしていないことなどが要因です。

▶▶ 経営の方向性が変わってしまうリスク

多くの公開企業が少なからずアナリストや投資家の期待を満たそうとして経営の方向性が変わってしまう傾向になります。企業価値を高めるには中長期の視点が必要ですが、アナリスト、投資家は、時には短期的になりがちです。本来、価値創造のためには、積極的な研究開発投資、人材の育成が必要とわかっていても、アナリストや影響力のある投資家が短期（たとえば四半期）の利益を求め、経営者がそれに応じてしまうケースなどです。

取引の主役は外国人（投資部門別売買代金の推移）

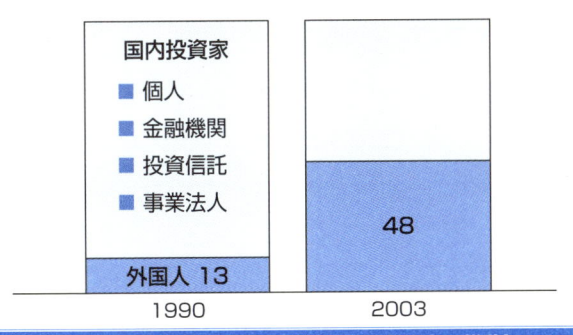

国内投資家
■ 個人
■ 金融機関
■ 投資信託
■ 事業法人

外国人 13 （1990）　48 （2003）

持ち合いから外国人へ（投資家別保有比率の推移）

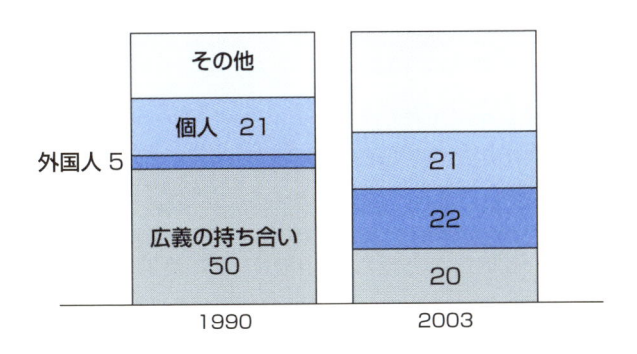

1990: 外国人 5、その他、個人 21、広義の持ち合い 50
2003: 21、22、20

1-8
企業価値と株式時価総額の違いは

企業価値と時価総額の違いを明確にしておくことは大切です。違いは有利子負債を考えるかどうかです。将来のキャッシュフローは、株主だけでなく、債権者にも属するので、企業価値では債権者の価値も考えます。

▶▶ 時価総額＝企業価値ではない

　企業価値の市場評価（市場価値）は、時価総額に有利子負債（銀行借り入れや社債などの利息を支払う負債）を加えて試算します（詳細は4－1）。時価総額は企業の経営権を100％取得できる額（株主から見た企業の値段）なので、「時価総額＝企業価値（市場価値）で良いのではないか」、「なぜ有利子負債を加えなければならないのか」と疑問に思われる方も多いと思いますので、説明します。

▶▶ 将来のキャッシュフローは債権者と株主へ

　ポイントは、経営権を得ることと、将来のキャッシュフローに対する権利を得ることは同じではないということです。経営権を得た企業に、銀行借り入れや社債などの有利子負債がある場合、将来のキャッシュフローから負債を返済しなければならないからです。

　友人から、「田舎に帰るから、マンションを500万円で買わないか？」と打診されたとします。いい話かもしれません。よく聞いてみると、「実は、住宅ローン3,000万円を引き継いで欲しい」と言われたら、「それは話が違う！」となるでしょう。マンションの所有権を得るために友人に払う金額は500万円ですが、将来、3,000万円のローンを払わなければ、本当の意味での所有者にはなれないからです。この場合、実質3,500万円の買い物と考えるのが普通ですね。企業価値も同じ考え方です。同じ時価総額500億円でも有利子負債ゼロの会社と、有利子負債3,000億円の会社では、企業価値は全く違います。前者の企業価値は500億円、後者は3,500億円です。時価総額は同じでも、企業価値は7倍違います。

　たとえば、ダイエーの時価総額は約0.1兆円です。イトーヨーカ堂は1.7兆円なので、約17倍の差があります。一方、ダイエーには有利子負債約1.5兆円がありま

1-8 企業価値と株式時価総額の違いは

すが、イトーヨーカ堂は同0.3兆円です。有利子負債を加味した企業価値は、ダイエー1.6兆円、イトーヨーカ堂は2兆円なので、格差は縮まります。時価総額だけを見て投資の意思決定をすると誤った判断をすることになります。

それでは、企業価値を高めるためには有利子負債を増やせば良いのでしょうか。もちろん、**答えは「No」** *です。中期的には本質的な企業価値の増減が市場価値に反映されます。もし、本質的な企業価値が変わらないのであれば、有利子負債が増える分だけ、時価総額が減少することになるからです（時価総額＝企業価値－有利子負債）。

企業価値と時価総額

	株価（円）	株式時価総額（億円）	有利子負債（億円）	企業価値（億円）
イトーヨーカ堂	4,140	17,335	2,624	19,959
イオン	1,748	12,680	7,438	20,118
ダイエー	202	909	14,617	15,526

株価は2005年4月13日。

企業価値＝時価総額＋有利子負債

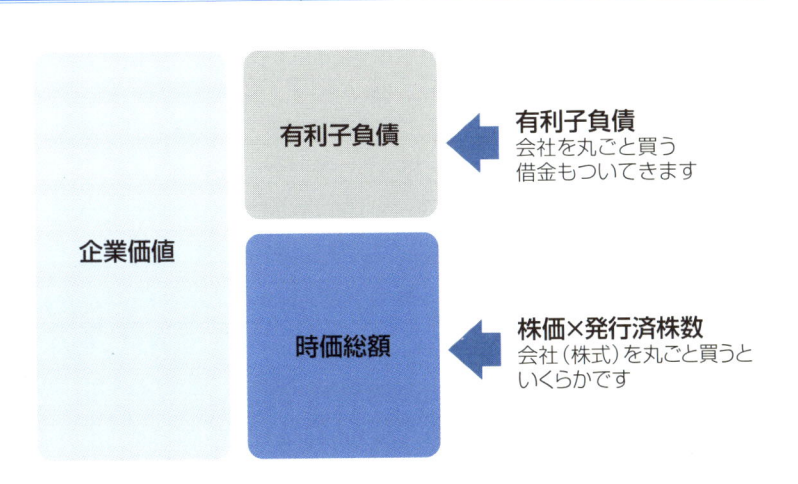

有利子負債
会社を丸ごと買う借金もついてきます

株価×発行済株数
会社（株式）を丸ごと買うといくらかです

＊**答えは「No」** 安全性を損なわない範囲で有利子負債を増やすことは資本コスト（後述）の低下を通じて企業価値（本質価値）を高めるので有効ですが、ここではその効果を考慮しないで説明しています。

1-9 企業価値リスクの管理

ほとんどの企業で、事業そのもののリスクは精緻に管理されています。しかし、本質価値と市場価値のギャップを放置するなど、企業価値リスクについては、モニターしていく意識が薄かったので、見直しが必要です。

▶▶ 企業価値リスクとは

「企業価値リスク」とは、中長期的に企業価値を高める上で発生するさまざまなリスクのことです。ほとんどの企業では、企業価値（本質価値）の源泉である将来のキャッシュフローの変動リスク（たとえば為替変動）は、本業の中で管理されています。また、法務、税務、会計、特許などのリスクについても高い意識を持っています。一方、本来、本質価値が等身大で反映されるべき市場価値（有利子負債と時価総額の合計）に関わるリスクについては、管理していくという意識が薄かったのでないかと思います。企業価値リスクの重要性と管理の手法は、日本経済が間接金融主体から直接金融主体にシフトする中で、大きく変わってきています。特に、1990年代以降、銀行の護送船団経営が崩れ、国内、海外からのM&Aの脅威が現実になるにつれて、リスク管理を意識せざる得なくなってきています。実際に、ライブドアによるニッポン放送の買収劇は、経営者に企業価値リスクに気づかせるという意味では大きなインパクトがありました。株主との関係、資本政策、子会社上場などを企業価値リスクの視点から見直す企業が増えてきています。

▶▶ 従来のリスク管理

日本では、長い間、メインバンクとの親密な関係の構築が何よりの企業価値リスク対策でした。たとえば、借り入れの一部を銀行に預ける拘束預金、銀行OBの受け入れ、株式の持ち合いなどです。一方、株主との関係においては、銀行や取引先との株式の持ち合い、額面に対する安定配当、総会屋対策などを通じてリスクを管理していました。

今後のリスク管理

メインバンクとの信頼関係は引き続き大切ですが、従来のやり方は、資本効率、ガバナンスの面で見直されてきています。金融機関や格付け機関に対する適切な情報発信と対話（デットIR）の重要性が増してきています。一方、株主との関係については、法的遵守の視点からもよりオープンな場でのリスク管理が求められます。特に、市場に対する適切なメッセージの発信と対話（IR：投資家向け広報活動）、適切な資本政策を通じて、投資家との信頼関係の構築と株主の質の改善が重要です。M&Aを仕掛けられた時（有事）の防衛策が話題になっていますが、大切なのは日常（平時）に企業価値を高めておくことです。

従来のリスク管理は通用しなくなっています

企業価値	従来	今後
有利子負債	●メインバンク対策 拘束預金 OBの受け入れ	●格付け機関に対する適切なメッセージの発信（デットIR）
株主資本（時価総額） 株価×発行済株数	●持ち合い ●総会屋対策	●市場に対する適切なメッセージの発信と対話(IR) ●適切な資本政策 ●M&Aリスクのモニタリング

Column コラム

ギャップは本当に埋まるのか？

　本文では当たり前のように書いていますが、2つの企業価値、「本質価値」と「市場価値」のギャップは本当に埋まるのでしょうか？　この議論では、市場価値は本質価値を反映していると考える「ファンダメンタル価値派」と、あくまでも人気投票のようなものであると考える「砂上の楼閣派」が登場します。前者の代表は、ベンジャミン・グラハムやウォーレン・バフェット。後者は、アダム・スミスやケインズです（この辺りのことは、マルキール氏の「ウォール街のランダムウォーク」に詳しく、お勧めです）。

　本質価値と市場価値の関係は、過去のバブルから学ぶことができます。代表例は、17世紀初めのオランダのチューリップ・バブルです。珍しいチューリップの球根が人気を集め、価格が異常に上昇しました。「どんな値段がつけられても、それ以上で買う人がいれば問題ない」という群集心理が背景です。自分の年収の何倍もする球根を玉ねぎと間違えて食べた船乗りが投獄されたなどの逸話も生まれましたが、約4年間続いた狂乱は収まり、結局、観賞用の花の球根としての価格（玉ねぎと同じくらいの価格）に戻りました。80年代後半の日本のバブルも同様です。低金利、カネ余り、「土地は絶対に下がらない」という土地神話を背景に地価は急騰しましたが、生活者の年収、家賃水準などから考えられるレベルから大きく乖離した価格は長続きせず、修正されました。株式市場でも同じようなことが起きました。本質価値と市場価値は、短期的には大きく乖離しても、ある期間を経て、ギャップが収れんする市場メカニズムが働いていると考えられます。

　現実の世界は、「ニワトリと卵のどちらが先か」の話に似ていると思います。株式市場の参加者の多くが本質価値を理解せず、需給や株価チャートなど、その時々の美人投票の基準で取引をすれば、本質価値と市場価値は無関係に動きます。一方、市場参加者の多くが本質価値を理解して、投資尺度として活用すれば、本質価値と市場価値のギャップは小さくなります。「本質価値」が美人投票の基準になるからです。

　日本の株式市場が、持ち合いなどで守られた閉鎖的な市場から、海外投資家や事業投資家など本質価値を尺度とする投資家が多数参加する市場に変わる中で、本質価値と市場価値のギャップも縮小する方向に向かっていると考えられます。

第2章

企業価値評価のための基礎知識

企業価値創造には必ずしも財務に関する深い専門的な知識が必要なわけではありません。しかし、企業価値の算定の仕方は、財務・会計の考え方をベースに展開されます。

そこで、第2章では、企業価値評価のもととなる財務知識およびその他財務指標について説明します。

2-1

3つの財務諸表

財務諸表の主なものとして、貸借対照表、損益計算書、キャッシュフロー計算書の3つがあります。この3つの財務諸表の役割や数字の意味合いを押さえ、これら相互の関係性を理解することは、経営分析・財務分析において非常に大切です。

▶▶ 財務諸表から読み取れること

　企業会計原則および財務諸表等規則に基づき作成される書類を財務諸表といいます。具体的には、貸借対照表、損益計算書、キャッシュフロー計算書、利益処分計算書または損失処理計算書、付属明細書などがあげられます。

　その中でも貸借対照表（**B/S**＊）、損益計算書（**P/L**＊）、キャッシュフロー計算書（**C/F**＊）の3つは経営分析・財務分析において大切です。それぞれの財務諸表から読み取れることは異なります。それぞれの財務諸表から何が読み取れるのかを把握し、ビジネスを行ううえで適正な判断ができるよう、数字を読み取れるようになる必要があります。

　貸借対照表は企業の会計期末時点における財務状態を示すものであり、「健康診断書」のようなものです。

　損益計算書は企業の会計期間における業績を示すものであり、「成績表」のようなものです。

　キャッシュフロー計算書は、企業の会計期間におけるお金の出入りを示すものであり、「血圧診断」のようなものです。

　このような見方は、渋井真帆著『あなたを変える「稼ぎ力」養成講座　決算書読みこなし編』に掲載されているものですが、きわめて的確に財務諸表の3つの側面をいい表しています。

＊ **B/S**　Balance Sheetの略。
＊ **P/L**　Profit and Loss Statementの略。
＊ **C/F**　Cash Flow Statementの略。

2-1 3つの財務諸表

3つの財務諸表の役割

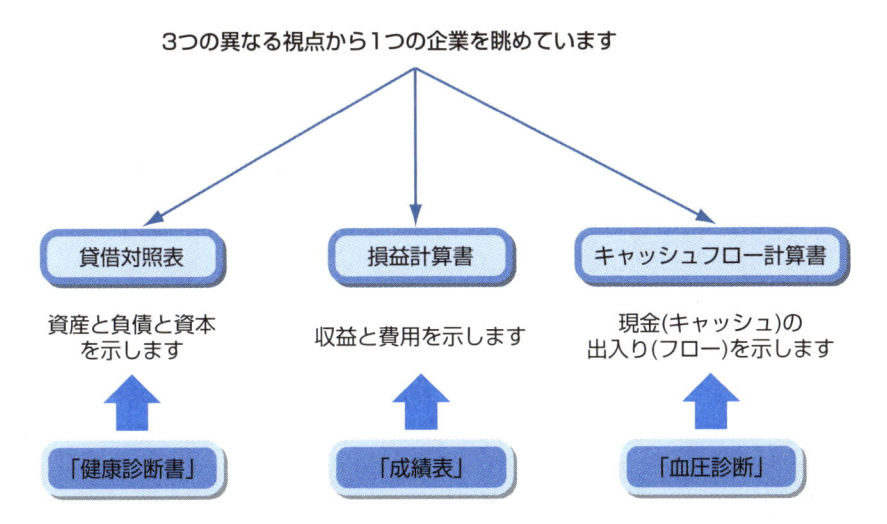

3つの異なる視点から1つの企業を眺めています

貸借対照表	損益計算書	キャッシュフロー計算書
資産と負債と資本を示します	収益と費用を示します	現金(キャッシュ)の出入り(フロー)を示します
「健康診断書」	「成績表」	「血圧診断」

3つの財務諸表の位置づけ

B/Sは会計期末時点の財務状況を示します。
P/Lは会計期間の損益を示します。
C/Fは会計期間の現金の動きを示します。

B/S　　　　　　　　　　　B/S

← P/L、C/F →

第2章 企業価値評価のための基礎知識

2-2
損益計算書

損益計算書には収益や費用、利益が記載されており、その会計期間の企業の収益構造を示します。それぞれの利益を売上高との比率でみること、また単年ではなく複数年の損益計算書を比べることで傾向をつかむことができます。

▶▶ 損益計算書はフローを示す

損益計算書とは、企業の業績を示すものであり、「成績表」といえるものです。この損益計算書には、収益や費用、利益が記載されています。利益は収益から費用を引いたものです。会計期間（1年間、半年、四半期など）にどれくらい収益、費用が発生し、利益が発生したかを読み取ることができます。ある期間におけるフロー（流れ）を示します。この損益計算書にはいくつかの利益が表示されます。それぞれの利益の違いを把握し、経営の意思決定に必要な項目を参照する必要があります。

売上高

売上高は、製造業が企業内で製造した製品、小売業が仕入れた商品を外部に販売した金額、サービス業がサービスの提供を行った対価です。売上高は価格に数量を掛け合わせたものです。売上高は損益計算書の一番上に記載されることが多いことからトップラインとも呼ばれます。

売上総利益

売上総利益は粗利益（粗利）ともいいます。売上高から売上原価を引いたものです。少なくとも直接的な原価をカバーできたかどうかという意味で重要です。

販売費および一般管理費

販売費および一般管理費は省略され、販管費や**SG&A**＊などと呼ばれます。製品の原価に直接付加できないが売上高を実現するためには不可欠なものです。本社機能を維持する費用や宣伝広告費なども入ります。

営業利益

営業利益はその企業の営業活動から生み出された利益であり、最も大切な項目の1つです。事業自体の競争力を考えるときには、営業利益に着目します。

また営業利益を売上高で割った売上高営業利益率も大切な指標の1つです。

＊**SG&A** Selling,General & Administrationの略。

売上高営業利益率＝営業利益/売上高

経常利益

　経常利益は営業利益に営業外収益を足し、営業外費用を差し引いたものです。営業利益と異なるのは受取利息、配当金、支払金利などの金融収支を加味していることです。営業利益は事業自体から生み出された利益を示すのに対し、経常利益はその企業が事業活動以外にどのようなかたちで資金を利用しているのか、またどのようなかたちで資金を集めているのかということも反映します。

税引前当期純利益

　税引前当期純利益は経常利益に特別利益を足し、特別損失を差し引いたものです。税金を納める前の利益です。

当期純利益

　当期純利益は当期税引前利益から税金を差し引いたものです。税金を納めた後に企業が稼ぎ出した利益です。

　損益計算書の一番下に記載されることが多いことからボトムラインとも呼ばれます。

損益計算書の構造

売上高 ××
売上原価 ××
　売上総利益 ××
販売費及び一般管理費 ××
　営業利益 ××
営業外収益 ××
営業外費用 ××
　経常利益 ××
特別利益 ××
特別損失 ××
　税引前利益 ××
　税金 ××
　当期純利益 ××

2-3
貸借対照表

貸借対照表は企業の会計期末時点の財務状態を示します。貸借対照表は、資産の部、負債の部、資本の部の3つから成り立っています。

▶▶ 貸借対照表はストックを示す

　貸借対照表は、企業の財務状態を示すもので、企業にとっての「健康診断表」です。企業がお金をどのように集め、どのように使っているのかを読み取ることができます。会計期末のスナップショットであり、損益計算書がフローを示すのに対し、貸借対照表はストックを示します。

　貸借対照表は図を書いてみると理解が深まります。大きく、資産、負債、資本の3つから成り立っています。

　右側の貸方（かしかた）は、お金をどのように集めたのかという調達源泉を、左側の借方（かりかた）は、お金をどのように使っているのかという運用形態を示します。

　お金の集め方には、大きく株主に出資をしてもらい株主資本として集める方法と銀行からの借入や社債を発行し引き受けてもらう負債として集める方法の2つがあります。なお、借入や社債などの利子がかかる負債は、有利子負債といいます。有利子負債は、金利がかかり定期的に返済をしていく必要があります。一方株主に出資をしてもらった株主資本は定期的に返していく必要がありません。その分、期待されるリターンは大きいです（4-7を参照）。同じ額の資金を集める場合には、有利子負債と株主資本の比率は財務戦略上、非常に重要です。

資産
　資産とは、企業の活動に役立つもので、在庫、土地・建物、現金、預金、売掛金、受取手形などがあります。

負債
　負債とは、将来、現金などで支払わなければならない義務を負うものです。銀行からの借入や代金の後払いの約束で購入したものに対する支払などです。具体的に

は、借入金や社債、買掛金、支払手形などがあげられます。

資本

　資本とは資産から負債を差し引いたものです。純資産ともいいます。

　会社設立の際の資本金やその後事業により稼ぎ出した利益である剰余金などが株主資本に記載されます。

貸借対照表の構造1

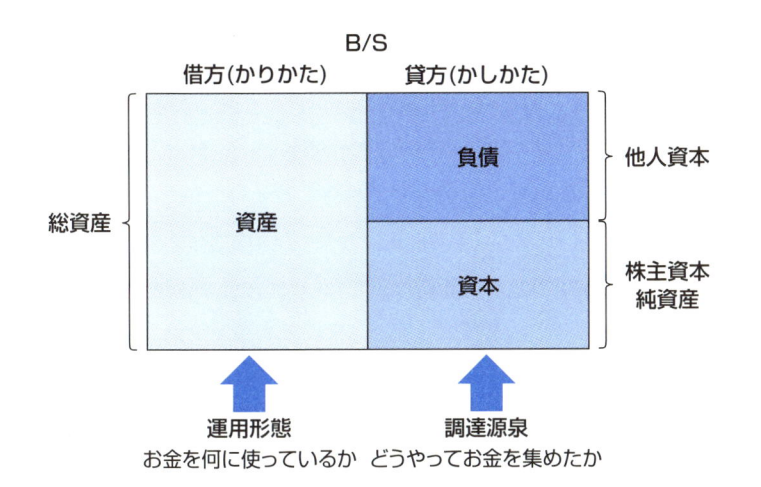

B/S

借方(かりかた)	貸方(かしかた)	
資産（総資産）	負債	他人資本
	資本	株主資本 純資産

↑ 運用形態　お金を何に使っているか
↑ 調達源泉　どうやってお金を集めたか

貸借対照表の構造2

B/S

現金預金	有利子負債以外の負債
現金を除いた資産	有利子負債
	株主資本

2-4
キャッシュフロー計算書

　キャッシュフロー計算書は、その会計期間において現金がどのように動いたかを示します。営業によるキャッシュフロー、投資によるキャッシュフロー、財務によるキャッシュフローの3つから成り立っています。

▶▶ 営業によるキャッシュフロー

　キャッシュフロー計算書は、企業活動の現金の出入りを示したものです。お金がどのように創り出されて、どのように使われたか示します。①営業によるキャッシュフロー、②投資によるキャッシュフロー、③財務によるキャッシュフローの3つのパートから成り立っています。

　営業によるキャッシュフローは企業が外部からの資金調達に頼ることなく、営業能力を維持し、借入金を支払い、新規投資を行うために、どの程度の資金を主たる営業活動から獲得したかを示す情報です。営業によるキャッシュフローは多ければ多いほどよいです。ただし、人的資産に対する正当な報酬や投資を欠いて、営業によるキャッシュフローの増加が成り立っている場合には、企業価値破壊につながる恐れがあります。あくまでも中長期的な視点が大切です。

　営業によるキャッシュフローが毎年減っていたり、マイナスになっていたりする場合には注意が必要です。営業によるキャッシュフローは、以下の事項に関係があります。

- ・商品および役務の販売による収入
- ・商品および役務の販売による支出
- ・従業員および役員に対する報酬の支出

▶▶ 投資によるキャッシュフロー

　投資によるキャッシュフローは、将来の利益獲得のための投資として、固定資産や有価証券をどの程度取得したか、またそれらの資産の売却した場合には売却額などを示します。

　プラス・マイナスの良し悪しは、状況によって判断しなければなりません。長期的

に投資によるキャッシュフローが営業によるキャッシュフローを上回っている場合には、企業価値破壊の状況にあるといえます。

　固定資産を増やす（新たに工場を建てるなどの投資をする）とマイナスになります。逆に固定資産を減らす（余剰な工場を売って現金を受け取る）とプラスになります。投資によるキャッシュフローは、以下の事項に関係があります。
　・有形固定資産および無形固定資産の取得による支出
　・有形固定資産および無形固定資産の売却による収入
　・有価証券および投資有価証券の取得による支出
　・有価証券および投資有価証券の売却による収入

▶▶ 財務によるキャッシュフロー

　財務によるキャッシュフローは、営業活動および投資活動を維持するためにどの程度の資金が調達され、また営業活動や投資活動により得られた資金から、どの程度の資金が資本の提供者に返済されたかを示す情報です。

　プラス・マイナスの良し悪しは、状況によって判断しなければなりません。資金を調達した場合はプラスになります。拡大のため、運転資本・設備投資の資金が必要な場合、赤字のため、運転資本が必要な場合、自社株取得の場合などはマイナスになります。財務によるキャッシュフローは、以下の事項に関係があります。
　・株式の発行による収入
　・自己株式の取得による支出
　・配当金の支払い
　・社債の発行および借入による収入
　・社債の償還および借入金の返済による支出

キャッシュフロー計算書の構造

営業によるキャッシュフロー
投資によるキャッシュフロー
財務によるキャッシュフロー

2-5
配当はどうやって決める？

株主還元の1つの方法として配当があります。配当の原資は未処分利益です。配当の決め方には、配当性向、株主資本配当率、総還元性向、配当利回りなどさまざまな方法があります。

▶▶ 配当は株主への還元

　企業にとっての出資者である株主に対しての還元方法は、配当と株価の値上がりという2つの方法があります。株価の値上がりは、市場の評価であるため、会社が直接的にコントロールすることはできません。

　配当を行うことは企業にとっては、社外にお金が出て行くことです。ですから、どの程度配当を行うかは、財務状況や今後の投資計画、自社株消却などの株主還元策と合わせて考えられます。単年度だけではなく、中長期的な視点が大切です。

▶▶ 配当の原資と配当額の決め方

　配当の原資は、未処分利益です。なお、未処分利益の使い道は、取締役に対するボーナスである役員報酬と、株主に対する配当、そしてそのまま企業に貯める内部留保の3つがあります。どのように配分するかについては、経営の考え方が色濃く反映される部分でもあります。

　これまで伝統的な企業では、1株につき50円など、業績や株価に関係なく、毎年慣例的にある額の配当を行ってきたのが実情です。この背景には2つの原因があげられます。第一に、これまで株主還元ということに対して意識が高くなかったことです。第二に業績とともに変動させた場合、業績低下に伴い配当額を下げたときに、新聞紙上で減配と報じられることに抵抗があったためです。

　近年では、配当性向、総還元性向という考えに基づき、配当額を決める企業が多くなってきました。これらの考え方は、業績に連動していること、また企業の財務状況も同時に考えていることが配当額を固定する方法よりも優れています。

2-5 配当はどうやって決める？

未処分利益の配分

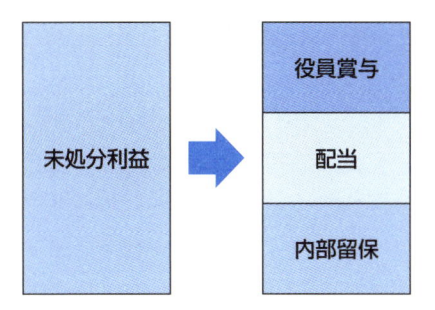

未処分利益 → 役員賞与 / 配当 / 内部留保

配当の決め方の例

- 額面から決定する
    - 株価（発行価格）の視点
    - 設立時の株主からの視点
- 配当性向に基づいて決定する
    - 資本政策の視点
- 株主資本配当率に基づいて決定する
- 総還元性向に基づいて決定する
- 配当利回りから考える
    - 株価（時価）の視点
    - 資本政策の視点
    - 株主からの視点
- キャッシュフローから考える
    - 資本政策の視点
    - 企業からの視点
- 資本効率の視点から考える
    - ROEの低下を防ぐため、自社株取得をする
    - 資本政策の視点
    - 企業からの視点

第2章　企業価値評価のための基礎知識

▶▶ 配当の意思決定は、商法上「単体」です

　目的にもよりますが、グループ企業が複数ある場合において、グループ全体を分析する際にはそれらを含めた「連結」で考えるのが一般的です。ですから、損益計算書、貸借対照表、キャッシュフロー計算書、それぞれは、連結損益計算書、連結貸借対照表、連結キャッシュフロー計算書を参照します。配当については、連結剰余金決算書を参照します。ただし、配当については商法上「単体」で意思決定されます。このため、子会社などの貢献によりグループとしてみると、十分に利益が出ているけれど、親会社単体でとらえたときには赤字であるために配当を行わないという企業もあります。「単体」では配当額は利益処分計算所に記載されます。この点は注意が必要です

配当に関連する指標

配当性向 ＝ 配当額 ÷ 当期純利益

当期純利益のどれくらいの配当したかを示す指標です

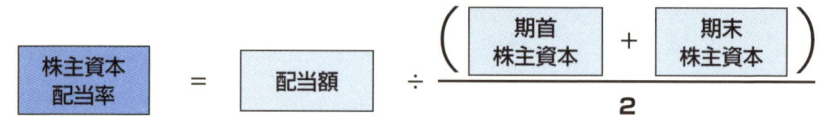

$$\text{株主資本配当率} = \text{配当額} \div \frac{\text{期首株主資本} + \text{期末株主資本}}{2}$$

株主資本のどれくらいの配当を行ったかを示す指標です

総還元性向 ＝ (配当額 ＋ 自社株取得による支出) ÷ 当期純利益

当期純利益のどれくらいの配当と自社株取得を行ったかを示す指標です

コラム 無借金経営は企業価値破壊？

　数年前までは、公開企業の経営者に「無借金経営は企業価値にマイナスの可能性がある」と言うと、ほとんどの場合、「そんなはずはない。無借金経営は健全だ。金利負担がなく、利益にも貢献している」との答えが返ってきました。さすがに経営者の意識は少しずつ変わってきましたが、今でも、事業責任者の方、現場で活躍されている方からは、同じような答えが返ってくることが多いです。

　借金が無ければ、金利負担もありません。その分、会計（損益計算書）上の費用（コスト）は低下します。特に、高度成長期の日本では、企業の借り入れが多く、金利水準も高かったので、借金を減らすことが経常利益の改善に大きく貢献しました。しかし、企業価値の視点からは、再検討が必要です。ポイントは、「株主はリスクの高いお金を提供する。企業はその見返りに株主に高いリターンを提供する」という株主との「暗黙の契約」に対する意識です。公開企業であれば、株主から6～8％程度のリターンが期待されています（株主への対価は会計上の費用ではなく、配当や株価の値上がりです）。この水準は、経済事情などにより変動しますが、常に借入金の金利よりも高いです。無借金にしているということは、相対的に低いコストのお金（借入金）を返済して、高いハードルのお金（株主資本）を増やしていることになります。「そんな契約したことがないから、関係ない」と経営者が開き直った場合、株価が下落するので要注意です。

　少し前ですが、ある経済紙に実質無借金の会社が増えているという記事が載っていました。「上場企業の借金が減る＝財務体質が改善している」というメッセージですが、こちらも企業価値の視点からは疑問です。「借金が減る＝財務の安全性が改善」というメッセージであれば、違和感がありません。でも、これを「財務体質の改善」と考えるのは問題です。多くの場合、「借金が減り無借金になる→株主資本が増加する→ROE（株主資本利益率）などの株主資本の効率が悪化する」となるからです。また、株主資本比率が高くなることで、資本コストが上昇して、企業価値は低下します。企業価値創造の視点で考えれば、間違った判断をしている可能性があります。結局は、財務を誰の立場、どの視点から見るかの問題です。

2-6

設備投資はどうやって費用に計上する？
－減価償却費

企業は事業拡大のために設備投資を行います。またそれらを一括に会計費用にするのではなく、貢献に応じて減価償却費として費用計上します。キャッシュアウトと費用計上のタイミングが異なることに注意が必要です。

▶▶ 設備投資と減価償却費の関係は

　企業は、事業拡大、新製品投入のため、またこれまで使用していた設備の減耗や陳腐化のため、定期的に設備投資を行う必要があります。

　なお、耐用期間が経過して資産価値の償却が終了した後でも、資産が残ります。これを残存価値といいます。

　土地以外の有形固定資産は経営活動の手段として、一定の耐用期間にわたり製造販売活動に貢献し、その能力が減少します。そこで、製造販売活動への貢献に応じてその能力が減少すると考え、それに応じた固定資産の取得原価を各期間に割り当て、期間損益を対応させます。この期間相当額が減価償却費です。

　たとえば100億円の機械を現金で購入し、5年間で**定額償却**＊する例を考えてみます。なお5年後には購入価格の10％が残存価値として残ることとします。

　設備投資を行った1年目には、100億円が企業から現金で出ていきます。しかし、費用として計上されるのは18億円だけです。このとき、18億円が損益計算書上の費用として計上され、100億円がキャッシュフロー計算書の投資によるキャッシュフローの有形固定資産の取得に計上されます。

　このケースでは毎年均等額を償却しますので、2年後から5年後は毎年18億円が減価償却費として費用計上されます。

　減価償却費の計上方法には毎期定額償却を行う定額法のほかに定率法や生産高比例法などがあります。

＊**定額償却**　毎期均等に償却する方法。

2-6 設備投資はどうやって費用に計上する？－減価償却費

設備投資と減価償却費の関係

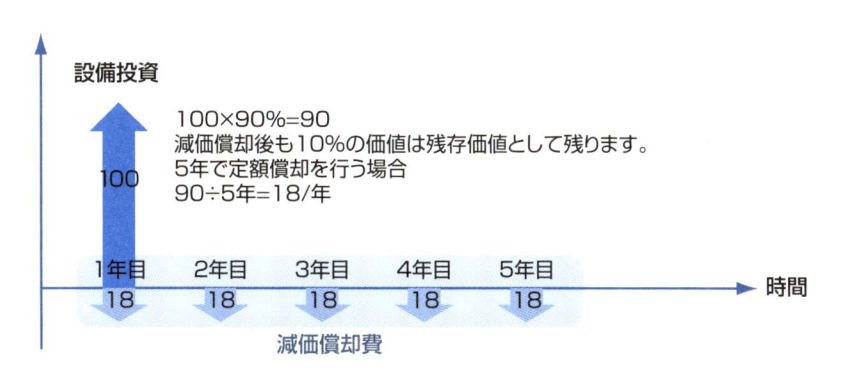

設備投資 100

100×90%＝90
減価償却後も10%の価値は残存価値として残ります。
5年で定額償却を行う場合
90÷5年＝18/年

1年目 18　2年目 18　3年目 18　4年目 18　5年目 18　　時間

減価償却費

2-7
日常の営業活動に必要なお金
－運転資本

　企業が製造販売などの営業活動を行うときには、売掛金や在庫、買掛金などが発生します。これらの製造販売などを行う際に必要な資産と負債の差額を運転資本といいます。

▶▶ 運転資本の計算方法は

　企業が日常の営業活動を行うのに必要な資本を運転資本といいます。運転資本の算定式には**さまざまな方法***があり、専門家の間でも議論が分かれます。本書では簡易的に次の式を用います。

　　　　運転資本＝売上債権＋棚卸資産－仕入債務
　売上債権：売掛金、受取手形など売上に関連する債権の合計
　棚卸資産：在庫（商品、製品、半製品、原材料、仕掛品など）
　仕入債務：買掛金、支払手形など仕入に関連する債務の合計

　また、たとえば決済のための現金預金は運転資本といえます。しかし、貸借対照表に記載される現金預金の金額すべてが運転資本となるわけではありません。このため、現金預金のうち、何割程度が運転資本であるのかを考えなければなりません。

▶▶ 売掛金と買掛金の仕組み

　たとえば、ペンを売るビジネスを考えてみましょう。ペンを100円で仕入れて、200円で売ります。話を単純化するため、仕入と売上以外は考えません。ケース１とケース２の２つを考えてみます。

　ケース１：元手（資本金）が1,000円でビジネスを始めると、現金仕入の場合、10本仕入れることができます。このとき、10本売ると、利益は1,000円です。

　ケース２：元手（資本金）が1,000円で同じ条件でビジネスを始めても、現金で10本分、掛け仕入で40本仕入れ（買掛金4,000円）、50本売ると利益は5,000円です。

　どちらのケースにおいても、元手（資本金）は同じです。ただし、ケース２では現金仕入だけではなく、掛け仕入を行っているので、ケース１よりも利益が多くなっ

＊**さまざまな方法**　「運転資本＝流動資産－流動資産」とする考え方などがあります。

ています。

　ケース2のように仕入先が掛け仕入に応じてくれればよいのですが、応じてくれない場合は、銀行から借入を行い、その資金で仕入を行う必要があります。掛けで仕入れを行うことは、仕入先からファイナンスを受けていることと同等の効果が得られます。銀行借入の金利を負担してもらっているのと同じことです。同様にこちらが掛売りする場合は、金利を負担していることと同じです。

▶▶ 棚卸資産の意味は

　適正在庫は事業モデルやそのリスクによって決まります。棚卸資産が少なくてもよいということは最初の元手が少なくてもビジネスを行うことができます。在庫が必要な場合は、株主から調達した資金、もしくは銀行から借入を行った資金で在庫を持たなければいけないため、その分コストがかかることになります。つまり、在庫増はコスト増となります。

運転資本と貸借対照表

B/S

現金預金	買掛金/仕入債務
売掛金/受取手形	その他
棚卸資産	有利子負債
その他	株主資本

運転資本 ＝ 売掛金・受取手形 ＋ 棚卸資産 － 買掛金・仕入債務

2-8
自由に使えるお金
ーフリーキャッシュフロー

　フリーキャッシュフローは債権者や株主にとって、事業継続のため以外に自由に使える資金のことです。フリーキャッシュフローは、税引後営業利益に減価償却費を足し、設備投資を差し引き、運転資本増減を加えて求めます。

▶▶ フリーキャッシュフローの計算方法は

　キャッシュフローとは、現金の流れ、現金の収支のことです。事業活動が生み出すキャッシュフローのうち、自由に使えるキャッシュフローのことをフリーキャッシュフロー（Free cash flow）といいます。企業の税引後営業利益に減価償却費を足し、設備投資や運転資本増減など事業継続のための資金を差し引いたものです。

　フリーキャッシュフローという名称は、金利の返済、借入金元本の返済、配当、自社株消却の原資となり、債権者や株主からみて、事業継続のため以外に自由に資金が使えるという意味からです。

　フリーキャッシュフローは次の式で求めることができます。

　　フリーキャッシュフロー
　　＝営業利益×（1－税率）＋減価償却－設備投資±運転資本増減

　営業利益は企業の営業活動から生み出された利益です。営業利益は売上高から売上原価を引き、さらに販売費および一般管理費（販管費）を引いたものです。

　　営業利益＝売上高－売上原価－販売費および一般管理費（販管費）

　営業利益は、税金を差し引く前の利益です。税金を納めると企業からお金が出て行くので、営業利益に（1－税率）を掛けて税金を差し引きます。

　営業利益を求めるために売上高から引かれた売上原価もしくは販管費には、実際には企業からお金が出て行っていない減価償却費が含まれています。そのため、営業利益に減価償却費を足し戻します。

　企業が設備投資を行った場合には、実際にお金が出ていきますので、営業利益から設備投資を差し引きます。

　現金での取引なのか、売掛金・受取手形での取引なのかによって、当期のお金の出

2-8 自由に使えるお金－フリーキャッシュフロー

入りは異なりますが、営業利益では同じように利益として把握するので、当期の現金の動きを把握するためにはこれらを調整します。運転資本増減がマイナスのときにはフリーキャッシュフローにプラスとなり、運転資本増減がプラスのときはフリーキャッシュフローにマイナスとなります。

▶▶ 運転資本の圧縮がフリーキャッシュフローに与える影響

運転資本が前年比増の場合、フリーキャッシュフローにマイナス要因となります。前年比減の場合、フリーキャッシュフローにプラス要因となります。

売掛金圧縮や在庫圧縮のプロジェクトは、貸倒リスクや在庫リスクを低減させるだけではなく、フリーキャッシュフローを増加させるという意味で企業価値にとって大きな意味があります。

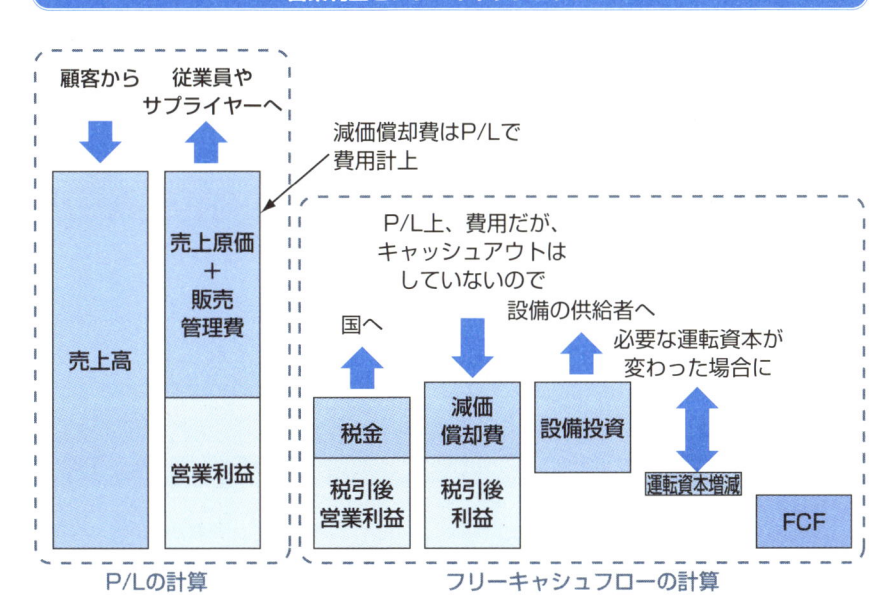

営業利益とフリーキャッシュフロー

顧客から　従業員やサプライヤーへ

減価償却費はP/Lで費用計上

P/L上、費用だが、キャッシュアウトはしていないので

国へ　設備の供給者へ

必要な運転資本が変わった場合に

売上高／売上原価＋販売管理費／営業利益

税金／減価償却費／設備投資／運転資本増減／税引後営業利益／税引後利益／FCF

P/Lの計算　　フリーキャッシュフローの計算

2-9
お金には時間的な価値がある
－現在価値

貨幣には時間的な価値があります。将来に発生するキャッシュフローを現在の価値で考えるため、キャッシュフローを現在価値で割り引く必要があります。この際に割引率は何％を用いるかは重要です。

▶▶ 今日の100万円と来年の100万円は同じ？

貨幣には時間的な価値があります。今日の100万円と来年の100万円では価値が異なります。もし、金利が5％であるならば、今日預金をすれば100万円は来年105万円となります。

逆に考えると、1年後の105万円は、現在の100万円と同じ価値を持つことになります。このように、将来の金額を現時点の価値に換算した金額を現在価値（Present Value）といいます。

現在価値は次の式で求めることができます。

$$現在価値＝金額÷(1＋割引率)^n$$
n：年数

割引率とは、現在の価値に直すためのレートのことです。ここでは金利を5％と仮定しましたので、将来の価値を現在の価値にするときには割引率として5％を用います。

100万円の将来の価値

	金利:3％のとき	金利:5％のとき	金利:10％のとき	
現時点	100.0	100.0	100.0	
1年後	103.0	105.0	110.0	← 100×(1＋金利)
2年後	106.1	110.3	121.0	← 100×(1＋金利)の2乗
3年後	109.3	115.8	133.1	← 100×(1＋金利)の3乗
4年後	112.6	121.6	146.4	← 100×(1＋金利)の4乗
5年後	115.9	127.6	161.1	← 100×(1＋金利)の5乗

▶▶ 割引率によって現在価値は異なる

　現在価値を計算する際には、割引率として何を使うかが非常に重要です。図のように同じ金額であっても割引率によって、現在価値は異なります。

　割引率は、投資すること、預けることに対してどのようなリスク・リターンの見通しを持つかということです。つまり、金利5％の例では、年利5％ずつ利息が得られることを期待しているため、現在価値にするときも割引率は5％を用います。

　リスクが高いものに対しては、高いリターンを求めるでしょう。リスクが低いものに対しては、低いリターンでも投資する、預けるという意思決定をします。

将来の100万円の現在価値

	金利:3％のとき	金利:5％のとき	金利:10％のとき	
現時点の100万円の現在価値	100.0	100.0	100.0	
1年後の100万円の現在価値	97.1	95.2	90.9	← 100÷(1+金利)
2年後の100万円の現在価値	94.3	92.5	88.3	← 100÷(1+金利)の2乗
3年後の100万円の現在価値	91.5	89.8	85.7	← 100÷(1+金利)の3乗
4年後の100万円の現在価値	88.8	87.2	83.2	← 100÷(1+金利)の4乗
5年後の100万円の現在価値	86.3	84.6	80.8	← 100÷(1+金利)の5乗

2-10
資本効率を示す指標
－ROA、ROE、ROIC

ROA、ROE、ROICは企業の資本効率を示す指標です。どれだけの資本を元に利益を稼いだかを表します。これらは損益計算書と貸借対照表を結びつけて考える指標です。

▶▶ ROA（総資本利益率）

ROA*は、利益を総資本（総資産）で割った数値であり、総資産に対してどれくらいの利益を稼ぎ出したのかを示します。

定義によって異なりますが、保有している資産に対してどれくらい稼ぎ出したのかを示すので、分子には一般的に営業利益や経常利益などの税引前ベースの利益を用います。

▶▶ ROE（株主資本利益率）

ROE*は、利益を株主資本で割った数値であり、株主資本に対してどれくらいの利益を稼ぎ出したのかを示します。

定義によって異なりますが、株主資本と利益を比べているので、分子には一般的に税引前ベースの利益ではなく、税引後ベース当期純利益や税引後営業利益を用います。

▶▶ ROIC（投下資本利益率）

ROIC*は、利益を投下資本（有利子負債＋株主資本）で割った数値であり、投下資本に対して、どれくらいの利益を稼ぎ出したのかを示します。

定義によって異なりますが、債権者から集めた有利子債権と株主から集めた株主資本の合計と利益を比べているので、分子には一般的に営業利益など税引前ベースの利益を用います。

＊ROA　Return on Assetの略。
＊ROE　Return on Equityの略。
＊ROIC　Return on Investment Capitalの略。

▶▶ ROA、ROE、ROICに関する注意点

　ROA、ROE、ROICを計算する場合、それぞれの計算式の分母は簡易的には、会計期末時点の貸借対照表簿価を利用してもよいですが、厳密には、期首、期末時点の貸借対照表簿価を平均した期中平均の簿価を用います。

　一般的に、これらの指標は分子には1年間の利益を用います。ですから、中間期において算出する場合には一般的に、分子の利益は2倍にして計算します。なお、このような場合には注意書きが付してあることが多いです。

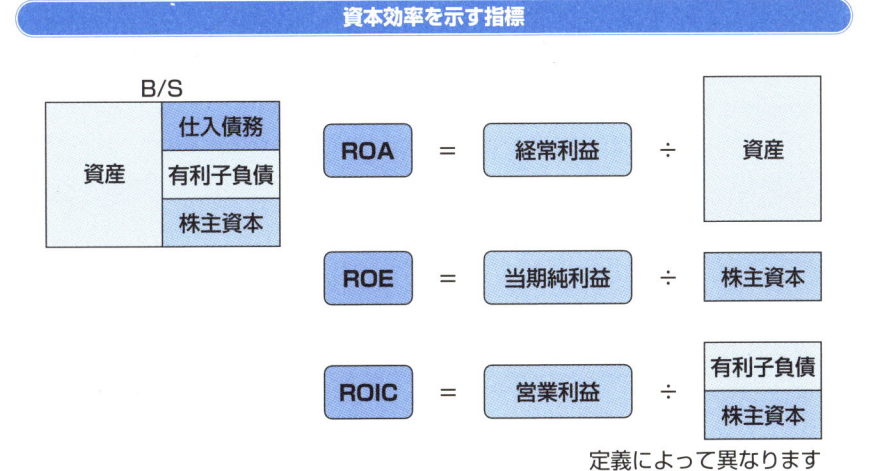

資本効率を示す指標

ROA ＝ 経常利益 ÷ 資産

ROE ＝ 当期純利益 ÷ 株主資本

ROIC ＝ 営業利益 ÷ 有利子負債／株主資本

定義によって異なります

Column コラム

毒薬より漢方薬

　多くの公開企業が、第二のニッポン放送にならないように、敵対的M&Aの対応策としてポイズンピル（毒薬条項）の導入を検討しています。ポイズンピルは、敵対的な買収者に対する防衛策です。既存の株主に時価を下回る株価で新株を受け取る権利を与えて、買収者の支配権を弱めることが目的です。ポイズンピルの導入には賛否両論あります。価値破壊者から企業を守る防衛策なのか、経営者の保身なのかです。

　ポイズンピルは名前の通り「毒薬」です。いくつかの留意点があります。何より、安易に常備しない（導入しない）ことです。企業価値創造のマイナスとなる副作用があることを十分に理解しておく必要があります。まず、経営者の保身に使われ、コーポレートガバナンスが機能しなくなる恐れがあります。適切な買収者による企業価値創造の機会が失われる可能性もあります。「毒薬」には、処方箋も必要です。当事者である患者（経営者）が服用を決めるのではなく、専門医（たとえば社外取締役）が状況を適切に判断して処方を決める仕組みです。こうした点をクリアできなければ、ポイズンピルがただのポイズン（毒）になるので要注意です。

　企業買収提案を受け入れるかどうかの判断は、買収によって企業価値を高めるかどうか（組織資産、人的資産、顧客資産、物的資産、金融資産が高まるかどうか）を基準に考えるべきです。最終的に、買収提案に応じるかどうかを決めるのは株主です。経営陣にとっては敵対的であっても、企業価値創造の視点からは望ましい企業買収提案である可能性もあります。現在のポイズンピル導入の議論は、買収者、現経営陣の企業価値創造の提案を株主が十分に検討するための時間を提供することを目的にしているケースが多いようです。最終的に有事に備えた毒薬（ポイズンピル）を用意するにせよ、日常では、自然の力を生かした漢方薬がお勧めです。ポイントは、内側からの体質の改善と、気の流れを良くすることです。つまり、普段からのビジョンや価値観の浸透、教育研修などを通じて組織資産、人的資産を向上して、社内のコミュニケーションの改善、情報開示の継続的な改善を通じて本質価値と市場価値のギャップを作らないことです。企業価値創造は短期、中期、長期の積み重ねと一貫性が大切なので、こちらの方がよく効く薬だと思います。

第3章

企業価値の算定方法

　企業価値の算定方法には、資産、収益、配当、他社との比較いずれに着目するかによって、純資産方式、収益方式、配当方式、比準方式の4つがあります。この章ではこれらの企業価値算定の方法を紹介するとともに、ディスカウントキャッシュフローモデル（DCF）について説明します。

3-1
企業価値の算定方法

企業価値の算定方法には、純資産方式、収益方式、配当方式、比準方式の4つがあります。これらは、ディスカウントキャッシュフロー（DCF）モデルと、それ以外の算定方法に分けることができます。

▶▶ DCFモデルと他の算定方法との違いはどこにある

　企業価値の算定方法には、資産、収益、配当、他社との比較いずれに着目するかによって、純資産方式、収益方式、配当方式、比準方式の4つがあります。これらの算定方法は、ディスカウントキャッシュフロー（**DCF**＊）モデルと、DCFモデル以外の方法に分けることができます。

　DCFモデルでは、企業が営む事業が生み出すキャッシュフローに注目して、企業価値を算定します。DCF以外の方法では、債権者と株主、それぞれに帰属するキャッシュフローに注目し、企業価値を算定します。この点が大きく異なります。

　DCFモデルでは、事業から生み出されたキャッシュフローの現在価値の合計である「事業価値」と事業に利用されていない遊休資産の価値である「非事業性資産」と足し合わせて企業価値を算出します。「非事業性資産」は事業には必要のない資産です。本来、企業の事業活動には必要がありません。したがって、DCFモデルではいかに「事業価値」を算定するかがポイントとなります。

　一方、DCFモデル以外の方法は「株主価値」と「債権者価値」を算定し、足し合わせることにより算定します。「債権者価値」の算定は、現在その算定技術が確立されておらず難しい状況にあります。ですから、本書では簡便法として、有利子負債額を用います。したがって、DCFモデル以外の方法ではいかに「株主価値」を算定するかがポイントとなります。

＊ **DCF** 　Discount Cash Flowの略。

3-1　企業価値の算定方法

企業価値の算定方法の分類

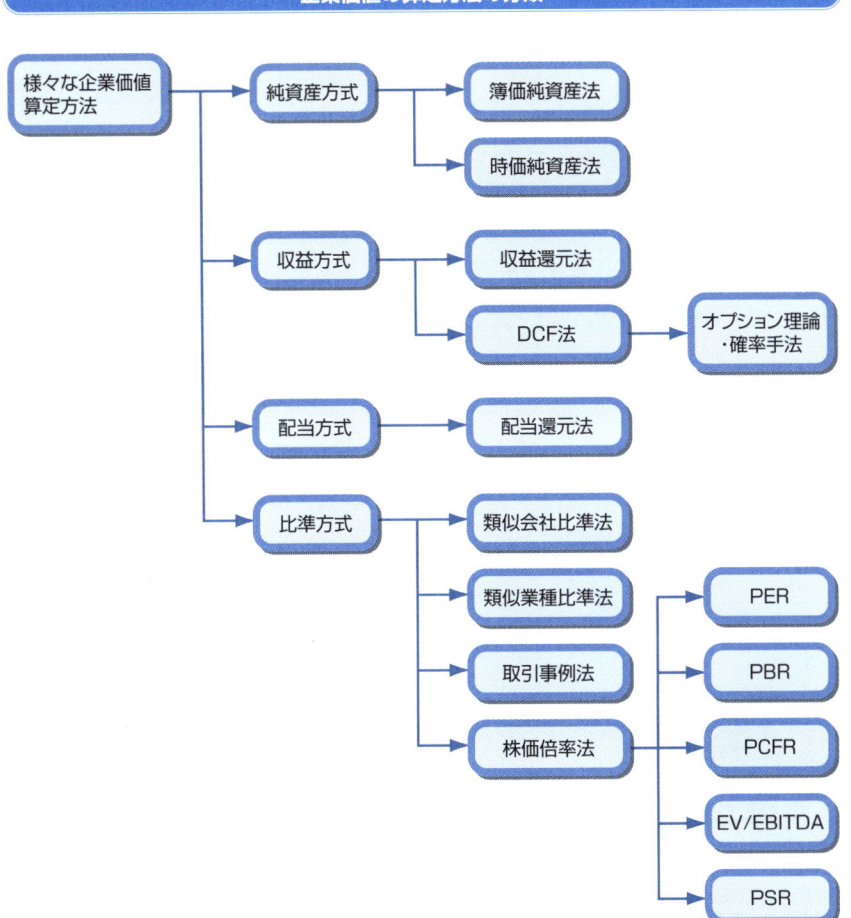

- 様々な企業価値算定方法
  - 純資産方式
    - 簿価純資産法
    - 時価純資産法
  - 収益方式
    - 収益還元法
    - DCF法
      - オプション理論・確率手法
  - 配当方式
    - 配当還元法
  - 比準方式
    - 類似会社比準法
    - 類似業種比準法
    - 取引事例法
    - 株価倍率法
      - PER
      - PBR
      - PCFR
      - EV/EBITDA
      - PSR

3-1 企業価値の算定方法

DCFモデルとDCFモデル以外の方法

債権者価値＋株主価値＝企業価値

主に「株主価値」を求めることにより企業価値を算定します。

- 簿価純資産法
- 時価純資産法
- 収益還元法
- 配当還元法
- 配当利回り法
- 類似会社比準法
- 類似業種比準法
- 取引事例法
- 株価倍率法

事業価値＋非事業価値＝企業価値

主に「事業価値」を求めることにより「企業価値」を算定します。

- DCFモデル

DCFモデルの考え方とDCFモデル以外の考え方

債権者価値	企業価値	事業価値
株主価値		非事業価値

株主価値＋債権者価値　　　　　　　　　　事業価値＋非事業価値

DCFモデル以外の考え方　　　　　　　　　　DCFモデルの考え方

▶▶ EVは市場における企業価値の評価

　単に「企業価値」といった場合、**EV**＊を指すことがあります。EVは時価総額と純有利負債を足し合わせたものです。これは、貸借対照表の貸方を時価評価したものです。これは企業価値算定の1つの方法というよりも時価評価としての企業価値であり、結果指標としての意味合いが強いといえます。

＊EV　Enterprise Valueの略。EV＝時価総額＋有利子負債。

3-1 企業価値の算定方法

B/SとEV

B/S

有利子負債
株主資本

EV (Enterprise value)

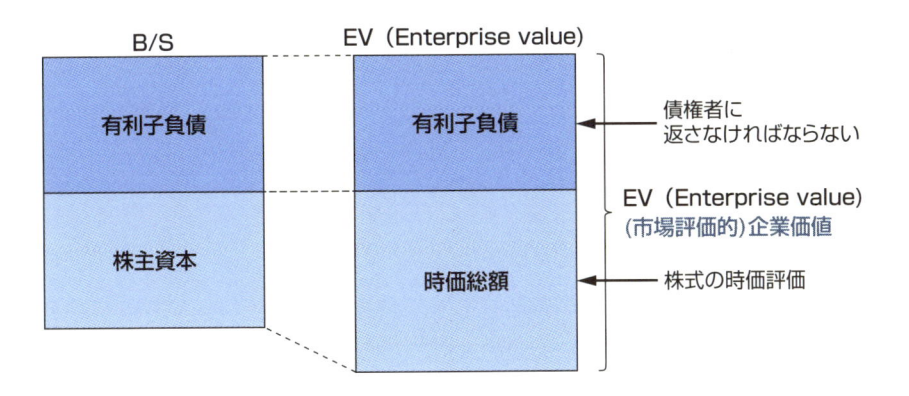

有利子負債	← 債権者に返さなければならない
時価総額	← 株式の時価評価

EV (Enterprise value)
(市場評価的)企業価値

3-2
純資産方式

　純資産方式は、貸借対照表の資産から負債を差し引いたものを「株主価値」として算定する方法です。簿価純資産方式や時価純資産方式などがあげられます。

▶▶ 純資産方式

　企業は価値創造をするために原材料や設備を購入します。それらは取得した金額で貸借対照表に計上されます。純資産方式はこれらのような資産を取得した際のコストをベースに企業価値を考える方式です。

　貸借対照表をベースにした考え方のため、わかりやすい、比較的算定しやすいという点が利点です。

　しかし、実際には企業が取得した資産が企業価値を生み出すかどうかは確かではありません。たとえば、多額の宣伝広告費を投じたからといって、商品が売れないこともあるでしょう。また企業が将来に生み出す利益・キャッシュフローを考慮していない点が短所であるといえます。

　実際的には企業の合併買収における合併比率算出の基礎として用いられることが多いです。

▶▶ 簿価純資産法

　簿価純資産方式はその企業の貸借対照表簿価の株主資本を「株主価値」とする方法です。この方法は貸借対照表簿価をそのまま用いるため、手軽に算定することができます。しかし、貸借対照表に計上されているものの、実際には消耗や減損などで資産価値が低下しているものや逆に含み益が出ているものなどがあります。これらを考慮しない点が短所としてあげられます。

　この方法では貸借対照表簿価を企業価値算定の前提としています。この前提において、企業が倒産したときに、企業には資産計上額と同額の資産が存在し、これらから負債を返済すると、企業には株主資本簿価額が残ることになります。ですから、このときの「株主価値」は「解散価値」とも呼ばれます。なお、弁護士費用などの

解散に関しての諸手続き費用は考慮しません。

簿価純資産法による企業価値

簿価純資産法の株主価値＝資産（簿価）－負債（簿価）

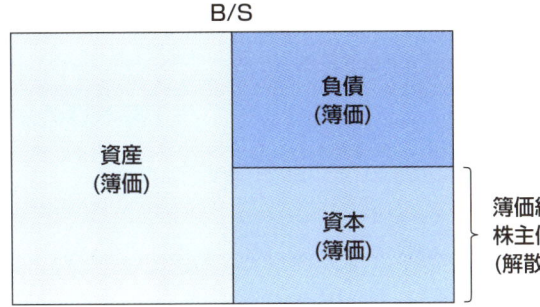

B/S

| 資産（簿価） | 負債（簿価） |
| | 資本（簿価） |

簿価純資産法の株主価値（解散価値）

▶▶ 時価純資産法

　時価純資産方式は貸借対照表の資産、負債をそれぞれ時価評価し、その差額として純資産を「株主価値」とする方法です。

　この方法は、消耗や減損などで資産価値の低下や資産の含み益を反映させるため、簿価純資産法に比べ、現時点での資産の状況をより実態に即したかたちで表すという点において優れています。たとえば、バブルのときに購入したゴルフの会員権などをイメージしていただくとわかりやすいでしょう。帳簿には購入時の価格500万円で記載されているかもしれませんが、時価は半額の250万円かもしれません。この場合、500万円ではなく、250万円の資産として考えた方が現実的です。

　しかし、それでもこの方法も純資産法の1つであるため、将来の収益・キャッシュフローの視点が弱いという短所を免れるものではありません。取得した際の価格ではなく、時価を用いるため、資産を時価評価する際には、算定者による恣意性が入る可能性がある点は注意が必要です。

　時価評価し直すものの例としては、売上債権、有価証券、棚卸資産、貸付金、土地、建物、機械、ゴルフ会員権、仮払金、退職給付債務、賞与引当金、未払法人税、事業税、未払金、オフバランス項目（リース負債、退職年金資産、保障債務、損害賠償債務etc…）などがあげられます。

3-2 純資産方式

　たとえば、ある企業の貸借対照表の簿価の資産、負債、資本がそれぞれ、200億円、100億円、100億円あったとします。資産、負債を時価評価すると、それぞれ、180億円、120億円となりました。このとき、簿価純資産法ではこの企業の株主価値は、200億円（簿価の資産）－100億円（簿価の負債）＝100億円ですが、時価純資産法では、180億円（時価ベースの資産）－120億円（時価ベースの負債）＝60億円となります。

時価純資産法による企業価値

時価純資産法の株主価値＝時価評価の資産－時価評価の負債

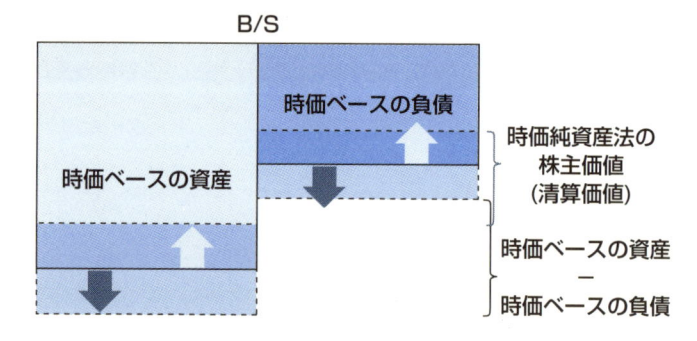

B/S

時価ベースの資産　　時価ベースの負債

時価純資産法の株主価値（清算価値）

時価ベースの資産－時価ベースの負債

3-3 収益方式

　収益方式は、企業が将来生み出す収益から価値を算定する方法です。収益還元法やディスカウントキャッシュフロー（DCF）モデルがその例としてあげられます。この方法は企業の継続性を前提としており、将来の価値を考慮している点が特徴です。

▶▶ 収益還元法

　収益還元法は当期純利益を、DCFモデルはフリーキャッシュフローを予想することにより、企業価値を算定する方法です。

　収益還元法では将来の税引後利益の現在価値の合計を「株主価値」と考えます。

　この方法では、株主の価値の源泉を税引後利益として考えます。配当や内部留保は当期未処分利益が源泉ですが、そもそも当期未処分利益は税引後利益が積もったものです。ですから、企業が生み出す将来の税引後利益を予想し、現在価値に割り引き、それらを合計することにより「株主価値」を求めます。

　この方法では、税引後利益、割引率、（成長を前提とする場合には）成長率の2ないし3つを予想することにより求めることができるため、簡単に算定できることが利点です。

　しかし、キャッシュフローではなく、会計上の利益を用いていること、設備投資、減価償却費、運転資本増減を加味しないことなど貸借対照表の変化を考慮しない点がDCFモデルに比べ劣ります。

　また財務状況の変化が企業価値に与えるインパクトなどをシミレーションする際にはDCFモデルの方が優れているといえます。

　収益還元法による株主価値は、次の式で表されます。

$$\text{収益還元法による株主価値} = \frac{P}{r-g}$$

［今期の税引後営業利益: P、割引率(金利): r、成長率: g］

3-3 収益方式

収益還元法とDCFモデル

	収益還元法	DCFモデル
算定する切り口	株主価値	事業価値
予想する収益	当期純利益	フリーキャッシュフロー
減価償却費、設備投資、運転資本増減	考慮しない	考慮する
モデルを使ってのシミュレーション(有利子負債の加減、設備投資・減価償却費の増減など)	しにくい	しやすい

収益還元方法による企業価値

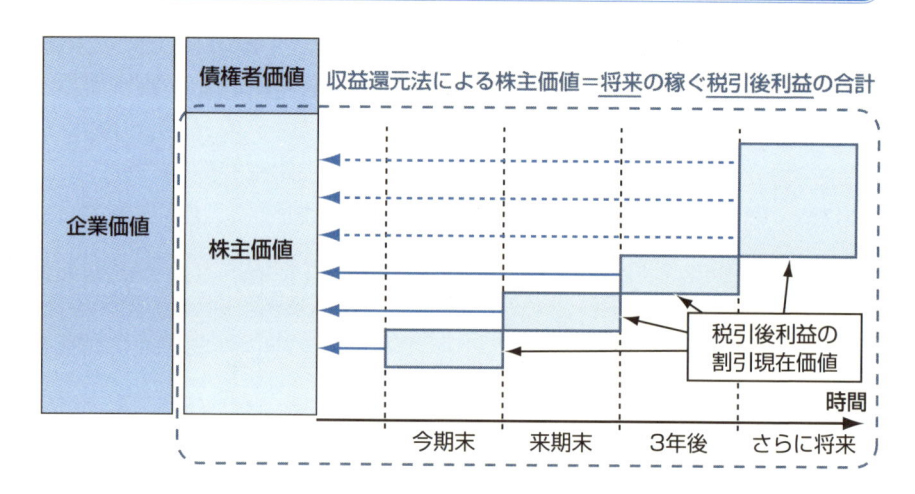

収益還元法による株主価値＝将来の稼ぐ税引後利益の合計

税引後利益の割引現在価値

今期末　来期末　3年後　さらに将来　時間

▶▶ ディスカウントキャッシュフローモデル

　ディスカウントキャッシュフロー（DCF）モデルはその企業の事業から生み出されるフリーキャッシュフローを現在価値に割り引き「事業価値」算定し、それらに「非事業資産」を足し合わせ、「企業価値」求める方法です。

　DCFモデル以外の方法は、「株主価値」を求め「企業価値」を算定するのに対し、DCFモデルでは、「事業価値」を求めることにより、「企業価値」を算定します。

　同じ収益に着目する収益方式に分けることができる収益還元法は、税引後利益から算出するのに対し、DCFモデルではフリーキャッシュフローから算出する点が優れています。税引後利益は会計上の利益のため、減価償却費、設備投資額、運転資

本増減を反映しませんが、フリーキャッシュフローは減価償却費、設備投資額、運転資本増減などの貸借対照表の変化を織り込むことができます。

また収益還元法では0％成長、もしくは一定成長を仮定としますが、DCFモデルでは、中長期（たとえば10年程度）のフリーキャッシュフローを予想するため、収益還元法よりもさまざまな成長シナリオ（たとえば来期減収し、3年後に回復するなど）を反映させることができます。

DCFモデルは、他のモデルよりも将来の見通しを精緻に反映させることができるため、もっとも理論的な企業価値評価といえます（DCFモデルの算定方法は、第4章で説明します）。

DCFモデルによる企業価値

DCFモデルによる企業価値＝将来のフリーキャッシュフローの割引現在価値＋非事業性資産

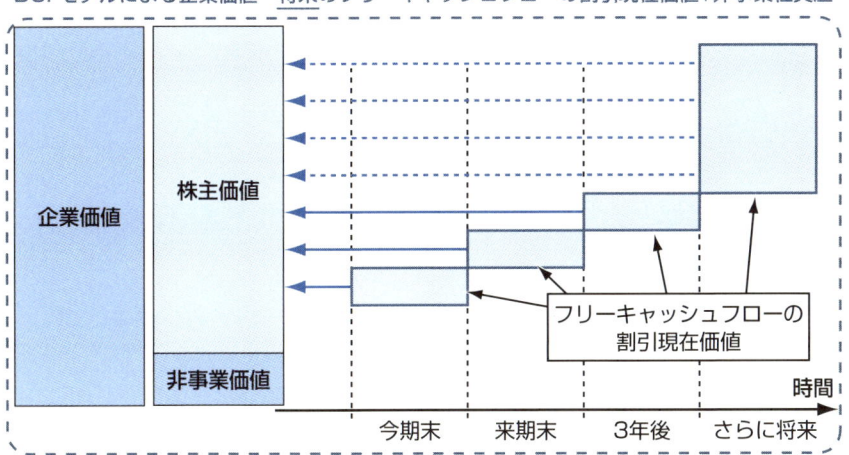

Column コラム

収益還元法の公式の導出

まず、毎年同じ収益を生み出すケースを考えてみましょう。

毎年、ある企業がP円の税引後利益を生み出すと仮定します。このとき、割引率（金利）はr％です。

n年後のP円の現在価値は$P/(1+r)^n$です。

この方法では、株主価値は毎年の税引後利益の合計と考えるので、

株主価値＝ $P + P/(1+r) + P/(1+r)^2 + P/(1+r)^3 + \cdots\cdots + P/(1+r)^n$

となります。

無限等比級数の和の公式＊ より、

株主価値＝P/r

となります

収益還元法（成長を前提としない場合）

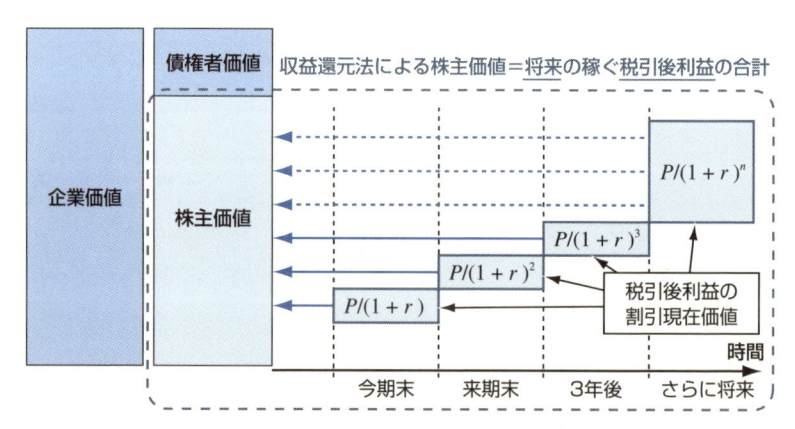

企業価値 ｜ 債権者価値 ／ 株主価値

収益還元法による株主価値＝将来の稼ぐ税引後利益の合計

$P/(1+r)$ 　 $P/(1+r)^2$ 　 $P/(1+r)^3$ 　 $P/(1+r)^n$

税引後利益の割引現在価値

今期末　来期末　3年後　さらに将来　時間

次に一定成長すると仮定するケースを考えてみましょう。

ある企業の今年の税引後利益はP円で、毎年、g％の収益成長を仮定します。

＊無限等比級数の和の公式 $S = \dfrac{a}{1-r}$ ：[a:初項、r:公比]

コラム　収益還元法の公式の導出

このとき、割引率（金利）はr％です。

n年後の収益は$P×(1+g)^n$となり、この現在価値は、$\dfrac{P×(1+g)^n}{(1+r)^n}$となります。

この方法では、株主価値は毎年の税引後利益の合計と考えるので、

株主価値＝$\dfrac{P×(1+g)}{(1+r)}+\dfrac{P×(1+g)^2}{(1+r)^2}+\dfrac{P×(1+g)^3}{(1+r)^3}+……+\dfrac{P×(1+g)^n}{(1+r)^n}$

無限等比級数の和の公式より、

株主価値＝$\dfrac{P}{r-g}$

となります。

収益還元法（一定成長を仮定する場合）

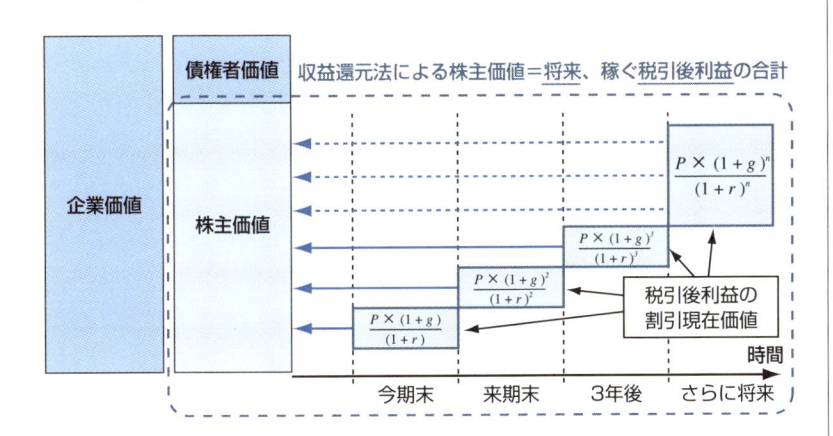

```
企業価値 = 債権者価値 + 株主価値
```

収益還元法による株主価値＝将来、稼ぐ税引後利益の合計

- $\dfrac{P×(1+g)}{(1+r)}$ … 今期末
- $\dfrac{P×(1+g)^2}{(1+r)^2}$ … 来期末
- $\dfrac{P×(1+g)^3}{(1+r)^3}$ … 3年後
- $\dfrac{P×(1+g)^n}{(1+r)^n}$ … さらに将来

税引後利益の割引現在価値

3-4 配当方式

配当方式は将来、企業が株主に還元する配当額を予想することにより「株主価値」を算定する方法です。配当還元法が代表的です。

▶▶ 配当還元法

　配当還元法は、株主に帰属する毎年の配当を予想し現在価値に割り引き、それらの合計を「株主価値」として算出する方法です。

　この方法では、株主の価値を株主の経済的リターンである毎年の配当（インカムゲイン）と株式の売却益（キャピタルゲイン）の合計であると考えます。この方法では、企業の継続性を前提とし、株式は保有し続けます。よって、配当は永続的に受け取ります。株式の売却益は実質的には0（未来永劫保有し、割り引くと、実質0となります。たとえば、金利5％のとき100年後の100円を現在価値に割り引くと1円を切ります）となるため、この方法では配当額を予想することがポイントとなります。

　この方法では、配当額、割引率、（成長を前提とする場合には）成長率の2ないし3つを予想することにより求めることができるため、簡単に算定できることが利点です。この点は、収益還元法と非常に似ています。

　しかし、配当額を一定とする仮定が現実的ではありませんし、配当を行わない企業の価値算定には利用できないことが短所としてあげられます。

　配当還元法による株主価値は、次の式で表されます。

$$\text{配当還元法による株主価値} = \frac{D}{r - g}$$

［今期の配当額: D、割引率(金利): r、成長率: g］

3-4 配当方式

配当還元法による企業価値

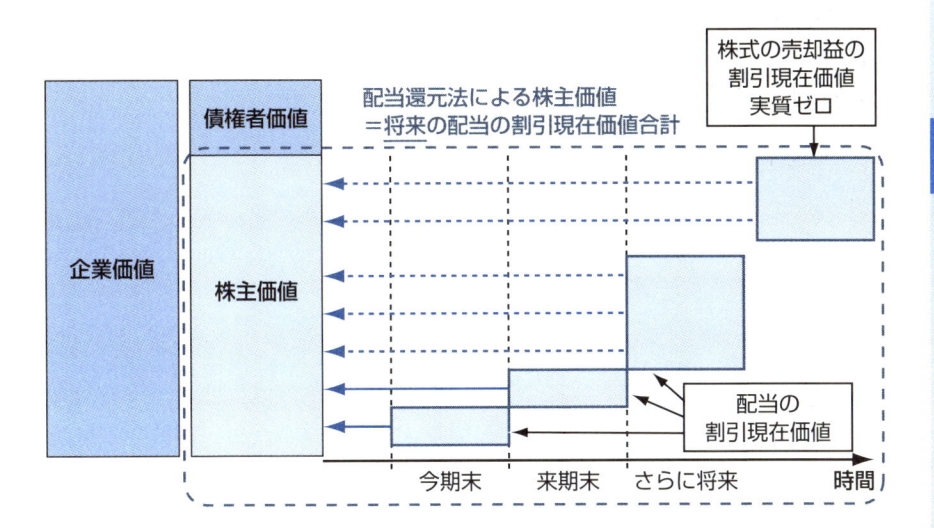

- 企業価値
- 債権者価値
- 株主価値
- 配当還元法による株主価値 ＝将来の配当の割引現在価値合計
- 株式の売却益の割引現在価値 実質ゼロ
- 配当の割引現在価値
- 今期末
- 来期末
- さらに将来
- 時間

Column: 配当還元法の公式の導出

まず、毎年配当額が同じケースを考えてみましょう

ある企業の毎年の配当額をD円、割引率（金利）をrとします。

毎年の配当額の現在価値の合計を考えましょう。

n年後の配当D円の現在価値は$D/(1+r)^n$となります。ですから、配当額の合計は、次のようになります。

$$D + D/(1+r)^2 + D/(1+r)^3 + \cdots\cdots + D/(1+r)^n$$

次に、株式の売却益を考えます。

現在の株価をP、将来の株価をP_fとします。

このとき株価の売却益は$(P_f - P)$となり、この現在価値は、$\dfrac{(P_f - P)}{(1+r)^n}$です。

株主価値は配当額の現在価値の合計と株式の売却益の合計なので、

　配当還元法による株主価値＝

$$D + D/(1+r)^2 + D/(1+r)^3 + \cdots\cdots + D/(1+r)^n + \dfrac{(P_f - P)}{(1+r)^n}$$

となります。

ここでは、企業は継続することを前提としますので、nは無限になり、$\dfrac{(P_f - P)}{(1+r)^n}$は実質的には限りなく0に近づき、無視することができます。

ですから、ここでは、次のようになります。

　配当還元法による株主価値＝$D + D/(1+r)^2 + D/(1+r)^3 + \cdots\cdots + D/(1+r)^n$

無限等比級数の和の公式より、次のようになります。

　配当還元法による株主価値株主価値＝D/r

次に一定成長すると仮定するケースを考えてみましょう。

企業の成長を加味し、配当額は増減するケースを考えます。ただし、配当性向は一定です。

成長率をg％とすると、

n年後の配当額は$D \times (1+g)^n$となり、この現在価値は$\dfrac{D \times (1+g)^n}{(1+r)^n}$となります。

株式の売却益は$\dfrac{(P_f - P)}{(1+r)^n}$です。

コラム　配当還元法の公式の導出

配当還元法（成長を前提としない場合）

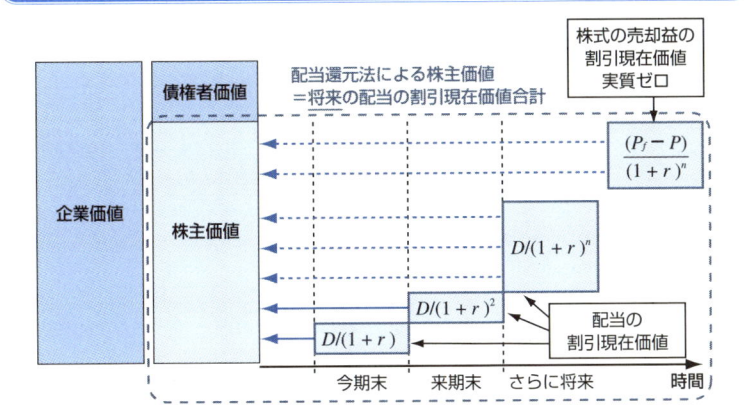

したがって、次のようになります。

配当還元法による株主価値＝

$$\frac{D \times (1+g)}{(1+r)} + \frac{D \times (1+g)^2}{(1+r)^2} + \frac{D \times (1+g)^3}{(1+r)^3} + \cdots + \frac{D \times (1+g)^n}{(1+r)^n} + \frac{(P_f - P)}{(1+r)^n}$$

同じく、$\frac{(P_f - P)}{(1+r)^n}$ は無視できますので、次のようになります。

配当還元法による株主価値＝

$$\frac{D \times (1+g)}{(1+r)} + \frac{D \times (1+g)^2}{(1+r)^2} + \frac{D \times (1+g)^3}{(1+r)^3} + \cdots + \frac{D \times (1+g)^n}{(1+r)^n}$$

無限等比級数の和の公式より、次のようになります。

配当還元法による株主価値＝ $\dfrac{D}{r-g}$

配当還元法（一定成長を仮定する場合）

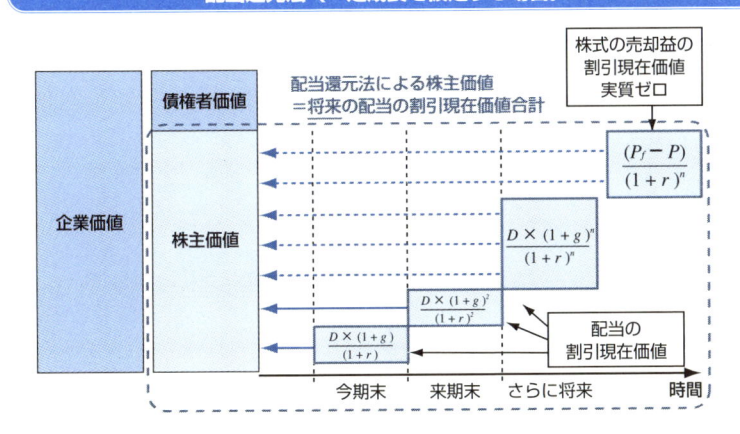

3-5
比準方式

　比準方式は、類似する会社・業種との比較から「株主価値」を算定する方法です。類似会社比準法、類似する業種と比較する類似業種比準法、取引事例法、株価倍率法などがあげられます。

▶▶ 類似会社比準法

　比準方式は主に市場株価がない未公開企業の「株主価値」を算定する際に利用されます。

　類似会社比準法は市場で株価がついている公開会社の中から、評価対象会社と業績、規模などが類似している会社を選定し、1株当たり純利益、1株当たり純資産を比較して、その企業の株主価値を算定する方法です。

　類似会社比準法による株主価値は、次の式で表されます。

$$
\begin{aligned}
&\text{類似会社比準法による株主価値} \\
&= \text{類似会社平均株価} \times \text{類似安定度を加味する項目} \\
&\quad \times \left(\frac{\text{評価対象企業1株当たり配当金額}}{\text{類似会社平均1株当たり配当金額}} + \frac{\text{評価対象企業1株当たり利益額}}{\text{類似会社平均1株当たり利益額}} \right. \\
&\quad \left. + \frac{\text{評価対象企業1株当たり株主資本}}{\text{類似会社平均1社当たり株主資本}} \right) \div 3
\end{aligned}
$$

▶▶ 類似業種比準法

　類似業種比準法は公開会社などの中から、評価対象会社と業績、規模などが類似している業種を選び、国税庁が公表する株価、利益、純資産、配当などを比較し、その企業の株主価値を算定する方法です。

　類似業種比準法による株主価値は、次の式で表されます。

$$
\begin{aligned}
&\text{類似業種比準法による株主価値} \\
&= \text{類似業種平均株価} \times \alpha \\
&\quad \times \left(\frac{\text{評価対象企業1株当たり配当金額}}{\text{類似業種平均1株当たり配当金額}} + \frac{\text{評価対象企業1株当たり利益額}}{\text{類似業種平均1株当たり利益額}} \right. \\
&\quad \left. + \frac{\text{評価対象企業1株当たり株主資本}}{\text{類似業種平均1社当たり株主資本}} \right) \div 3
\end{aligned}
$$

αは、大企業は0.7、中企業は0.6、小企業は0.5を用います。

　評価対象企業の1株当たりの配当金額は、その会社の直前期末以前2年間の平均配当を用います。特別配当や記念配当などの名称による配当のうち、将来毎期継続することが予想できない金額は除きます。

　評価対象企業の1株当たりの利益額は、法人税の課税所得金額に益金に算入されなかった受取配当などの額および損金に算入された繰越欠損金額を加えて求めます。固定資産売却益や保険差益などの非経常的な利益額は除きます。1株当たりの利益金額がマイナスになるときは、0とします。

　1株当たりの株主資本は、評価対象企業の資本金額に法人税法に規定する資本積立金額および利益積立金額を加えて求めます。1株当たりの株主資本がマイナスになるときは、0とします。

　評価対象企業の利益額が0の場合は、類似会社平均の利益額の3/5とします。

　類似業種の株価、および比準要素は、国税庁から2か月ごとに発表されています。

　類似会社比準法・類似業種比準法は、比較する企業や業種によって、算定される価値が大きく変わるため、恣意性が入る可能性があります。また複数の事業を営んでいる場合など、類似会社や業種の選定が難しい場合があることが短所としてあげられます。

　なお、取引事例法は過去に実際の取引事例がある場合、当該価格を用いて「株主価値」を算定する方法です。ただし、参考にできる事例が多くないため、適応が困難なケースが多いです。

3-6
株価倍率法

株価倍率法は、自社の株価を同業他社の株価と比較するときに使われます。株価倍率法には、PER、PBR、PCFR、EV/EBITDA、配当利回り、PSRなどの指標があります。

▶▶ 株価倍率法はどんなときに使う

　株価倍率法はそれぞれの要素と株価を比較することにより、「株主価値」を判断します。

　「株主価値」を算定するというよりも、次のようなかたちで利用されることが多いようです。たとえば、未公開企業などが市場で株価がついている公開企業と比較して、同水準ならば自社はこの程度の「株主価値」がある。また、市場で株価がついている企業であれば、指標を用いて、自社の市場株価は同業他社との比較において、または時系列での比較において、割高なのか、割安なのか、適正なのかを判断することに利用されます。

株価倍率法関連の各指標の位置づけ

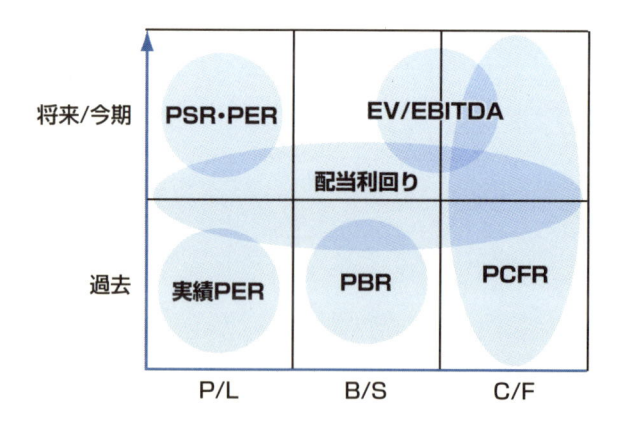

	P/L	B/S	C/F
将来/今期	PSR・PER	EV/EBITDA／配当利回り	
過去	実績PER	PBR	PCFR

株価倍率法の各指標を比べると

	PER	PBR	PCFR	EV/EBITDA	配当利回り	PSR
計算式	時価総額/(予想)税引後利益	時価総額/株主資本	時価総額/(予想)FCF	貸借対照表の時価評価/金利・税金・償却前利益	配当額/時価総額	時価総額/(予想)売上高
要素	予想利益	簿価	予想FCF	予想FCF、時価評価	配当額	予想売上高
簡易性	○	○	△	△	○	○
本質的	○	○	○	◎	×	×
国際比較	-	-	-	◎	○	-
B/S	×	○	○	○	○	×
C/F	×	×	○	○	-	×
将来	○	×	○	○	○	○

3-7

PER（株価収益率）

　PER（株価収益率）は、時価総額が（予想）当期純利益の何倍で評価しているかを示す指標です。

▶▶ PER（株価収益率）とは

　PER*（株価収益率）は、時価総額が（予想）当期純利益の何倍で評価しているかを示す指標です。仮に利益がすべて株主に還元されるとすると、投資額（=時価総額）が何年で回収されるかを示します。

　（予想）当期純利益のみを予想すればよいので、簡単に利用できることができます。ただし、当期純利益をいかに予想するかによって、市場株価に対して割高、割安、妥当などの判断は影響を受けます。

　なお、一般にPERというときは、分母は来期ベースの予想の当期純利益を用いますが、2年後の予想当期純利益、3年後の予想当期純利益を用いることで、2年後、3年後の利益ベースで考える場合もあります。

　また実質PERとして、分母に前期の当期純利益を利用することがあります。

　PERは次の式で表されます。

　　PER＝時価総額÷（予想）当期純利益

　1株当たりの視点では、

　　PER＝株価÷（予想）EPS*

＊**PER**　　Price to Earning Ratioの略。
＊**EPS**　　Earning per shareの略。1株当たり利益。

3-7　PER（株価収益率）

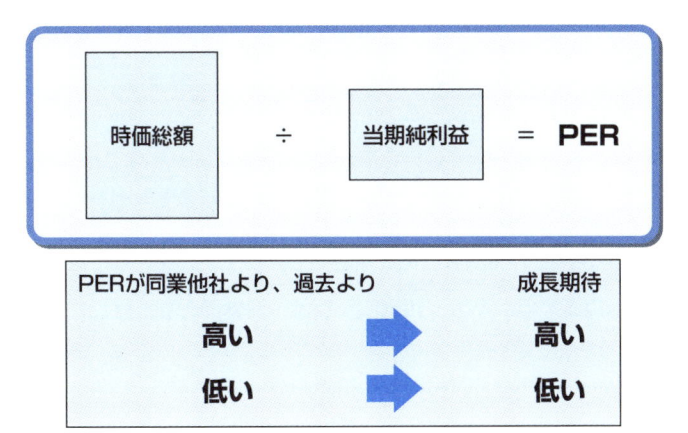

PER（株価収益率）

時価総額 ÷ 当期純利益 = PER

PERが同業他社より、過去より	成長期待
高い ➡	高い
低い ➡	低い

COLUMN　サスティナブル成長率

　収益還元法、配当還元法の成長率はサスティナブル成長率を用います。
　サスティナブル成長率とは、企業が内部留保による株主資本の増加によって達成できる理論的な利益・配当の潜在的な成長率のことです。なお、ROE、**配当性向**＊、税率、金利はそれぞれ一定であるという前提を起きます。ROEは一定という仮定を満たすため、株主資本の増大に伴い**D/Eレシオ**＊を保つように有利子負債も増加するという前提も含まれます。

$$\text{サスティナブル成長率} = \text{内部留保率} \times \text{ROE}$$
$$= (1 - \text{配当性向}) \times \text{ROE}$$

配当性向＝配当額／当期純利益

＊**配当性向**　当期純利益の何％が配当に当てられるかを示す指標です。
＊**D/Eレシオ**　有利子負債と株主資本の比率を示す指標です。財務安全性を図ります。D/Eレシオ＝有利子負債／株主資本。

第3章　企業価値の算定方法

3-8
PBR（株価純資産倍率）

PER（株価純資産倍率）は、時価総額が株主資本の何倍で評価されているかを示す指標です。

▶▶ PBR（株価純資産倍率）とは

PBR*（株価純資産倍率）は、時価総額が株主資本の何倍で評価されているかを示す指標です。時価は簿価の何倍で評価されているかを示します。非常に簡単に利用することができます。

PBRは次の式で表されます。

　　PBR＝時価総額÷株主資本

1株当たりの視点では、

　　PBR＝株価÷BPS*

PBRは1倍を基準に、PBR>1、PBR=1、PBR<1の3つの状態に分けることができます。

PER>1のときは、時価の簿価超過部分は財務価値以上の知的資産を評価していることになります。また市場は現在の資産価値だけではなく、将来に生み出す収益を評価しています。

PER≒1のときは、市場は企業の財務価値と同程度で評価していることを意味します。現在の資産価値と同程度には評価していますが、将来にわたって生み出すであろう収益はほとんど評価していないといえそうです。

PER<1のときは、時価が簿価を下回っている部分は、①会社の良さを伝えきれていない、②会社の貸借対照表が信頼されていない、③将来にわたって価値破壊が行われるであろうということを示している可能性が高いといえます。

＊**PBR**　Price to book value Ratioの略。
＊**BPS**　Book value per shareの略。1株当たり株主資本。

3-8 PBR（株価純資産倍率）

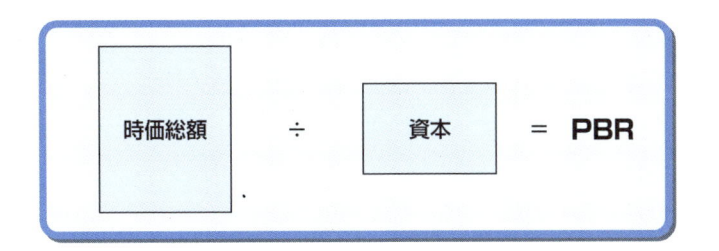

PBR（株価純資産倍率）

時価総額 ÷ 資本 = **PBR**

PBRの3つの状態

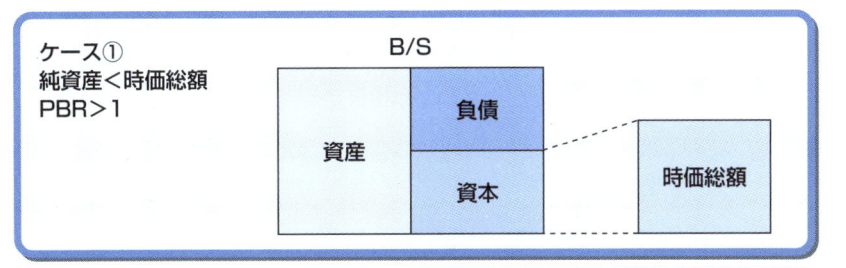

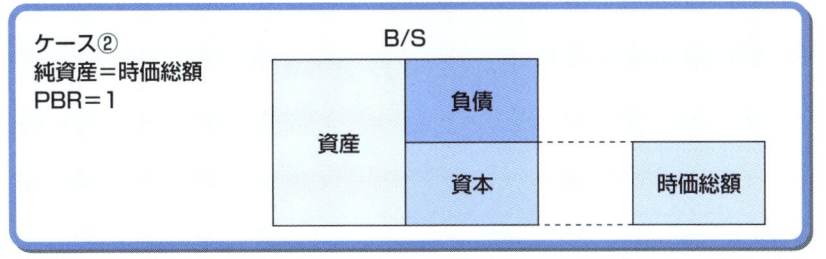

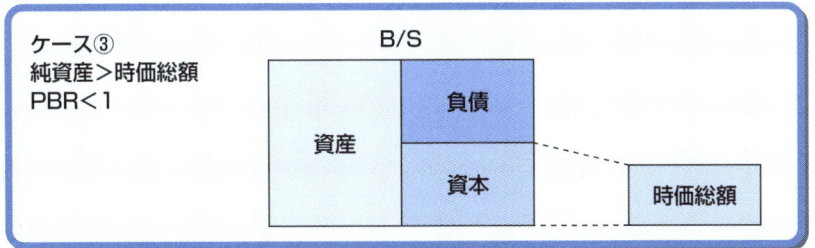

ケース①
純資産＜時価総額
PBR＞1

B/S
資産 | 負債
　　 | 資本
→ 時価総額

ケース②
純資産＝時価総額
PBR＝1

B/S
資産 | 負債
　　 | 資本
→ 時価総額

ケース③
純資産＞時価総額
PBR＜1

B/S
資産 | 負債
　　 | 資本
→ 時価総額

3-9
PCFR（株価キャッシュフロー倍率）

PCFR（株価キャッシュフロー倍率）は、時価総額が（予想）キャッシュフローの何倍で評価しているかを示す指標です。

▶▶ PCFR（株価キャッシュフロー倍率）とは

PCFR*（株価キャッシュフロー倍率）は、時価総額が（予想）キャッシュフローの何倍で評価しているかを示す指標です。キャッシュフローは定義によって異なりますが、たとえば、「（予想）当期純利益＋（予想）減価償却費」を用います。基本的な発想はPERと似ています。減価償却費を加味する点が異なります。減価償却費の償却方法の違いによる影響を受けない点が利点です。

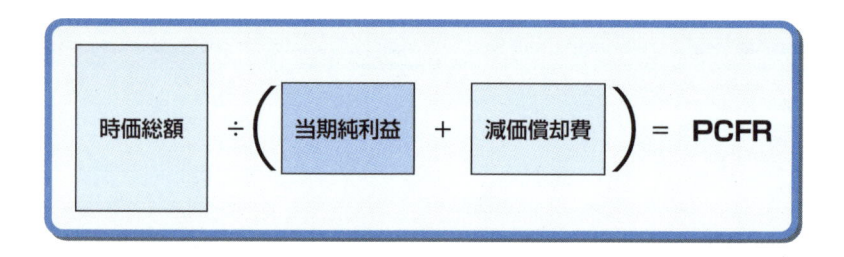

PCFR（株価キャッシュフロー倍率）

時価総額 ÷ （当期純利益 ＋ 減価償却費） ＝ PCFR

---

*PCFR　Price to Cash Flow Ratioの略。

Column ― PERとPERの逆数の関係

PERは時価総額を当期純利益で割ったものです。ゆえにPERの逆数は当期純利益を時価総額で割ったものとなります。
ROEは当期純利益を株主資本で割ったものです。
時価総額は、貸借対照表の株主資本（簿価）を時価評価したものです。
PERの逆数は、時価ベースのROEを表します。

PER、PERの逆数、ROE

PER	=	時価総額	÷	当期純利益
PERの逆数	=	当期純利益	÷	時価総額
ROE	=	当期純利益	÷	株主資本

3-10
EV/EBITDA倍率

EV/EBITDA倍率は、時価ベースの投下資本とキャッシュフローを比較する指標です。

▶▶ EV/EBITDA倍率とは

EV*/EBITDA*倍率は、時価ベースの投下資本とキャッシュフローを比較する指標です。時価評価した貸借対照表貸方が簡易営業キャッシュフローの何倍かを示します。

金利・税率・会計基準の違いを最小限にした利益がEBITDAです。時価ベースで評価できる点、減価償却の方法や期間、税法の影響を排除できる点が優れています。海外に多くの子会社を持つグローバルな企業を分析する際や、海外の同業他社と収益力を比較するときに有効です。ただし、他の方法に比べ計算が煩雑です。

EV/EBITDA倍率は次の式で表されます。

　　EV/EBITDA＝（有利子負債＋時価総額）÷（税引前営業利益＋減価償却費）

なお、事業には使われていない現預金を保有している企業の場合には、EVから現預金を差し引いた**ネットEV***/EBITDA倍率を利用した方が実態を表す場合があります。

ネットEV/EBITDA倍率は、次の式で表されます。

　　ネットEV/EBITDA
　　＝（有利子負債＋時価総額－現預金）÷（税引前営業利益＋減価償却費）

＊**EV**　　Enterprise Valueの略。有利子負債＋時価総額。
＊**EBITDA**　Earning Before Interest, Taxes Deprecation and Amortizationの略。金利・税金・償却前利益。
＊**ネットEV**　Enterprise Valueの略。有利子負債＋時価総額－現預金。

3-10 EV/EBITDA倍率

EVとネットEV

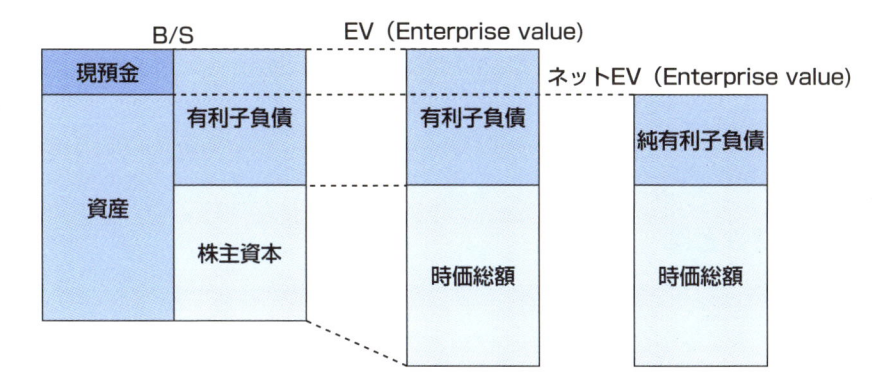

B/S　　　　　EV (Enterprise value)
　　　　　　　　　　　　　ネットEV (Enterprise value)

現預金			
資産	有利子負債	有利子負債	純有利子負債
	株主資本	時価総額	時価総額

EV/EVITDA倍率とネットEV/EVITDA倍率

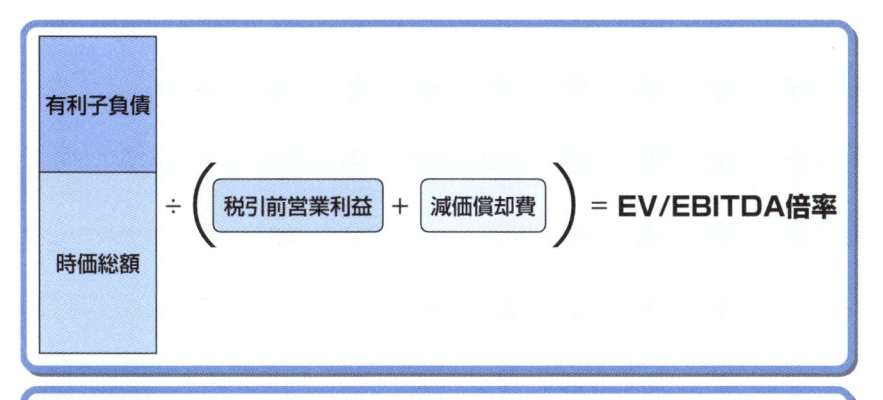

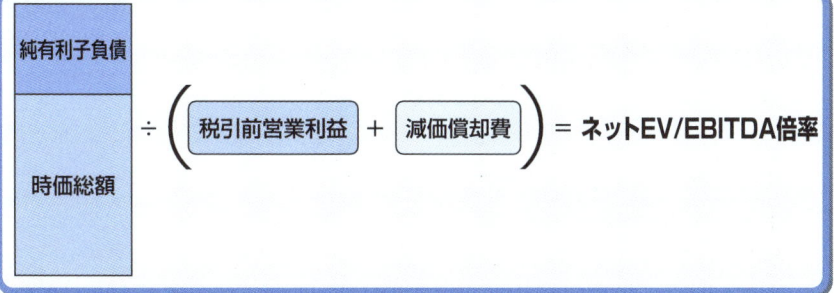

$$\left.\begin{array}{c}\text{有利子負債}\\\text{時価総額}\end{array}\right\} \div \left(\text{税引前営業利益} + \text{減価償却費}\right) = \text{EV/EBITDA倍率}$$

$$\left.\begin{array}{c}\text{純有利子負債}\\\text{時価総額}\end{array}\right\} \div \left(\text{税引前営業利益} + \text{減価償却費}\right) = \text{ネットEV/EBITDA倍率}$$

第3章 企業価値の算定方法

3-11
配当利回り

配当利回りは、配当が市場株価の何％行われたかを示す指標です。

▶▶ 配当利回りとは

　　配当利回りは、配当が市場株価の何％行われたかを示す指標です。この指標は「株主価値」を算定する方法というよりも、むしろ投資家が投資を行う際に、配当がどの程度得られるかを考える1つの指標として利用されます。たとえば1株500円の株式に対し、30円の配当があった場合は、配当利回りは6％となります。

　　また、市場株価が高いのか、安いのか、妥当なのかを考える際に利用されます。毎年30円の配当が慣例的に決まっているような場合には、市場株価が800円の時には配当利回りは3.8％となりますし、300円のときには10％となります。6％を基準に考えると、3.8％のリターンしか得られない800円のときは割高といえるでしょうし、10％のリターンが得られる300円のときは割安といえるでしょう。このような考え方は比較的業績が安定していると考えられている業種（たとえば、電力やガスなど）に対する投資判断において、利回りで考えられることが多い国債に対する投資との比較で用いられることが多いです。

　　ただし、安定していると思われている業種も規制緩和などで将来においては事業環境が変わっていくと予想されること、さらには企業が慣例的に配当額を同額にしていたことから、業績に合わせ配当政策を変更するようになっていくだろうと予想されることから、この方法にも限界があるといえます。

　　配当額を株価で割るという簡易的な手順で求められるため、投資リターンや株価水準を考える際には有益です。

　　配当利回りは、次の式で表されます。

　　配当利回り＝配当額÷時価総額

　　1株当たりの視点では、

　　配当利回り＝1株当たり配当金÷株価

3-12
PSR（株価売上高倍率）

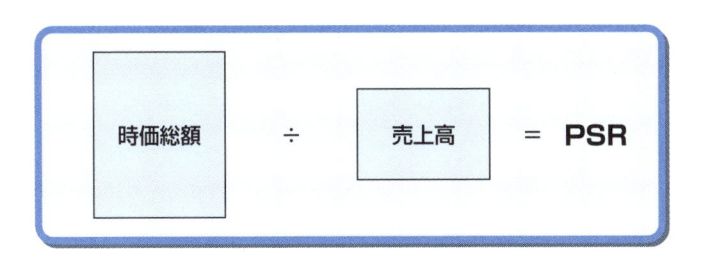

PSR（株価売上高倍率）は、時価総額が（予想）売上高の何倍で評価されているかを示す指標です。

▶▶ PSR（株価売上高倍率）とは

　PSR*（株価売上高倍率）は、時価総額が（予想）売上高の何倍で評価されているかを示す指標です。売上高が増加することが株主価値の増加につながるという前提が成り立つ場合に有効です。利益が出ていない会社、先行投資を行っている会社の場合に有益です。

　売上の方が、利益やキャッシュフローを予想するよりも簡単に算定できます。しかし、売上が必ずしも利益やキャッシュフローの増加につながらないことも多く、売上増加が企業価値増加とイコールではないので、本質的であるとはいいがたいです。

　PSRは次の式で表されます。

　　PSR=時価総額÷（予想）売上高

　1株当たりの視点では、

　　PSR=株価÷（予想）1株当たり売上高

PSR（株価売上高倍率）

時価総額 ÷ 売上高 = PSR

＊**PSR**　Price to Sales Ratioの略。

3-13
オプション理論や確率手法

DCFモデルよりも事業の意思決定における複数の選択肢の価値を考慮する投資機会の評価の方法として、リアルオプションモデル、ブラックショールズモデル、決定木分析法などがあげられます。

▶▶ 不確実性を考慮したモデル

　DCFモデルは、一定の事業計画を前提に適用されるものですが、その事業計画には、成功するかもしれないし、失敗するかもしれない、また、途中で事情が変更なるかもしれない等々の不確実性が伴うものです。そこで、この不確実性を取り込んだ考え方がオプション理論や確率手法を用いた企業評価方法で、リアルオプション法やモンテカルロ法などがあります。

　DCFモデルは、企業価値を計算するのにあたり理論的な手法です。しかしながら、一定の事業計画やシナリオによって計画されたキャッシュフローを前提としている点にやや難点があります。実際の事業計画の実行にあたっては、不確実性への対処が不可欠です。たとえば、当初の計画どおり実行されることの方がまれで、失敗することもありますし、想定していない事象の出現や事情の変更で、計画そのものを変更することが通常です。その点で、DCFモデルは企業の実態と少しかけ離れているところがあります。

　そこで、この不確実性を取り込んで、企業価値を評価する手法として考え出されたのが、リアルオプション法やモンテカルロ法です。

　リアルオプション法を計算する考え方には、2通りあります。1つは、オプション理論を用いて、オプションの価値そのものを計算しようとする考え方です。ブラックショールズモデルによるオプション価値の計算が代表例です。もう1つは、特に、オプション理論を用いることなく、将来において採用できるオプションの1つ1つを予想して、オプションの価値を含め企業価値を計算しようとするものです。決定木分析法（ディシジョンツリーアナリシス）が代表例です。

▶▶ リアルオプション法

　リアルオプション法とは、オプション理論を用いた企業価値の評価方法です。オプション理論とは、将来の不確実性に対して企業が選択できる権利（オプション）があり、この権利にも価値があるので、その価値も計算して、企業価値を計算しようとする考え方です。

　オプションの価値には図のような性質があります。

オプションの価値

- 原資産の価値が高いほど、オプションの価値は高くなります
- 行使期間が長いほど、オプションの価値は高くなります
- 行使期間が低いほど、オプションの価値は高くなります
- 原資産の収益の変動性が高いほど、オプションの価値は高くなります
- リスクフリーレートが高いほど、オプションの価値は高くなります

▶▶ ブラックショールズモデル

　ブラックショールズモデルによるオプション価値の計算は、将来発生する不確実な事象は一定の分布（二項分布や正規分布と呼ばれる）によって生じるので、その不確実な事象を避けるために受ける利益がオプションの価値だとする考え方です。

▶▶ 決定木分析法（ディシジョンツリーアナリシス）

　決定木分析法は、企業の意思決定を時系列に樹形状に分析し、各々の意思決定の見込まれる確率を用いて、企業価値を計算するものです。各々の意思決定は、企業においてさまざまありえるでしょうが、一般に、以下の項目にまとめられます。

　この方法は、採用することができるすべての意思決定を想定し、選択肢を検討するため、意思決定による価値の変化を認識することができます。

　ただし、それぞれの選択肢を評価する際には、それぞれの選択肢のリスクに応じた割引率を用いる必要があることが難点の1つです。

決定木分析法におけるオプションの種類

- 拡大オプション
- 縮小オプション
- 撤退オプション
- 段階オプション
- 転用オプション
- 事業の一時中断・再開オプション
- キャンセル・オプション
- 市場参入オプション

▶▶ モンテカルロ法

　もっと、直接的に確率手法を用いて企業価値を計算する手法がモンテカルロ法です。これは、経営上のオプションの採用のようにまとめられず、将来の企業環境の不確実性が非常に高い場合に採用することが適切であると考えられます。

　具体的には、将来に生じると思われる事象を確率分布として定義して、その確率分布にしたがった大量の乱数を設定して、目的とする数値（たとえば、フリーキャッシュフローや税引後利益）の状況により企業価値を計算するものです。

　このように不確実性を含めた企業価値の計算方法は、1つのシナリオしか反映しない手法よりは、すぐれているといえます。しかしながら、その不確実性は、確率論の考え方を用いるので、どのような分布を選択するかが実務的には大変です。また、算出された企業価値の解釈についても、理解されにくいという難点があります。事実、企業価値の算定という実務では、そう頻繁に採用されている手法ではありません。

　ただ、すぐれている点については異論がなく、現在、実務的に便利な手法を開発すべき、多くの研究がなされている分野でもあります。

コラム

2年後のPER、3年後のPER

　PER（Price Earnings Ratio　株価収益率）は株価を1株あたり当期純利益で割ったものです。また時価総額を当期純利益で割ったものということもできます。将来の見通しに対しての指標なので、ここでの当期純利益は、予想ベースの数値を用います。この指標はあくまでも単年度の利益に着目した指標であるため、注意が必要です。

2年後、3年後のPER

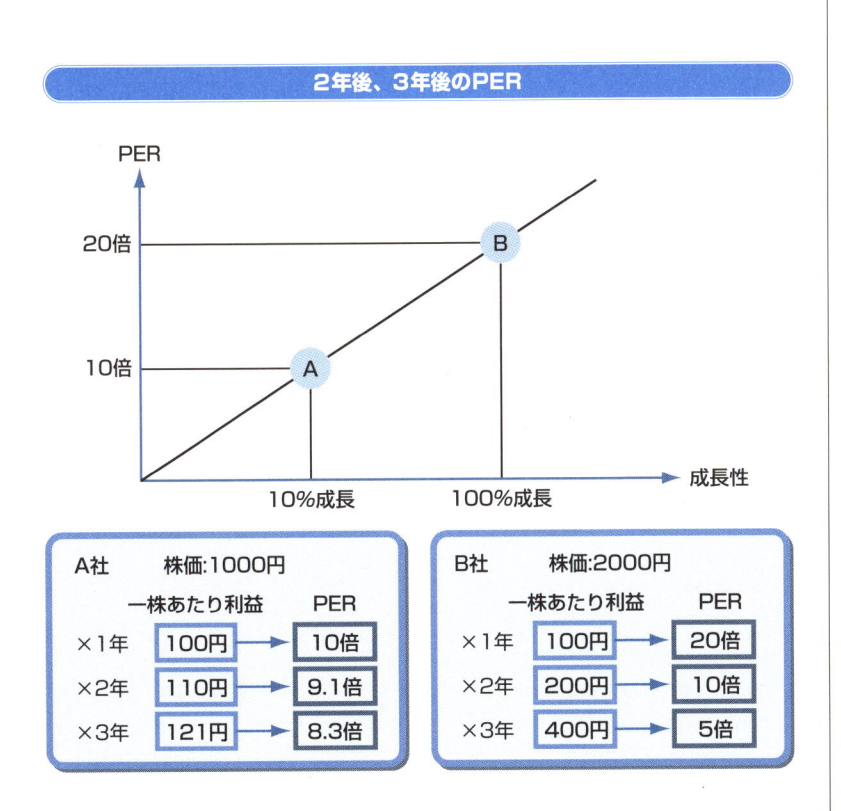

（グラフ：縦軸 PER、横軸 成長性。A点が10%成長・10倍、B点が100%成長・20倍）

A社　株価:1000円

	一株あたり利益	PER
×1年	100円	10倍
×2年	110円	9.1倍
×3年	121円	8.3倍

B社　株価:2000円

	一株あたり利益	PER
×1年	100円	20倍
×2年	200円	10倍
×3年	400円	5倍

第3章　企業価値の算定方法

コラム　2年後のPER、3年後のPER

　A社とB社の株価はどちら割安でしょうか。現時点の株価と、2004年（1年後）の利益をベースに考えると、A社はPER10倍で、B社は20倍です。したがって、A社の方が割安に思えます。2005年（2年後）の利益をベースに考えるとどうでしょうか。PERはそれぞれ、9.1倍、10倍となります。さらに、2006年（3年後）の利益をベースに考えると8.3倍、5倍となり、2006年（3年度）の利益ベースでは、B社の方が割安に思えます。

　このようにPERは単年度の利益をベースに判断する指標のため、中長期的な視点では判断を見誤る可能性もあります。ですから、どの時点をベースに考えているかを明確にして考える必要があります。

第4章

ディスカウントキャッシュフローモデル

　第4章では、ディスカウントキャッシュフロー(DCF)モデルによる「事業価値」、「企業価値」、「株主価値」の算定の仕方を説明します。

　DCFモデルは、事業が生み出すキャッシュフローを現在価値に割り引いたものの総和を「事業価値」として求めます。

　ここでは簡易的に、主に売上高、営業利益率、減価償却費/売上高、設備投資/売上高、運転資本/売上高を予想することにより「事業価値」を算定します。

4-1
ディスカウントキャッシュフローモデル

ディスカウントキャッシュフロー（DCF）モデルでは、本質的な企業価値は企業が将来生み出すフリーキャッシュフローの現在価値の総和と考えます。本質的な企業価値を考える方法です。

▶▶ 鶏の価値について考えてみましょう

　鶏を1羽、飼っています。この鶏を絞めて、市場で鶏肉として売ってお金を得ることもできますが、毎日、卵を産ませ、これを市場で売って、お金を得ることもできます。さて、どちらが得でしょうか。

　産む卵の数はその日によって異なります。生む卵の数が異なるということは、当然、毎日得られる対価も異なるわけです。このように考えた場合、毎日生む卵の対価の合計が鶏の価値となります。鶏の価値を考えるためには、将来、鶏がどれくらいの卵を産むのかを予想しなければなりません。大切なことは今日、明日だけではなく、少し長い将来のことを考える必要があるということです。

鶏の価値

ニワトリの価値＝将来、生むたまごの価値の合計

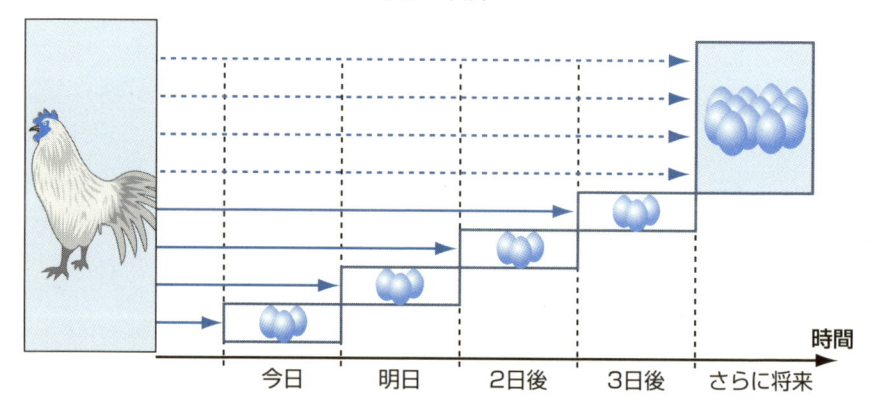

（今日／明日／2日後／3日後／さらに将来／時間）

▶▶ 同じように企業の価値について考えてみましょう

　企業の場合も鶏の例と同じように考えることができます。

　企業が営んでいる事業や保有している資産をばらばらにしたとき、どれくらいのお金が得られるのかという考え方もあります。一方、継続性を前提とし、事業が将来にどれくらいのお金を生み出すのかという考え方もあります。

　事業が生み出すお金は、その年度によって異なります。事業が生み出すお金の合計が、企業の価値となります。つまり、企業の価値を考えるためには、将来、事業がどれくらいのお金を生むのかを予想しなければなりません。鶏の例と同じく、今日、明日だけではなく、中長期的な将来のことを考えることが大切です。

　話を単純化して進めてきましたが、いくつか注意が必要です。ここでのお金はフリーキャッシュフローです。また、各年度のフリーキャッシュフローを現在の価値で考えるため、現在価値にします。

企業の価値

企業価値＝将来、企業のキャッシュフローの合計

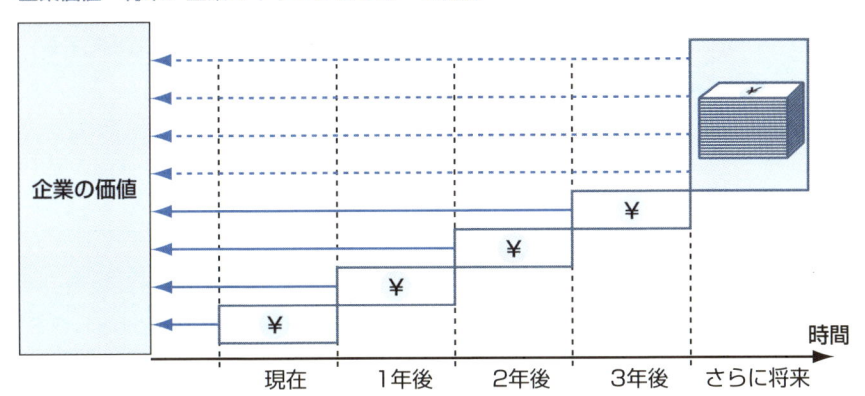

▶▶ DCFモデルの計算方法

　ここではDCFモデルの簡易的なケースを紹介します。

　まず、事業が生み出すフリーキャッシュフローを予想し、事業価値を求めます。次

4-1 ディスカウントキャッシュフローモデル

にその企業が非事業性資産(事業には使っていない資産)を保有している場合には、これを事業価値に足し合わせます。

プロセス1:事業価値を算定します。
プロセス2:(ある場合には)非事業性資産を事業価値に足し合わせます。

DCFモデルによる企業価値

プロセス①事業のキャッシュフローを予想し、価値の算定

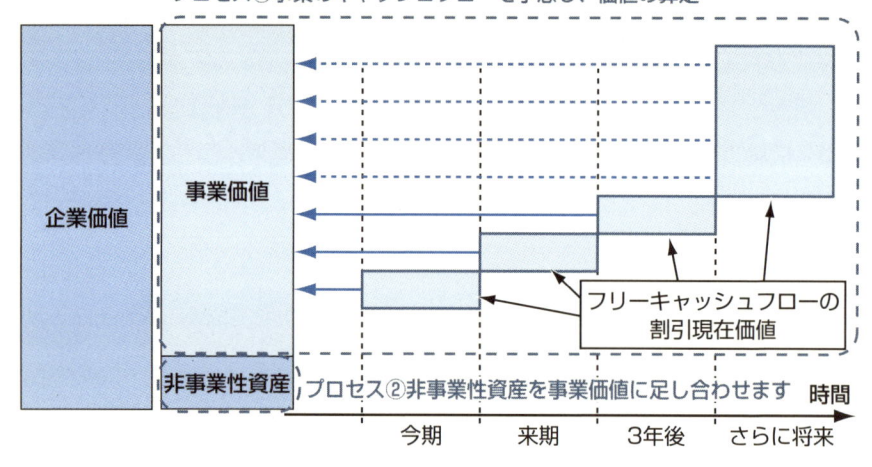

(図: 企業価値 = 事業価値 + 非事業性資産。事業価値はフリーキャッシュフローの割引現在価値の合計。横軸は時間:今期、来期、3年後、さらに将来)

プロセス②非事業性資産を事業価値に足し合わせます

▶▶ DCFモデルによる株主価値の算定

　DCFモデルではフリーキャッシュフローを求めることにより、「企業価値」を算出しているため、企業価値は債権者と株主(株式投資家)に帰属すると考えます。

　ですから、「株主価値」は、「企業価値」から「債権者価値」を差し引いたものとなります。「債権者価値」の算定は、専門家によっても見解が分かれるところです。簡便法として、有利子負債額が用いることが一般的です(なお、本書では至極簡易的に貸借対照表の有利子負債額の合計を用います)。

4-1 ディスカウントキャッシュフローモデル

DCFモデルによる価値算定のプロセス

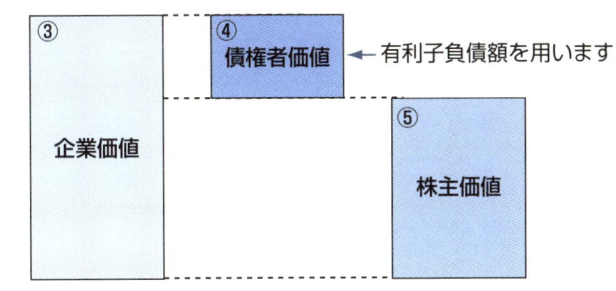

① 事業価値

② 非事業性資産

③ 企業価値

④ 債権者価値 ← 有利子負債額を用います

⑤ 株主価値

第4章 ディスカウントキャッシュフローモデル

4-2 事業価値を算定する

事業価値はその事業が将来にわたって生み出すフリーキャッシュフローを現在価値に割り引いたものの合計です。未来永劫、将来の毎期を予想することは不可能なので、予想期間と予想期間後の継続価値に分けて考えます。

▶▶ 事業価値の算定プロセス

事業価値は予想期間の事業価値と継続価値の合計です。

　　事業価値＝予想期間の事業価値＋（予想期間後の）継続価値

事業価値算定の　プロセスは大きく、次のように3つに分かれます。

プロセス1:各年度のフリーキャッシュフローを算定します。

プロセス2:フリーキャッシュフローを現在価値に割り引きます。

プロセス3:それぞれを合計します。

事業価値の算定においては、この本では具体的には、①売上高、②営業利益率、③減価償却費、④設備投資額、⑤運転資本増減、⑥割引率の6つを予想します。

事業価値の算定プロセス

```
各年度のフリーキャッシュフローを算定する
            ↓
フリーキャッシュフローを現在価値に割り引く
            ↓
各年度のフリーキャッシュフローの現在価値を合計する
```

▶▶ フリーキャッシュフローの算定プロセス

フリーキャッシュフローの算定は、以下のプロセスで行います。

プロセスA:売上高と営業利益率を予想し、営業利益を算出します。

プロセスB:営業利益に(1－税率)を掛け合わせ、税引後営業利益を算出します。
プロセスC:減価償却費を足します。
プロセスD:設備投資額を引きます。
プロセスE:運転資本増減を加減します。

フリーキャッシュフローの算定プロセス

① 売上高と営業利益率を予想し、営業利益を算出する

② 営業利益に(1－税率)を掛け合わせ、税引後営業利益を算出する

③ 税引後営業利益に減価償却費を足す

④ ③から設備投資額を引く

⑤ ④から運転資本増減を加減する

4-3
売上高、営業利益率を予想する

　DCFモデルでは、売上高、営業利益率を予想する必要があります。売上高、営業利益率の予想に際しては、どの立場から企業価値を考えるのか、どの立場からDCFモデルを利用するのかによって、ポイントが異なります。

▶▶ 自社の企業価値を算定する場合

　社内の経営計画などに基づいて企業価値を算定する場合には、まず、その売上高、営業利益率を用います。しかし、計画の多くは3年、もしくは5年の場合が多いのではないでしょうか。ここでは10年後まで予想しますので、計画後から10年後までの期間については、横ばいなのか、もしくは微増なのか、それとも大幅に成長していくのかを考えます。売上高の変動の要因、営業利益率変動の要因も検討します。

売上高の変動要因の例

- 店舗数の拡大
- 既存店舗における売上高成長
- 新製品の顧客受容度
- マーケティング計画
- 価格戦略の変更
- 競争相手の動向
- 市場の拡大

営業利益率の変動要因の例

- 原材料の購入コストの削減
- 人員の増減
- 競争力の変化
- 生産性の向上
- 競争相手の動向

4-3 売上高、営業利益率を予想する

▶▶ 他社の企業価値を算定する場合

　売上高、営業利益率に対して全く見通しが持てない場合には、過去の実績をベースに考えるのも1つの方法です。たとえば簡易的に過去2年間の売上高、営業利益をもとに、前期の売上高成長率、過去2年間の営業利益率を計算します。

　成長が同程度と見込まれる場合には、前期の売上高成長率と同じ伸びを仮定し売上高を計算します。また過去における競争力を考慮し、営業利益率は前期と同水準なのか、それとも高くなるのか、低くなるのかを基準に考えます。

　企業外部から簡易的に企業価値を算定する場合には、その会社のホームページなどで入手することができる中期経営計画や会社四季報の数値が参考になります。これらの数値を利用することは、全くなにもないことから始めるよりも有益です。

　また一般的に、その企業が属する業界全体はどのような方向に向かうと予想されているかを考えることも大切です。

　自社の企業価値算定の場合と同様、将来の予想なので、ピタリと正確な数字を求めることは不可能に近いことでしょう。しかし、中長期的に増収に向かうのか、減収に向かうのか、またそれは5％程度なのか、10％程度なのかなど、方向性を考えることが大切です。この程度でも、企業価値に与える影響としては随分と異なったものとなってきます。

▶▶ リアリティーチェックが大切

　自社の企業価値を算定する場合は経営計画を作成された時点ですでにこのような視点が入っているかももしれませんが、予想したシナリオについてリアリティーチェック(現実度の確認)を行うことは大切です。

　たとえば、その企業の売上高が年率30％ずつ成長していく一方で、その企業が属する業界の市場規模が年率5％で縮小すると見込まれるのであれば、これには何らかの理由付けが必要となってきます。

　組織、社員、顧客の視点も大切です。仮に当該企業の売上高が年率50％成長をしていくと推計した場合、これを達成できるだけの組織体制が必要です。たとえば、現在売上高50億円で年率50％の成長をしていく場合、5年後の売上高は、380億円となります。50億円を売上げている企業と、380億円を売り上げている企業で

4-3 売上高、営業利益率を予想する

は、組織体制が異なると考えるほうが自然です。社員を育てる必要があるでしょうし、また顧客数を増やす必要もあるでしょう。これらが可能かどうかを考える必要があります。

　営業利益率についても同様のことがいえます。市場において競争が激化している状況で、大幅な利益率改善を予想する場合に理由付けが必要です。また限度を超えて人件費を抑えることによって利益率の改善を予想する場合には、中長期的に持続できるか疑問です。

　とくに大きな変化を予想する場合には、理由付けが大事になってきます。

4-4 減価償却費、設備投資、運転資本増減を予想する

税引後営業利益に減価償却費を加え、設備投資額を差し引き、運転資本増減を加味することによって、フリーキャッシュフローを求めます。売上高との比率の視点からこれらを予想します。

▶▶ 売上高との比率で考える

設備投資額の予想は、①売上高との比率で設備投資を考える方法と、②売上高と有形固定資産額の比率で設備投資を考える方法の2つが一般的です。

ここでは前者の売上高との比率で考えます。この考え方は、現在の設備で現在の売上高が成り立っているため、売上高が増加する場合にはそれに見合った設備が必要であるという発想が背景にあります。ですから、現在よりも売上高当たりの投資額が少なくても済む場合には、「設備投資/売上高」は低くなりますし、逆に多くなる場合には「設備投資/売上高」は高くなります。「設備投資/売上高」を考えることは、資産の効率を考えることと同じ意味があります。

減価償却費は過去の設備投資を費用計上したものですから、中長期的には設備投資と減価償却費はほぼ同水準となるものと考えられます。よって、減価償却費の予想は、設備投資額とのバランスで考えます。なお、「減価償却費/売上高」が中長期的に「設備投資/売上高」を上回り続けることはありません。

▶▶ 設備投資、減価償却費を予想する

売上高、営業利益率の予想と同様に、自社の企業価値算定を行う場合には、経営計画などに基づいて、設備投資額、減価償却費が予想できる場合には、その額を用います。また、工場拡張の計画や出店計画がある場合にはそれらをベースに考えます。たとえば、1店舗出店するためには1億円かかるときに、年間30店舗出店する場合は、30億円の設備投資額が必要です。

一方で、見通しが持てない場合や外部から大らかに企業価値算定を行う場合には、過去の「設備投資/売上高」、「減価償却費/売上高」を基準に考えます。

4-4 減価償却費、設備投資、運転資本増減を予想する

　過去の設備投資額は簡易的にキャッシュフロー計算書の投資によるキャッシュフローの有形資産購入額を用います。過去の減価償却費は簡易的にキャッシュフロー計算書の営業によるキャッシュフローの減価償却費を用います。

設備投資額、減価償却費を予想する際に考える要因の例

設備投資額、減価償却費に対する企業のメッセージ
事業の拡大、事業の縮小が見込まれるか否か
業界全体の動向
技術革新の可能性

▶▶ 運転資本、運転資本増減を予想する

　フリーキャッシュフロー算定のため、運転資本増減を求めたいのですが、運転資本増減は当期の運転資本から前期の運転資本を差し引いたものであるため、まず運転資本を予想します。

　ここでは、運転資本は簡易的に「売上債権＋棚卸資産－仕入債務」とします。

　設備投資、減価償却費と同様に、売上高の比率に対して運転資本を予想します。

　まず過去の運転資本(＝売上債権＋棚卸資産－仕入債務)を計算し、売上高との比率を算出します。過去２年間の「運転資本/売上高」は同水準なのか、それとも随分と変化があるのか着目します。事業環境が変化していない場合には、それほど数値に違いはないでしょう。大きく異なる場合には、理由を調べる必要があります。そして、その傾向は今後も続くかを考えます。

　運転資本に対して見通しが持てない場合、または将来においても事業構造や競争力が変わらないと予想する場合には、「運転資本/売上高」を過去と同水準で考えます。

　売掛金の早期回収、棚卸資産の圧縮が可能であると見込まれる場合には、「運転資本/売上高」を小さくします。一方、供給者の競争力が強く、買掛金から現金取引となるような場合には、「運転資本/売上高」を大きくします。

4-4　減価償却費、設備投資、運転資本増減を予想する

「運転資本/売上高」が影響を受ける可能性がある要因の例

供給者、買い手の競争力の変化に伴い、取引条件の変更はないか
業界再編(M&A、事業統合)など
資産回転率の向上などはないか
ファクタリングなどによる売上債権の圧縮が行われる可能性はないか
在庫管理の向上による棚卸資産の圧縮が行われる可能性はないか

4-5
資本コスト

　DCFモデルでは、各年度のフリーキャッシュフローを現在価値にする際に割引率として資本コストを用います。資本コストは資金調達にかかる実質的なコストで、負債資本コストと株主資本コストの加重平均として求めます。

▶▶ 資本コストとは

　資本コスト(Cost of Capital)は債権者や株主がその企業に対して、どれくらいのリスクを予想し、リターンを求めるかによって決められる投資家の期待値です。

　資本コストは企業の投資採算を決めることになります。投資行動を通じて企業は市場において規律付けられています。

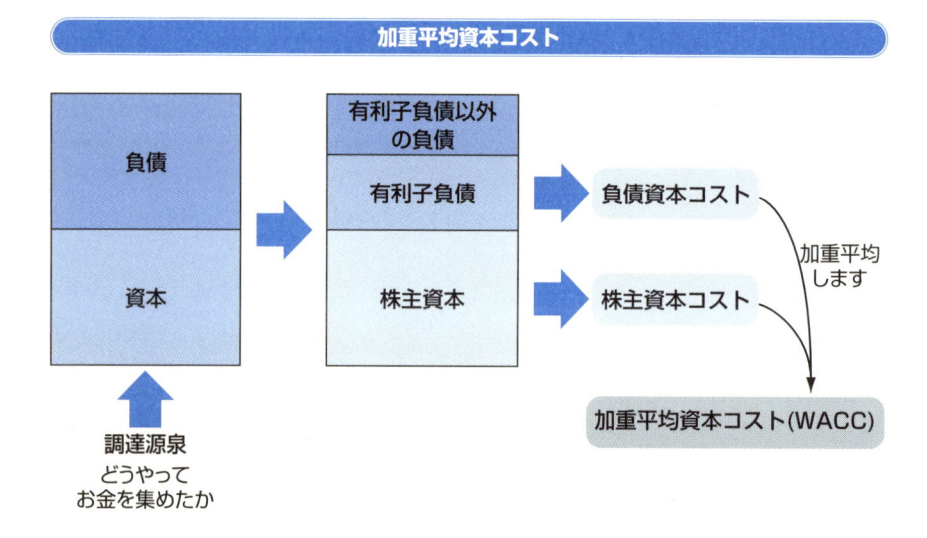

加重平均資本コスト

負債 / 資本 → 有利子負債以外の負債 / 有利子負債 / 株主資本 → 負債資本コスト / 株主資本コスト → 加重平均します → 加重平均資本コスト(WACC)

調達源泉
どうやってお金を集めたか

▶▶ 加重平均資本コスト(WACC)

　企業が資金調達をする方法には大きく2つあります。有利子負債と株主資本です。有利子負債にかかる資本コストを負債資本コスト、株主資本にかかるコストを株主資本コストといいます。資金調達にかかるコストである資本コストは、この2つを加

4-5 資本コスト

重平均したものとなります。これを加重平均資本コスト(**WACC**[*])といいます。

加重平均資本コスト（WACC）

$$= 負債コスト \times \frac{有利子負債}{有利子負債+株主資本} + 株主資本コスト \times \frac{株主資本}{有利子負債+株主資本}$$

なお、金利は税控除の対象なので、節税効果が生まれます。これを考慮するために負債コストは税引後負債コストを用います。

有利子負債や株主資本はそれぞれの状況に対して、コストがかかるため、それぞれ時価評価したものに対してのコストを考えます。

加重平均資本コスト（WACC）

$$= 金利 \times (1-税率) \times \frac{有利子負債}{有利子負債+時価総額} + 株主資本コスト \times \frac{時価総額}{有利子負債+時価総額}$$

▶▶ 負債コスト

負債コストとは銀行借入や社債などの有利子負債の金利です。通常、これらは、契約で決められています。金利は会計において費用となるため、節税効果があります。ですから、負債コストは、金利に(1－税率)を乗じたものとなります。

負債コスト＝金利×(1-税率)

---

[*] **WACC** Weighted Average Cost of Capitalの略。

4-6
株主資本コスト

株主資本コストは株主資本に対してかかっているコストです。将来、投資家・株主が企業に対してどの程度のリスクを予想し、どの程度のリターンを求めるかの期待値です。

▶▶ 株主資本コストの推計

　株主資本コストは株主資本に対してかかっているコストです。将来、投資家・株主が企業に対してどの程度のリスクを予想し、どの程度のリターンを求めるかの期待値です。期待値なので、市場で利回りが明示されているわけではありません。そのため、算定することは簡単ではありません。

　株主資本コストは、株式市場全体に対するリスク・リターンを予想し、個別企業の株式市場全体に対する変動を調整することで求めます。調整する際にはβ（ベータ）という指標を用います。

▶▶ 株式市場平均に対する投資リスク

　投資対象にはさまざまなものがあげられます。たとえば、企業への投資（株式投資）、不動産への投資など。一般に一番リスクの少ない投資先は国と考えられます。国に投資をするということは、国債を投資することです。株式投資は国債に投資するよりリスクが大きいので、その分求められるリターンも高くなります。なお、国債に対するリスク・リターンをリスクフリーレートといいます。

　株式市場平均に対する投資は、国債よりもリスクが高くなるので、リスクフリーレートよりもどれだけリスクが高いかを考えます。リスクフリーレートと株式市場全体に対するリスクの差をリスクプレミアムといいます。つまり、株式市場平均に対する投資は、リスクフリーレートとリスクプレミアムを足したものです。

4-6 株主資本コスト

株主資本コスト

個別企業に投資するリスク（βで調整）

株式市場に投資するリスク（リスクプレミアム）

国債に投資をするリスク（リスクフリーレート）

株主資本コスト＝リスクフリーレート＋リスクプレミアム×β

▶▶ β（ベータ）

βは個別の株式の相対的なリスクをあらわす係数です。βが1のときは株式市場と同じ動きになります。βが0と1の間であるときには、株式市場よりも増幅が小さく、リスクは小さくなります。1よりも大きいときは、株式市場よりも増幅が大きく、リスクは大きくなります。

βは収益率の計算期間や推定期間によって大きく変化することがあるので注意が必要です。簡易的には**Bloombergのホームページ**＊などで**対指数ベータ**＊を入手することができます。

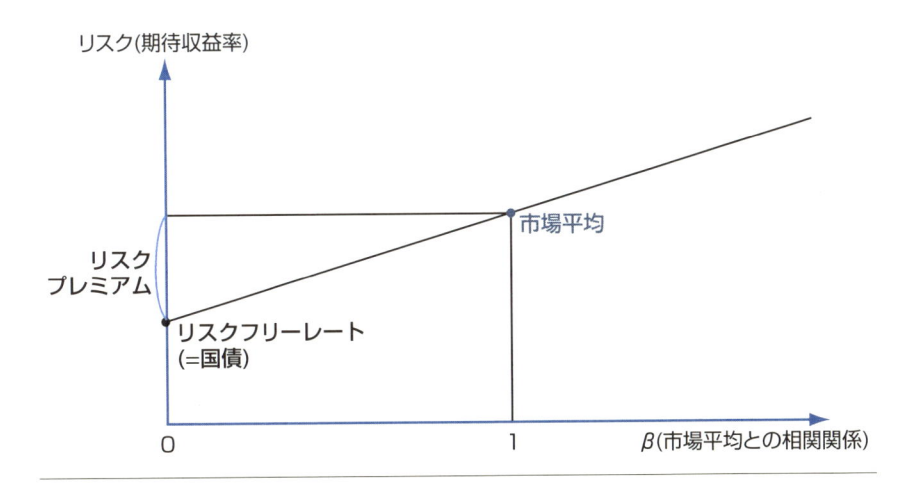

リスクとβ

[図: 横軸β（市場平均との相関関係）、縦軸リスク（期待収益率）。$\beta=0$でリスクフリーレート（=国債）、$\beta=1$で市場平均。リスクフリーレートから市場平均までの差がリスクプレミアム。]

＊Bloombergのホームページ　http://www.bloomberg.co.jp/
＊**対指数ベータ**　TOPIXに対する修正ベータ値。過去2年の週次データをもとに算出。

4-7

財務レバレッジ

一般的に負債資本コストは株主資本コストに比べコストが低いので、負債比率を上昇させると加重平均資本コストは低下します*。ただし、負債の比率が一定以上上昇すると信用リスクが高まり、逆に加重平均資本コストは高くなります。

▶▶ 負債資本コストと株主資本コスト

株主資本コストの方が負債コストに比べコストが高いです。これは資本の提供者からみて、企業に対して貸付を行うよりも、投資を行う方がリスクが高いからです。

有利子負債と株主資本コスト

有利子負債
- 元本を定期的に返す必要があります
- 金利(契約によるが今の日本では約0.5%-3%)
- 株主資本に比べると短期的なお金です
- 倒産したときに、株主のお金よりも先に返されます

株主資本
- 元本を定期的に返す必要はありません
- 株主に経済的なリターンが必要(配当や株価の値上がり)
- 上場企業の場合5-8%のリターンを求められます
- 長期的なお金です
- 倒産したときには、借金を返したあとに残ったものを株主全員で分けます

▶▶ 財務レバレッジとは

株式と負債の構成を変更することにより、資本コストを変えることができます。

同じ額を調達するときには、負債の比重を増やすに従ってWACCは低くなります。つまり、負債の比重のことを財務レバレッジ(てこ)といいます。

しかし、有利子負債に対しては定期的に金利と元本を支払う必要があり、キャッシュフローの制約が高くなります。過度に負債の比率を増やすことは信用リスク(倒

*税金がなく、完全に効率的な市場経済の理論では、財務レバレッジは企業価値に中立的な要素です。

4-7 財務レバレッジ

産リスク)を高め、かえって資本コストは上昇します。

　資本コストがもっとも小さくなるような財務構成(負債と株主資本のバランス)を最適資本構成といいますが、これはその企業の事業のリスクにより決まります。

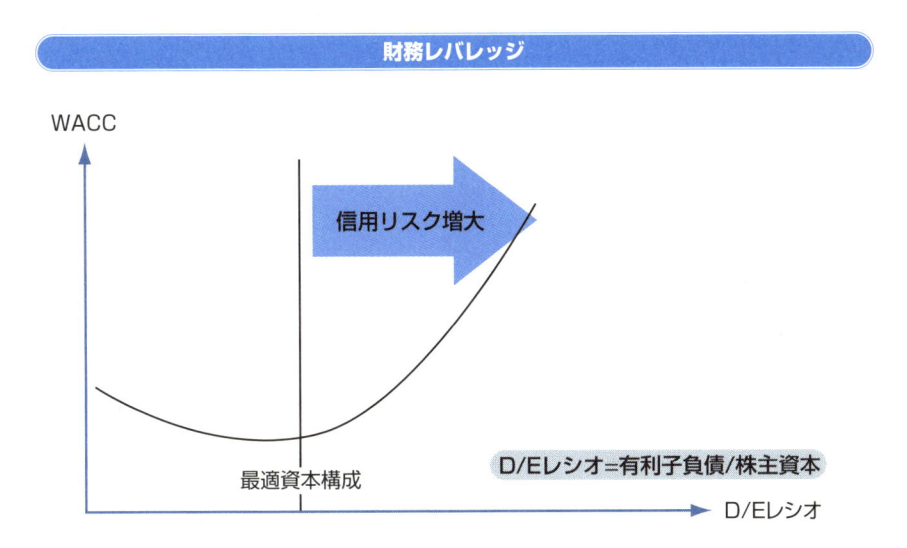

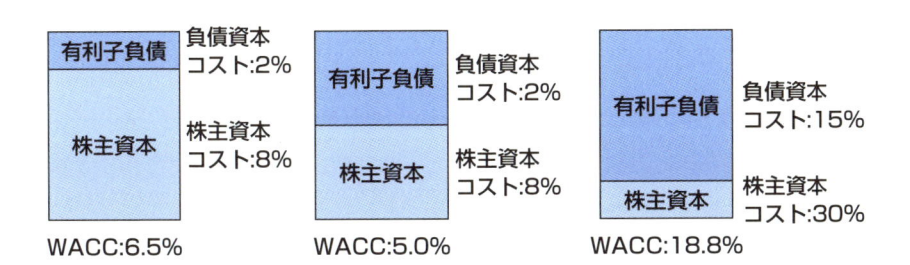

財務レバレッジ

縦軸: WACC
横軸: D/Eレシオ
信用リスク増大
最適資本構成
D/Eレシオ＝有利子負債/株主資本

| 有利子負債 | 負債資本コスト:2% |
| 株主資本 | 株主資本コスト:8% |

WACC:6.5%

| 有利子負債 | 負債資本コスト:2% |
| 株主資本 | 株主資本コスト:8% |

WACC:5.0%

| 有利子負債 | 負債資本コスト:15% |
| 株主資本 | 株主資本コスト:30% |

WACC:18.8%

4-8
株主資本コストに影響を与える要因

株主資本コストは、投資家・株主の期待値です。したがって、事業リスク、成長ステージ、流動性、財務力、情報開示の頻度やその内容などにより影響を受けます。

▶▶ 公開企業においては

　公開企業においては、事業リスク、成長ステージ、流動性、財務力、情報開示の頻度やその内容によって、株式資本コストに影響を受けます。

　情報開示の頻度が高い企業のほうが低い企業よりも投資家は企業の実態を把握しやすいので、資本コストは低いです。またその内容も、より企業実態を把握できる内容である方が、投資家からみて、投資リスクの低下につながり、資本コストは低くなります。

▶▶ ステージによる株主資本コストの違い

　株主資本コストは、企業ステージによって異なります。それはステージによって投資家が考えるリスクが異なるからです。

　当然、起業したばかりの企業に投資をするケースと株式公開をしている企業に投資をするのではリスクが異なります。

　未公開企業の株主資本コストは20〜30％が1つの目安になります。

　一方で公開企業の株主資本コストは企業にもよりますが、5〜8％が目安になります。

4-8 株主資本コストに影響を与える要因

ステージによる株主資本コストの違い

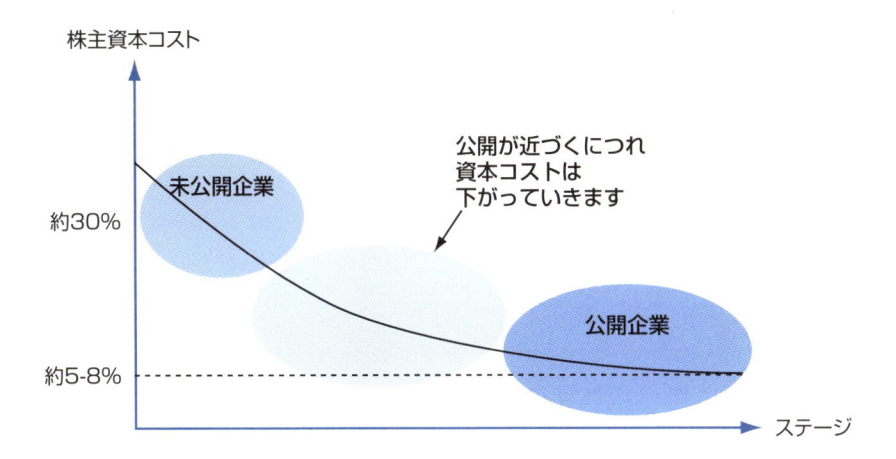

縦軸: 株主資本コスト（約30%、約5-8%）
横軸: ステージ

未公開企業
公開が近づくにつれ資本コストは下がっていきます
公開企業

▶▶ 流動性による資本コストの違い

　ステージが同じで事業のリスクも同じような企業であっても、株式公開をしているか否かによって、割引率は異なります。公開している企業の株主は市場で売買することができますが、未公開の企業の場合は市場で売買することができません。市場で売買できない場合は、即座に株式を売却できない可能性が高いです。未公開企業は公開企業よりも流動性の面で劣るので、資本コストが高くなる傾向にあります。

　ただし、未公開企業であっても、公開している企業と同程度の信用力がある企業は、割引率も公開企業と同程度と予想されます。

4-9 継続価値を計算する

DCFモデルにおいては、予想期間後の事業価値を算定式を用いて求めます。この予想期間後以降の事業価値を継続価値といいます。

▶▶ 継続価値とは

　DCFモデルでは、企業が継続的に活動することを前提としているので、本来未来永劫のフリーキャッシュフローの現在価値を予想する必要があります。しかし、現実的には不可能です。そこで仮定を置いて、各期のキャッシュフローを予想する期間以降は計算式によって求めます。各期のキャッシュフローを予測する期間以降の事業価値を継続価値(Contentious Value)といいます。

▶▶ 継続価値の計算式

　継続価値は、予想する最終年度の翌年のフリーキャッシュフローを初項、成長率を公比とする無限等比級数の和として算定します。
　なお、フリーキャッシュフローと当期純利益の違いはありますが、継続価値の計算式は収益還元法の算定式と同じです。

継続価値の計算式

$$継続価値 = \frac{予測最終年度の翌年のフリーキャッシュフロー}{(資本コスト - 成長率)}$$

継続価値の現在価値の計算式

$$継続価値の現在価値 = \frac{予測最終年度の翌年のフリーキャッシュフロー}{(資本コスト - 成長率)} \times \frac{1}{(1 + 資本コスト)^{予想期間(年)}}$$

4-10 企業価値、株主価値を計算する

DCFモデルでは「事業価値」に「非事業性資産」を足し、「企業価値」を算定します。「企業価値」から有利子負債を差し引き、「株主価値」を算定します。

▶▶ 企業価値、株主価値の算定

　各期のキャッシュフローを予想する期間のフリーキャッシュフローの現在価値と継続価値を足し合わせ、事業価値を算定します。次に事業価値に非事業性資産を加え、企業価値を算出します。有利子負債を差し引き、株主価値を算出します。なお、有利子負債額は簡易的には貸借対照表に記載されている短期借入金、長期借入金、社債などの有利子負債の合計を用います。

　算定された株主資本を発行済み株式総数で割ったものは、1株当たりの株主価値となります。

企業価値

企業価値 ＝ 事業価値 ＋ 非事業性資産

株主価値

株主価値 ＝ 企業価値 － 有利子負債

▶▶ 非事業性資産とは

　非事業性資産とは、事業に関連のない資産のことです。事業に使っていない現金・預金、遊休不動産、有価証券などが該当します。

　現金・預金には、事業に必要な運転資本的な意味合いの現金と事業に必要のない

4-10 企業価値、株主価値を計算する

現金があります。本来はこれらを分けて考える必要があります。

また土地は事業に活用されている土地と、事業に活用されていない土地があり、これらも分けて考える必要があります。

本業とは関係のない純投資の有価証券は、非事業性資産として考えますが、子会社株式や関連会社株式、その他アライアンス先の株式など事業を営むうえで必要な有価証券は、事業性資産に該当します。

本来、企業には非事業性資産はないのが正常な状態といえます。資産を持つことに対しては、常にリターンを問われるため、事業に関係のない資産を保有する理由がないからです。ですから、DCFモデルにおいても、非事業性資産の企業価値に占める割合は小さいはずです。しかし、日本企業においては必ずしもそうとはいえません。これまで、あまり資本効率を問われるような経営環境ではなかったため、企業によっては、多額の非事業性資産を保有している場合があります。

なお、ここでは、簡易的に現金・預金、有価証券はすべて非事業性資産として扱います。仮にこれらの現金、有価証券が事業性資産である場合には、非事業性資産に含めない方が正確ですが、事業性資産としての現金、有価証券はそれほど多額ではなく、インパクトが小さいと考えるからです。

第5章

企業価値評価を実際にやってみよう

　第5章では、第4章で学んだDCFモデルを実際に使って企業価値（本質価値）を算定します。企業価値を算定すると、現状の株価が、適正な株価（適正な株価は、本質価値をベースに算定される株価です）と比べて高いのか、安いのかが見えてきます。

　車の運転でいうと、第4章は教習本を読んでいる段階です。一度も車を運転したことのない人は、初めて教習所で車を運転するだけでも緊張するものです。それと同じで、DCFモデルを学んでも、実際に使ってみないとその感覚はわからないものです。第5章では、いろいろな数値を使って実際に計算してみます。

5-1

企業価値評価のプロセス

　企業価値評価にはプロセスがあります。①現状の株価について考える②現状の株価から企業の将来をイメージする③過去の企業の変化から企業価値をイメージする④自分で企業価値をイメージする⑤ギャップを算定する、です。

▶▶ 企業を選ぼう

　まず、企業価値評価をしたい企業を１社選んでください。この企業は、どのような企業でもかまいません。できれば、公開していて株価がついている企業がよりわかりやすいです。もし自社が公開しているのであれば、自分の会社をお勧めします。もちろん、ライバル企業でもいいですし、事業提携やＭ＆Ａをしたい企業でも結構です。もし自社が公開していない場合でも、企業価値（本質価値）を算定することは可能です。

　１社を選んだら、以下のプロセスで分析します。

▶▶ 企業価値評価のプロセス

①現状の株価は割安か、割高か？

　選んだ企業について、以下の質問に自問自答してください。もし、わからなければかまいませんが、自分なりの仮説を持つことをお勧めします。

- 今日の株価はいくらですか？
- あなたは、その株価を割安だと思いますか？それとも割高だと思いますか？
- なぜそう思うのですか？
- もしそう思うのであれば、適正な株価はいくらだと思いますか？
- なぜそう思うのですか？
- 今日の株価と適正な株価から市場価値と本質価値を計算してください
- 市場価値と本質価値の乖離はありますか？
- いくらですか？
- その乖離を埋めるようなプランを持っていますか？
- そのプランを実行していますか？

- 実行して乖離は埋まる方向へ向かっていますか？
- 埋まらないとしたら、それはなぜですか？

②現状の株価から企業の将来をイメージする

現状の株価がどのような意味を持つのかイメージします。具体的には、現状の株価が正しいと仮定したら、株式市場はどのくらいの売上成長率と営業利益率を企業の将来に期待しているのか見ていきます（5-2）。

③過去の企業の変化から企業価値をイメージする

過去の数値の延長線で将来をイメージします。具体的には、過去3年なり5年なり10年の売上成長率と営業利益率を計算します。そして、その傾向値が将来も続くであろう、との仮定を入れて企業価値を計算します（5-3）。

④自分で企業価値をイメージする

あなたが考える企業の将来像の方向性をベースに計算します。あなたが企業の経営者だとして、自社の中長期的な売上成長率と営業利益率をイメージしてみてください。このようなかたちで、あなたの意見としての数値を入れてみるのが、最後に算定される企業価値です。

これは、何も1つである必要はありません。いろいろな仮説を立てて、さまざまなシナリオを自分なりにイメージするのは楽しいことです。ぜひ、いろいろなシナリオを立てて大胆な企業価値を算定してみてください。とくにお勧めは、アップサイドとダウンサイドのシナリオの2本を考え、最後に現実的なシナリオを描く、という3本立てで考えるものです（5-4）。

⑤ギャップを算定する

以上の情報から、現状の株価の表す企業価値（市場価値）と自分でイメージした企業価値（本質価値）のギャップが明らかになります。もし、市場価値のほうが本質価値よりも高ければ割高となります。もし、市場価値のほうが本質価値よりも低ければ割安となります。ギャップは割高でも割安でも、乖離すればするほどリスクとなります（5-5）。ギャップが明確になったら、そのギャップを埋めるアクションプランを立て実行します（これについては第6章で詳しく説明します）。

以上説明したプロセスを、定期的にモニタリングすることで、企業の方向性を確認することができます。つまり、企業価値が創造する方向へ向かっているのか、破壊する方向へ向かっているのかがわかります。株価は短期的には上にも下にも振れ

5-1　企業価値評価のプロセス

ることを考えると、このようなプロセスを企業のリスクマネジメントの一環として年に１回はしておくことをお勧めします。

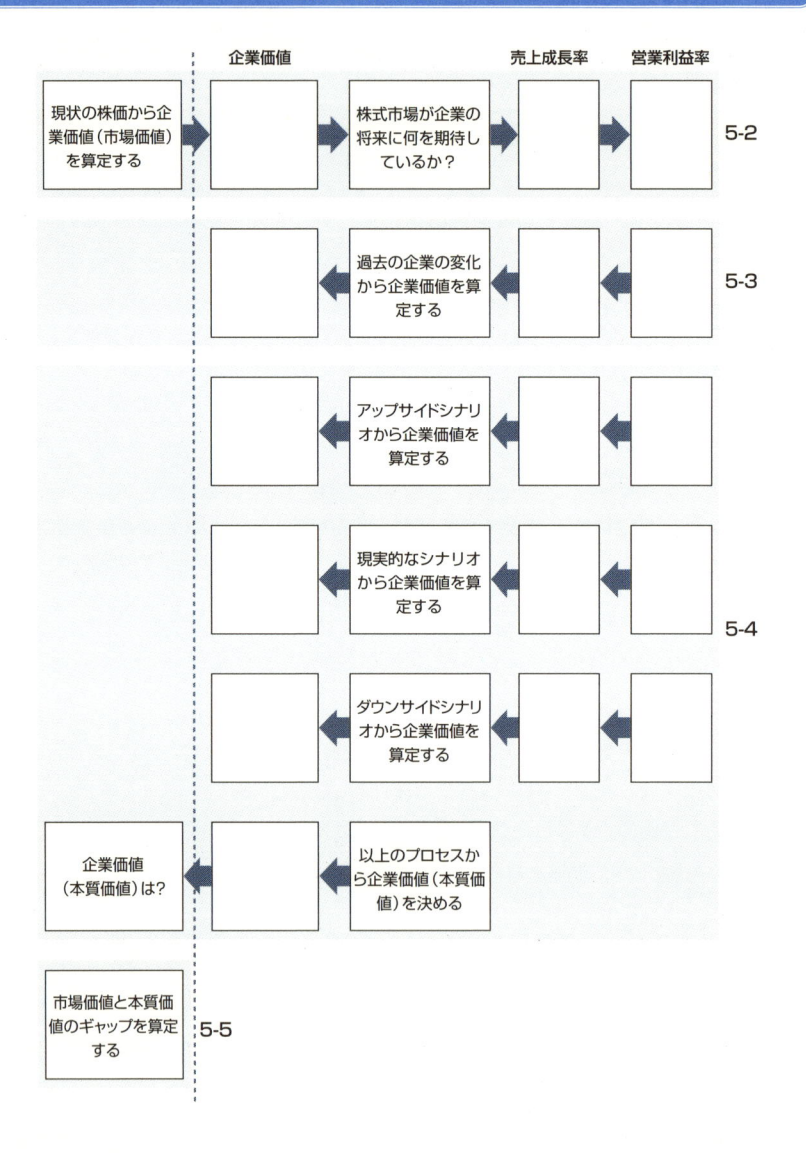

企業価値評価のプロセス

	企業価値		売上成長率	営業利益率	
現状の株価から企業価値（市場価値）を算定する	□	株式市場が企業の将来に何を期待しているか？	□	□	5-2
	□	過去の企業の変化から企業価値を算定する	□	□	5-3
	□	アップサイドシナリオから企業価値を算定する	□	□	
	□	現実的なシナリオから企業価値を算定する	□	□	5-4
	□	ダウンサイドシナリオから企業価値を算定する	□	□	
企業価値（本質価値）は？	□	以上のプロセスから企業価値（本質価値）を決める			
市場価値と本質価値のギャップを算定する					5-5

5-2
現状の株価から企業の将来をイメージする

現状の株価からいろいろなことを読み取ることができます。現状の株価から導かれる企業の将来の売上成長率と営業利益率は、株式市場の企業への期待を知るうえでぜひとも読み取っておきたい情報です。

▶▶ この章で使う事例

図に示すような前提条件、貸借対照表、損益計算書、キャッシュフロー計算書をもつ企業の企業価値を算定してみましょう。

来期から10年後までは毎年売上高が前年比5％増、営業利益率は20％を計画しています。なお、「減価償却費/売上高」は5％、「設備投資/売上高」は5％、「運転資本/売上高」は10％とします。さらに、10年以降は、売上高は予想最終年度の横ばい、営業利益率は20％を維持すると予想します。

前提条件

<中期経営計画>
売上高成長率:5％
営業利益率:20％
<その他の条件>
永久成長率:0％
「減価償却費/売上高」:5％
「設備投資/売上高」:5％
「運転資本/売上高」:10％
税率40％
リスクフリーレート3.5
リスクプレミアム2.5
β 1.0

発行済み株式総数1,000千株
現在の株価14,477円
マーケットの規模1兆円
過去5年のマーケットの成長率:4％
将来5年のマーケット予想成長率:6％
<過去5年間の状況>
売上高成長率:5％
営業利益率:18％
<アップサイドシナリオ>
売上高成長率:8％
営業利益率:22％

5-2　現状の株価から企業の将来をイメージする

貸借対照表（単位：億円）

X2年3月31日

資産の部				負債の部			
科目	×1年	×2年	増減	科目	×1年	×2年	増減
流動資産	xx	xx	xx	流動負債	xx	xx	xx
現金預金	3	5	2	買掛金	7	8	1
有価証券	1	1	-	支払手形	2	2	-
売掛金	4	7	3	短期借入金	15	10	−5
受取手形	9	8	−1	その他流動資産	xx	xx	xx
棚卸資産	5	5	-	固定負債	xx	xx	xx
その他流動資産	xx	xx	xx	長期借入金	10	10	-
固定資産	xx	xx	xx	社債	-	30	30
機械	40	40	-	その他固定負債	xx	xx	xx
土地	xx	xx	xx	負債合計	60	70	10
建物	xx	xx	xx	資本の部			
その他の固定資産	xx	xx	xx	科目	×1年	×2年	増減
資産合計	255	270	15	資本金	100	100	-
				資本剰余金	25	25	-
				利益剰余金	70	75	5
				資本合計	195	200	5
				負債、資本合計	255	270	15

X1年3月31日

資産の部				負債の部			
科目	×0年	×1年	増減	科目	×0年	×1年	増減
流動資産	xx	xx	xx	流動負債	xx	xx	xx
現金預金	3	3	-	買掛金	6	7	1
有価証券	1	1	-	支払手形	3	2	−1
売掛金	3	4	1	短期借入金	20	15	−5
受取手形	10	9	−1	その他流動負債	xx	xx	xx
棚卸資産	4	5	1	固定負債	xx	xx	xx
その他流動資産	xx	xx	xx	長期借入金	10	10	-
固定資産	xx	xx	xx	社債	-	-	-
機械	40	40	-	その他固定負債	xx	xx	xx
土地	xx	xx	xx	負債合計	55	60	5
建物	xx	xx	xx	資本の部			
その他の固定資産	xx	xx	xx	科目	×0年	×1年	増減
資産合計	245	255	10	資本金	100	100	-
				資本剰余金	25	25	-
				利益剰余金	65	70	5
				資本合計	190	195	5
				負債、資本合計	245	255	10

損益計算書

損益計算書　（単位：億円）　X2年3月31日

科目	×1年 金額	×1年 比率	×2年 金額	×2年 比率	増減 金額
売上高	90	100%	100	100%	10
売上原価	xx	xx%	xx	xx%	xx
売上総利益	xx	xx%	xx	xx%	xx
販売費及び一般管理費	xx	xx%	xx	xx%	xx
営業利益	18	20%	20	20%	xx
営業外収益及び費用					
受取利息及び配当金	xx		xx		xx
支払利息	xx		xx		xx
その他	xx		xx		xx
経常利益	xx	xx%	xx	xx%	xx
特別利益及び特別損失	xx		xx		
税引前当期純利益	xx	xx%	xx	xx%	xx
法人税	xx	xx%	xx	xx%	xx
当期純利益	xx	xx%	xx	xx%	xx

5-2 現状の株価から企業の将来をイメージする

キャッシュフロー計算書

キャッシュフロー計算書　（単位：億円）　X2年3月31日

	×1年	×2年
1.営業活動によるキャッシュフロー		
当期純利益	xx	xx
営業活動によるキャッシュフローへの調整		
減価償却費	4	5
売上債権の増加	-	−2
棚卸資産の増加	−1	-
支払債務の増加	-	1
その他	xx	xx
営業活動によるキャッシュフロー	xx	xx
2.投資活動によるキャッシュフロー		
有形固定資産購入額	3	5
その他	xx	xx
投資活動によるキャッシュフロー	3	5
3.財務活動によるキャッシュフロー		
短期債務の返済	−5	−5
社債による調達	xx	30
配当金の支払額	xx	xx
その他	xx	xx
財務活動によるキャッシュフロー	xx	xx
現金及び現金同等物純増加額	xx	2
現金及び現金同等物の期首残高	xx	3
現金及び現金同等物の期末残高	3	5

▶▶ 企業価値（市場価値）を算定する

　まず、現状の株価を使います。現状の株価から算定される企業価値（市場価値）は、以下のように計算されます。

　　企業価値（市場価値）＝株主価値（時価総額）＋有利子負債
　　　　　　　　　　　　＝株価×発行済み株式総数＋有利子負債
　　　　　　　　　　　　＝14,477円×1,000,000＋50億円
　　　　　　　　　　　　＝195億円

▶▶ 将来の売上成長率と営業利益率を想定する

次に、この195億円という企業価値（市場価値）が、将来どのくらいの売上成長率と営業利益率を想定しているのかをDCFモデルを使って確かめてみます。

売上高

将来の売上成長率を考えます。たとえば、将来この企業の売上が成長しないという仮定をおくと、売上の数値は各年度とも同じになります。

税引後営業利益は以下の式から求めます。

　　税引後営業利益＝売上高×営業利益率×（100％－法人税率）

×3年度の税引後営業利益は以下のとおりです。

　　×3年度の税引後営業利益 ＝100億円×営業利益率×(100％－40％)
　　　　　　　　　　　　　 ＝60億円×営業利益率

減価償却費、設備投資、運転資本

減価償却費と設備投資は売上高の5％、運転資本は売上高の10％になるとの仮定を入れると、×3年度については以下のように計算することができます。

　　減価償却費＝売上高×5％
　　　　　　 ＝100億円×5％
　　　　　　 ＝5億円
　　設備投資 ＝売上高×5％
　　　　　　 ＝100億円×5％
　　　　　　 ＝5億円
　　運転資本 ＝売上高×10％
　　　　　　 ＝100億円×10％
　　　　　　 ＝10億円

運転資本増減は年度ごとの運転資本の差から計算されます。

×4年度以降も同様に計算すると図のようになります。

5-2 現状の株価から企業の将来をイメージする

×4年度以降の減価償却費、設備投資、運転資本

(億円) 年度	減価償却費	設備投資	運転資本	運転資本 増減
×1	4	3	9	1
×2	5	5	10	1
×3	5	5	10	-
×4	5	5	10	-
×5	5	5	10	-
×6	5	5	10	-
×7	5	5	10	-
×8	5	5	10	-
×9	5	5	10	-
×10	5	5	10	-
×11	5	5	10	-
×12	5	5	10	-

フリーキャッシュフロー（FCF）

フリーキャッシュフローは以下の計算式から求めることができます。

　　フリーキャッシュフロー
　　＝税引後営業利益＋減価償却費－設備投資－運転資本増減

×3年度のフリーキャッシュフローは以下のように計算されます。

　　×3年度のフリーキャッシュフロー＝税引後営業利益＋5億円－5億円－0億円
　　　　　　　　　　　　　　　　　＝60億円×営業利益率

×4年度以降のフリーキャッシュフローは、売上高成長率は0％という仮定により、×3年度と同じになります。

資本コスト

リスクフリーレート3.5％、リスクプレミアム2.5％、β1.0のとき、株主資本コストは、6.0％となります。

　　株主資本コスト＝リスクフリーレート＋リスクプレミアム×β
　　　　　　　　　＝3.5％＋2.5％×1.0＝6％

資本コストは、以下の式から導きます。

5-2 現状の株価から企業の将来をイメージする

加重平均資本コスト（WACC）

$= 金利 \times (1 - 税率) \times \dfrac{有利子負債}{有利子負債+時価総額} + 株主資本コスト \times \dfrac{時価総額}{有利子負債+時価総額}$

$= 2.0\% \times (1-40\%) \times 50/(50+145) + 6\% \times 145/(50+145)$

$= 4.77\%$

$≒ 4.8\%$

割引率

各年度の割引率は、以下の計算式から求めることができます。

n年度の割引率 $= (1+資本コスト)^n$

×3年度の割引率は以下のように計算されます。

×3年度の割引率 $= (1+4.8/100)^1$

$= 1.048$

$≒ 1.05$

フリーキャッシュフローの現在価値

フリーキャッシュフローの現在価値は、以下のように計算されます。

n年度のフリーキャッシュフローの現在価値

＝n年度のフリーキャッシュフロー／n年度の割引率

×3年度は以下のように計算されます。

×3年度のフリーキャッシュフローの現在価値＝60億円×営業利益率／1.05

×4年度以降のフリーキャッシュフローの現在価値は、同様に計算します。

継続価値の現在価値

10年後以降の継続価値の現在価値は、以下のように計算されます。

継続価値の現在価値 $= \dfrac{予測最終年度の翌年のフリーキャッシュフロー}{(資本コスト－成長率)}$

$\times \dfrac{1}{(1+資本コスト)^{予想期間（年）}}$

$= (税引後営業利益＋5億円－5億円－0億円) / (4.77\%－0\%)$

$\times \dfrac{1}{(1+4.77\%)^{10}}$

$= 60億円 \times 営業利益率 / 4.77\% \times 0.63$

5-2 現状の株価から企業の将来をイメージする

事業価値の算定

事業価値は以下の式から算定します。

事業価値＝フリーキャッシュフローの現在価値の合計

$= $ ×3年度から×12年度までのフリーキャッシュフローの現在価値の合計＋継続価値の現在価値

$= 60$億円×営業利益率$/1.05 + 60$億円×営業利益率$/1.05^2$
$+ 60$億円×営業利益率$/1.05^3 ... + 60$億円×営業利益率$/1.05^{10}$
$+ 60$億円×営業利益率$/4.77\% \times 0.63$

非事業性資産の算定

非事業性資産は以下の式から算定します。

非事業性資産＝現金預金＋市場性のある有価証券＋その他
　　　　　　＝現金預金（5億円）＋市場性のある有価証券（1億円）
　　　　　　＝6億円

企業価値の算定

企業価値＝事業価値＋非事業性資産
　　　　＝195億円

営業利益率の推定*

営業利益は、上記の企業価値の算定の式から営業利益率を求めます。

195億円＝事業価値＋非事業性資産

営業利益率　＝15％

これは、この企業の売上が成長しないという仮定で、現状の株価になるように営業利益率を推定すると約15％で現状の株価と同じになるということです。

もし、営業利益率が、過去の数値よりも高くなるような場合には、前年度の売上成長率で計算をし、再度それに見合う営業利益率を推定します。このような作業を繰り返す中で、現状の株価に込められた期待がイメージできます。

▶▶ 現状の株価の意味

これは、現状の株価（14,477円）がもし正しいと仮定すると、株式市場の参加者は、この企業の将来の売上成長率は0％、営業利益率は15％と見込んでいるということになります。

＊**営業利益率の推定**　実務では、この試算は、エクセルなどの表計算ソフトを使います。

5-2 現状の株価から企業の将来をイメージする

　売上成長率が大きい場合や、運転資本の変動が大きい場合や、設備投資・減価償却費のバランスが大きく変わる場合には、これらの数値を調整する必要があります。ここでは、議論を単純化するために、「これらの変化はそれほど大きくない」という仮定を入れています。

　同じ株価でも、違う売上成長率と営業利益率を描くこともできます。このシナリオは、1つしかないということではなく、同じ株価を現すシナリオは複数作ることができるのです。

　これにより、現状の株価から、株式市場がどのように企業の将来（売上成長率と営業利益率）をみているかがわかります。

5-3 過去の企業の変化から企業価値をイメージする

企業の将来をイメージするには、過去の延長で考えるのも1つの手段です。「企業の過去の業績が将来も続く」という仮定に基づき企業価値を算定します。

▶▶ このアプローチのベースの仮定

このアプローチは、企業の過去の売上成長率や営業利益率をベースに考えていきます。過去の期間は、できれば10年ぐらい取りたいところです。しかし、時間の関係や手間を考え、3年から5年ぐらいでもかまいません。以下では「過去5年の数値を使う」という仮定を入れます。

この企業の過去5年の売上成長率が5％、営業利益率が18％だとします。このような傾向が将来にも続くと仮定します。このような仮定は、急成長中の企業に適応するのは難しいです。しかし、比較的成熟した業界の企業であれば、あながち無視できない仮定です。この場合、企業価値は以下のように算定します。

▶▶ 企業価値を算定する

売上高、営業利益、税引後営業利益

将来の売上成長率5％と営業利益率18％で各年度の売上高と営業利益を計算し、税引後営業利益を求めます。5-2と同様に、税引後営業利益までは以下の計算式から導くことができます。

×3年度の売上高　＝×2年度の売上高×(1＋売上成長率)
　　　　　　　　　＝100億円×（1＋5％）
　　　　　　　　　＝105億円

×3年度の税引後営業利益　＝売上高×営業利益率×（100％－法人税率）
　　　　　　　　　　　　　＝105億円×18％×(100％－40％)
　　　　　　　　　　　　　＝11.34億円
　　　　　　　　　　　　　≒11億円

×4年度以降も同様に計算すると図のようになります。

5-3 過去の企業の変化から企業価値をイメージする

| ×4年度以降の売上高、営業利益、税引後営業利益 |

(億円) 年度	売上高	営業利益	税引後 営業利益
×1	90	18	11
×2	100	20	12
×3	105	19	11
×4	110	20	12
×5	116	21	13
×6	122	22	13
×7	128	23	14
×8	134	24	14
×9	141	25	15
×10	148	27	16
×11	155	28	17
×12	163	29	18

減価償却費、設備投資、運転資本

減価償却費と設備投資は売上高の5％、運転資本も同じく売上高の10％になるとの仮定を入れると、×3年度については以下のように計算することができます。

　　減価償却費＝売上高×5％
　　　　　　　＝105億×5％
　　　　　　　＝5.25
　　　　　　　≒5億円
　　設備投資　＝売上高×5％
　　　　　　　＝105億×5％
　　　　　　　＝5.25
　　　　　　　≒5億円
　　運転資本　＝売上高×10％
　　　　　　　＝105億×10％
　　　　　　　＝10.5
　　　　　　　≒11億円

運転資本増減は年度ごとの運転資本の差から計算されます。

5-3 過去の企業の変化から企業価値をイメージする

×4年度以降も同様に計算すると図のようになります。

×4年度以降の減価償却費、設備投資、運転資本

(億円) 年度	減価償却費	設備投資	運転資本	運転資本増減
×1	4	3	9	1
×2	5	5	10	1
×3	5	5	11	1
×4	6	6	11	1
×5	6	6	12	1
×6	6	6	12	1
×7	6	6	13	1
×8	7	7	13	1
×9	7	7	14	1
×10	7	7	15	1
×11	8	8	16	1
×12	8	8	16	1

フリーキャッシュフロー（FCF）

フリーキャッシュフローは以下の計算式から求めることができます。

　フリーキャッシュフロー
　＝税引後営業利益＋減価償却費－設備投資－運転資本増減

×3年度のフリーキャッシュフローは以下のように計算されます。

　×3年度のフリーキャッシュフロー
　＝11.34億円＋5.25億円－5.25億円－0.5億円
　＝10.84
　≒11億円

資本コスト

資本コストは、以下の式から導きます。なお、株主資本コストは5-2で計算したとおり6％を用います。

5-3 過去の企業の変化から企業価値をイメージする

加重平均資本コスト（WACC）

$= 金利 \times (1-税率) \times \dfrac{有利子負債}{有利子負債+時価総額} + 株主資本コスト \times \dfrac{時価総額^*}{有利子負債+時価総額}$

$=2.0\% \times (1-40\%) \times 50/(50+253) + 6\% \times 253/(50+253)$

$=5.20\%$

$≒5.2\%$

割引率

各年度の割引率は、以下の計算式から求めることができます。

　　n年度の割引率＝（1＋割引率）^{n}

×3年度の割引率は以下のように計算されます。

　　×3年度の割引率 ＝5.2/100＋1

　　　　　　　　　＝1.052

　　　　　　　　　≒1.05

フリーキャッシュフローの現在価値

フリーキャッシュフローの現在価値は、以下のように計算されます。

　　n年度のフリーキャッシュフローの現在価値

　　＝n年度のフリーキャッシュフロー/n年度の割引率

×3年度は以下のように計算されます。

　　×3年度のフリーキャッシュフローの現在価値＝10.84億円/1.052

　　　　　　　　　　　　　　　　　　　　　　＝10.3

　　　　　　　　　　　　　　　　　　　　　　≒10

　フリーキャッシュフロー、割引率、フリーキャッシュフローの現在価値は、×4年度以降も同様に計算すると図のようになります。

＊**時価総額**　実務では、エクセルなどの表計算ソフトを使い、循環計算で試算します。まず現在の時価総額で資本コスト（割引率）を計算します。この割引率と将来のキャッシュフローの予想から、妥当な株主価値を試算します。この株主価値を現在の時価総額に置き換えて資本コストを算出、株主価値を再試算します。これを繰り返し、シナリオごとの時価総額を求めます。

5-3 過去の企業の変化から企業価値をイメージする

×4年度以降のフリーキャッシュフローの現在価値

(億円) 年度	FCF	割引率	FCFの 現在価値
×1	11	1.03	11
×2	11	1.06	10
×3	11	1.05	10
×4	11	1.11	10
×5	12	1.17	10
×6	13	1.23	10
×7	13	1.29	10
×8	14	1.36	10
×9	15	1.43	10
×10	15	1.50	10
×11	16	1.58	10
×12	17	1.67	10

継続価値の現在価値

10年後以降の継続価値の現在価値は、以下のように計算されます。

$$継続価値の現在価値 = \frac{予測最終年度の翌年のフリーキャッシュフロー}{(資本コスト - 成長率)} \times \frac{1}{(1 + 資本コスト)^{予想期間（年）}}$$

$$= (18億円 + 8億円 - 8億円 - 1億円) / (5.20\% - 0\%)$$
$$\times \frac{1}{(1 + 5.20\%)^{10}}$$

$$= 194$$

事業価値の算定

事業価値は以下の式から算定します。

　事業価値 = フリーキャッシュフローの現在価値の合計
　　　　　 = 297億円

非事業性資産の算定

非事業性資産は以下の式から算定します。

　非事業性資産 = 現金預金 + 市場性のある有価証券 + その他
　　　　　　　 = 現金預金（5億円）+ 市場性のある有価証券（1億円）

5-3 過去の企業の変化から企業価値をイメージする

=6億円

企業価値の算定

企業価値＝事業価値＋非事業性資産
　　　　＝事業資産（297億円）＋非事業性資産（6億円）
　　　　＝303億円

このように計算すると、企業価値は303億円となります。これは、もし過去5年の売上成長率と営業利益率の傾向値が将来も続くと仮定すると、企業価値は303億円だということです。

▶▶ 市場価値と過去をベースに算定した企業価値とどちらが正しいのか

303億円は、現在の株価から算定される企業価値（195億円）の約1.5倍になります。大きな違いは、売上成長率と営業利益率です。現状の株価では、「売上は成長しない」と仮定しています。ところが、過去5年の傾向値では年率5％の成長を示しています。

これはどちらが正しいのでしょうか？

過去5年と現在、あるいは将来でそれほど業界の状況に変化がないとします。また、この企業の競争力にも今後それほど変化がないとします。そうであれば、過去5年と同様に将来も推移するということが導かれます。この場合、過去5年の傾向値から導かれる企業価値のほうが、現状の株価から導かれる企業価値（市場価値）より現実的な姿だといえます。

もし、仮に将来のマーケットの状況が厳しくなるとします。また、この企業の競争力も弱くなっていくと考えます。そうであれば、過去の傾向値を使うのは、現実的ではありません。現状の株価が示している、売上の成長率がなく、営業利益率は現状よりも悪くなるというシナリオは、この企業の将来を映し出しているかもしれません。この場合には、現状の株価から導かれる企業価値（市場価値）がより現実的な姿だといえます。

このように、企業の置かれている状況を判断するなかで、どちらのシナリオがより現実的か判断することが大切です。

現状の株価も過去の傾向値も企業の将来像を映し出しているとは思えない場合には、次のステップがより必要になってきます。

5-4
自分で企業価値をイメージする

あなたがこの企業の経営者だとします。経営者であるあなたは、この企業の将来に対するイメージを持っているはずです。それは、将来に対する方向性です。このような将来の方向性から企業価値を算定します。

▶▶ 将来を見通すとは

　あなたが今年度の業績を見通しているとします。そうであれば、1年後の売上高と営業利益率の計画を持っているはずです。1年後には、実際の売上高と営業利益率が出てきます。ところが、このような見通しからは企業価値はイメージできません。なぜなら、将来に対する見通しが短すぎるからです。

　創業から現在までの売上高の推移と営業利益率の推移を表にして見ましょう。こうすると、創業からの企業の歴史が見えてきます（創業からでは長すぎるのであれば、過去10年ぐらいでも結構です）。売上も利益も、良いときもあれば悪いときもあったはずです。そうであれば、過去10年ぐらいを振り返ってみて、将来をイメージしてみると何が見えてくるでしょうか。

　たとえば、人の成長と技術力の蓄積などで競争力が増し、製品・サービスのマーケットも拡大していくなかで、将来へのビジネスに手ごたえを感じているかもしれません。あるいは、マーケットがこれから縮小していく、競争力がなくなっている、などで将来に対して悲観的であるかもしれません。将来はこの間で実現するかもしれません。あるいは、その幅よりも高く、あるいは低いところで実現するかもしれません。現実に10年後になれば、結果は一目瞭然です。

5-4 自分で企業価値をイメージする

過去と将来を1年で考えると

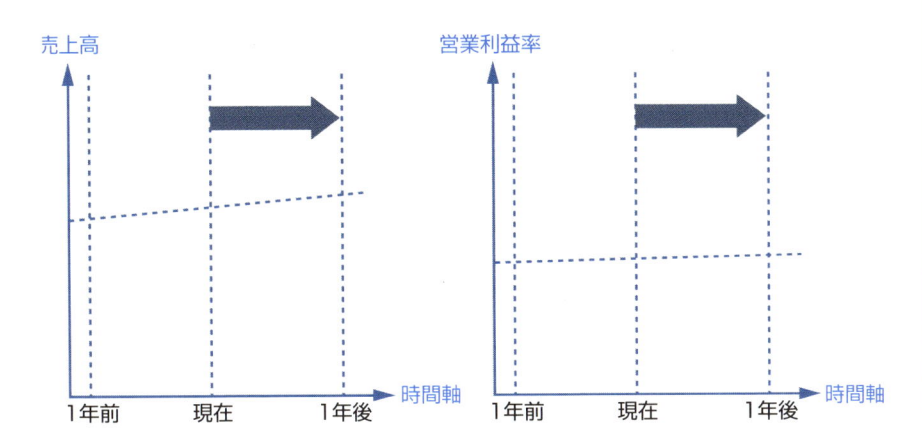

（売上高のグラフ：1年前、現在、1年後／時間軸）
（営業利益率のグラフ：1年前、現在、1年後／時間軸）

過去と将来を10年で考えると

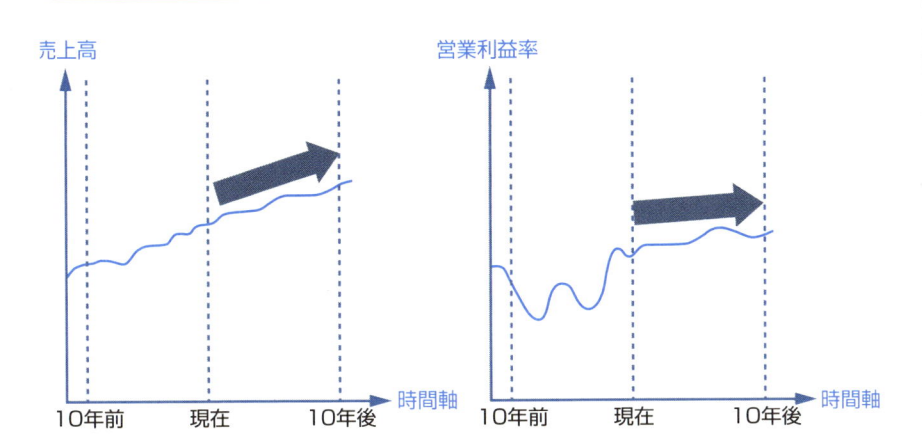

（売上高のグラフ：10年前、現在、10年後／時間軸）
（営業利益率のグラフ：10年前、現在、10年後／時間軸）

▶▶ アップサイド、ダウンサイド、現実シナリオ

　経営者として、アップサイドとダウンサイドをイメージしてみましょう。アップサイドというのは、「企業としてこれ以上の売上成長率と営業利益率は中長期的には期待できない」というレベルです。一方、ダウンサイドは、「企業として想定されるさまざまな事象が実際発生しても、これ以下の売上の下落率、営業利益率は中長期

的には発生することはない」というレベルです。このように書くと、多くの経営者は「そんなものはわかるはずがない」と答えます。しかし、ぜひ経営者としての将来への意思と仮説を持ってほしいものです。

売上成長率は5％、営業利益率は20％ぐらいの数値の実現が、中長期的に十分可能だとの見通しをもっていたとします。そして、アップサイドは売上成長率を8％営業利益率も22％ぐらいだとします。ダウンサイドは、過去の傾向値だとします。

▶▶ アップサイドの企業価値の算定

売上高、営業利益、税引後営業利益

将来の売上成長率8％と営業利益率22％で各年度の売上高と営業利益を計算し、税引後営業利益を求めます。税引後営業利益までは以下の計算式から導くことができます。

$$
\begin{aligned}
\text{×3年度の売上高} &= \text{×2年度の売上高} \times (1+\text{売上成長率}) \\
&= 100億円 \times (1+8\%) \\
&= 108億円
\end{aligned}
$$

$$
\begin{aligned}
\text{×3年度の税引後営業利益} &= \text{売上高} \times \text{営業利益率} \times (100\%-\text{法人税率}) \\
&= 108億円 \times 22\% \times (100\%-40\%) \\
&= 14.25億円 \\
&\fallingdotseq 14億円
\end{aligned}
$$

×4年度以降も同様に計算すると図のようになります。

×4年度以降の売上高、営業利益、税引後営業利益

(億円) 年度	売上高	営業利益	税引後 営業利益
×1	90	18	11
×2	100	20	12
×3	108	24	14
×4	117	26	15
×5	126	28	17
×6	136	30	18
×7	147	32	19
×8	159	35	21
×9	171	38	23
×10	185	41	24
×11	200	44	26
×12	216	47	28

減価償却費、設備投資、運転資本

　減価償却費と設備投資は売上高の5％、運転資本も同じく売上高の10％になるとの仮定を入れると、×3年度については以下のように計算することができます。

　　減価償却費＝売上高×5％
　　　　　　　＝108億×5％
　　　　　　　＝5.4
　　　　　　　≒5億円
　　設備投資＝売上高×5％
　　　　　　＝108億×5％
　　　　　　＝5.4
　　　　　　≒5億円
　　運転資本＝売上高×10％
　　　　　　＝108億×10％
　　　　　　＝10.8
　　　　　　≒11億円

5-4 自分で企業価値をイメージする

運転資本増減は年度ごとの運転資本の差から計算されます。
×4年度以降も同様に計算すると図のようになります。

×4年度以降の減価償却費、設備投資、運転資本

(億円) 年度	減価償却費	設備投資	運転資本	運転資本増減
×1	4	3	9	1
×2	5	5	10	1
×3	5	5	11	1
×4	6	6	12	1
×5	6	6	13	1
×6	7	7	14	1
×7	7	7	15	1
×8	8	8	16	1
×9	9	9	17	1
×10	9	9	19	1
×11	10	10	20	1
×12	11	11	22	2

フリーキャッシュフロー（FCF）

フリーキャッシュフローは以下の計算式から求めることができます。

　　フリーキャッシュフロー
　　＝税引後営業利益＋減価償却費－設備投資－運転資本増減

×3年度のフリーキャッシュフローは以下のように計算されます。

　　×3年度のフリーキャッシュフロー＝14.26億円＋5.4億円－5.4億円－0.8億円
　　　　　　　　　　　　　　　　　　＝13.46
　　　　　　　　　　　　　　　　　　≒13億円

資本コスト

資本コストは、以下の式から導きます。なお、株主資本コストは5-2で計算したとおり6％を用います。

5-4 自分で企業価値をイメージする

加重平均資本コスト（WACC）

$= 金利 \times (1 - 税率) \times \dfrac{有利子負債}{有利子負債＋時価総額} + 株主資本コスト \times \dfrac{時価総額^*}{有利子負債＋時価総額}$

$= 2.0\% \times (1 - 40\%) \times 50/(50+389) + 6\% \times 389/(50 \times 389)$

$= 5.45\%$

$\fallingdotseq 5.5\%$

割引率

各年度の割引率は、以下の計算式から求めることができます。

n 年度の割引率 ＝ $(1+割引率)^n$

×3年度の割引率は以下のように計算されます。

×3年度の割引率 ＝ $5.5/100+1$

$\qquad\qquad = 1.055$

$\qquad\qquad \fallingdotseq 1.05$

フリーキャッシュフローの現在価値

フリーキャッシュフローの現在価値は、以下のように計算されます。

n 年度のフリーキャッシュフローの現在価値

＝ n 年度のフリーキャッシュフロー / n 年度の割引率

×3年度は以下のように計算されます。

×3年度のフリーキャッシュフローの現在価値 ＝ 13.46 億円 $/1.055$

$\qquad\qquad\qquad = 12.76$

$\qquad\qquad\qquad \fallingdotseq 13$

フリーキャッシュフロー（FCF）、割引率、フリーキャッシュフローの現在価値は、×4年度以降も同様に計算すると図のようになります。

---

* **時価総額**　実務では、エクセルなどの表計算ソフトを使い、循環計算で試算します。まず現在の時価総額で資本コスト（割引率）を計算します。この割引率と将来のキャッシュフローの予想から、妥当な株主価値を試算します。この株主価値を現在の時価総額に置き換えて資本コストを算出、株主価値を再試算します。これを繰り返し、シナリオごとの時価総額を求めます。

5-4 自分で企業価値をイメージする

×4年度以降のフリーキャッシュフローの現在価値

(億円) 年度	FCF	割引率	FCFの 現在価値
×1	11	1.03	11
×2	11	1.06	10
×3	13	1.05	13
×4	15	1.11	13
×5	16	1.17	13
×6	17	1.24	14
×7	18	1.31	14
×8	20	1.38	14
×9	21	1.45	15
×10	23	1.53	15
×11	25	1.62	15
×12	27	1.70	16

継続価値の現在価値

10年後以降の継続価値の現在価値は、以下のように計算されます。

$$継続価値の現在価値 = \frac{予測最終年度の翌年のフリーキャッシュフロー}{(資本コスト-成長率)} \times \frac{1}{(1+資本コスト)^{予想期間(年)}}$$

$$= (28億円+11億円-11億円-2億円) / (5.45\%-0\%) \times \frac{1}{(1+5.45\%)^{10}}$$

$$= 290$$

事業価値の算定

事業価値は以下の式から算定します。

事業価値＝フリーキャッシュフローの現在価値の合計
　　　　＝433億円

非事業性資産の算定

非事業性資産は以下の式から算定します。

非事業性資産＝現金預金＋市場性ある有価証券＋その他
　　　　　　＝現金預金（5億円）＋市場性のある有価証券（1億円）

5-4 自分で企業価値をイメージする

　　　　　　　　　　＝6億円

企業価値の算定

　　企業価値＝事業資産＋非事業性資産
　　　　　　＝事業資産（433億円）＋非事業資産（6億円）
　　　　　　＝439億円

▶▶ ダウンサイド、現実シナリオの企業価値の算定

　ダウンサイドは、過去の傾向値のレベルだとすると、上記と同様に計算し、企業価値は303億円となります。

　現実シナリオは、企業が中期経営計画として立てたもので、将来の売上の成長率が5％、営業利益率が20％になります。この場合も上記と同様に計算し、企業価値は332億円となります。

▶▶ 企業価値（本質価値）は

　このように計算されたシナリオごとの企業価値（本質価値）は、アップサイドが439億円、ダウンサイドは過去の傾向値である303億円、そして現実シナリオが332億円となります。これは、この企業が売上成長率5％、営業利益率も20％を見込み、そのとおりに実際に誠実に経営しているとすると、企業価値（本質価値）は332億円であるということです。

　現状の株価から算定される企業価値（市場価値）が195億円である一方、過去の傾向値に基づき計算される企業価値は303億円、会社の将来を見通した企業価値は332億円となっています。195億円から想定される売上の成長率は0％ですが、過去の平均が5％、経営者は将来を同様に5％成長とみているとなると、ここに大きなギャップがあることがわかります。さらに営業利益率の15％も同様で低い水準となっています。

　こう見てくると、企業の本質価値は、332億円であり、195億円という企業価値（市場価値）は割安である、という結論を導くことができます。

　現状の株価や過去の業績、あるいは経営者の将来の見通しの信頼性を通じて企業価値（本質価値）を算定することは可能です。同時に、現状の株価が割安か割高か判断することが可能となります。

5-5
ギャップを算定する

これまで、いろいろな視点から企業価値を算定しました。さまざまな視点から企業価値を算定することで、市場価値と本質価値、さらには両者の乖離であるギャップが見えてきます。

▶▶ これまでの関係のまとめ

　現状の株価が割高か割安かは、まず現状の株価が描く企業の将来像、特に将来の売上成長率と営業利益率から判断することができます。現状の株価が、特別な外部環境の変化や内部環境の変化がないにもかかわらず、過去5年の傾向値や経営者のイメージと大きく乖離している場合には、これは市場価値と本質価値の間にギャップがある可能性が高いです。図の中でIが割高になっているケースであり、IIが割安になっているケースです。

　大切なのは「本質価値がいくらなのか？」ということです。

　なぜなら、現状の株価から導かれる企業価値（市場価値）は短期的に大きく上下します。しかし、本質価値はそれほど大きく変化しないものです。経営者が本来注目すべきは、この本質価値、および市場価値とのギャップです。

　企業の本質価値は、いくつかの視点から計算しないと把握できません。本質価値を経営者が把握していないと、思わぬ経営上のリスクになることは、さまざまな**M&Aの記事**＊が新聞をにぎわしていることからもあきらかです。もし、企業が公開しているのであれば、株価から導かれる企業価値（市場価値）をチェックするだけではなく、本質価値をチェックすることがより重要になります。なぜなら、市場価値と本質価値に大きな乖離があることがイメージできないと、そのリスクをマネージできないからです。ところが、これまで多くの公開企業は、市場価値の把握はしていても、本質価値を把握していないのが現状でした。そうであれば、ギャップをイメージできず、結果としてそのリスクをマネージできないことになります。

　このようなギャップを放置すると、どのようなリスクが顕在化するのか、また、このようなギャップをどのようにして解消するのか、次の章で見ていきましょう。

＊**M&Aの記事**　たとえば、村上氏が率いるMAC（通称村上ファンド）の昭栄に対する敵対的TOB（2000年）、スティール・パートナーズ（米国の投資ファンド）のソトー、ユシロ化学に対する敵対的TOB（2004年）、ライブドアによるニッポン放送の買収劇（2005年）などがあります。

5-5 ギャップを算定する

市場価値と本質価値のギャップ

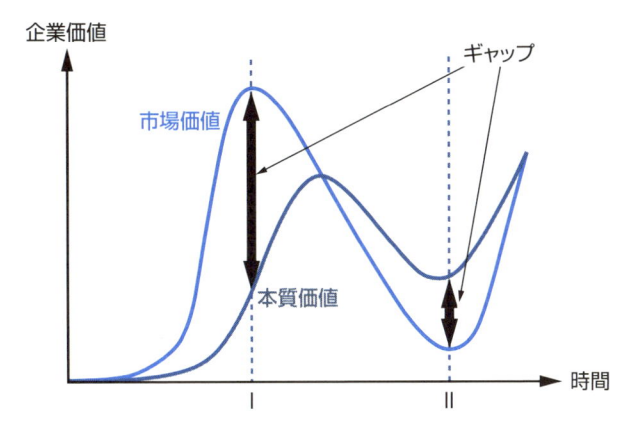

企業価値／市場価値／ギャップ／本質価値／時間／I／II

　なお、第5章で説明した計算は、実務ではエクセルなどの表計算ソフトを使います。エクセルシートを使った計算方法をホームページ（http://www.valuecreate.net/japanese/index.htm）で解説していますのでご覧ください。

5-5 ギャップを算定する

企業価値評価のプロセスのまとめ

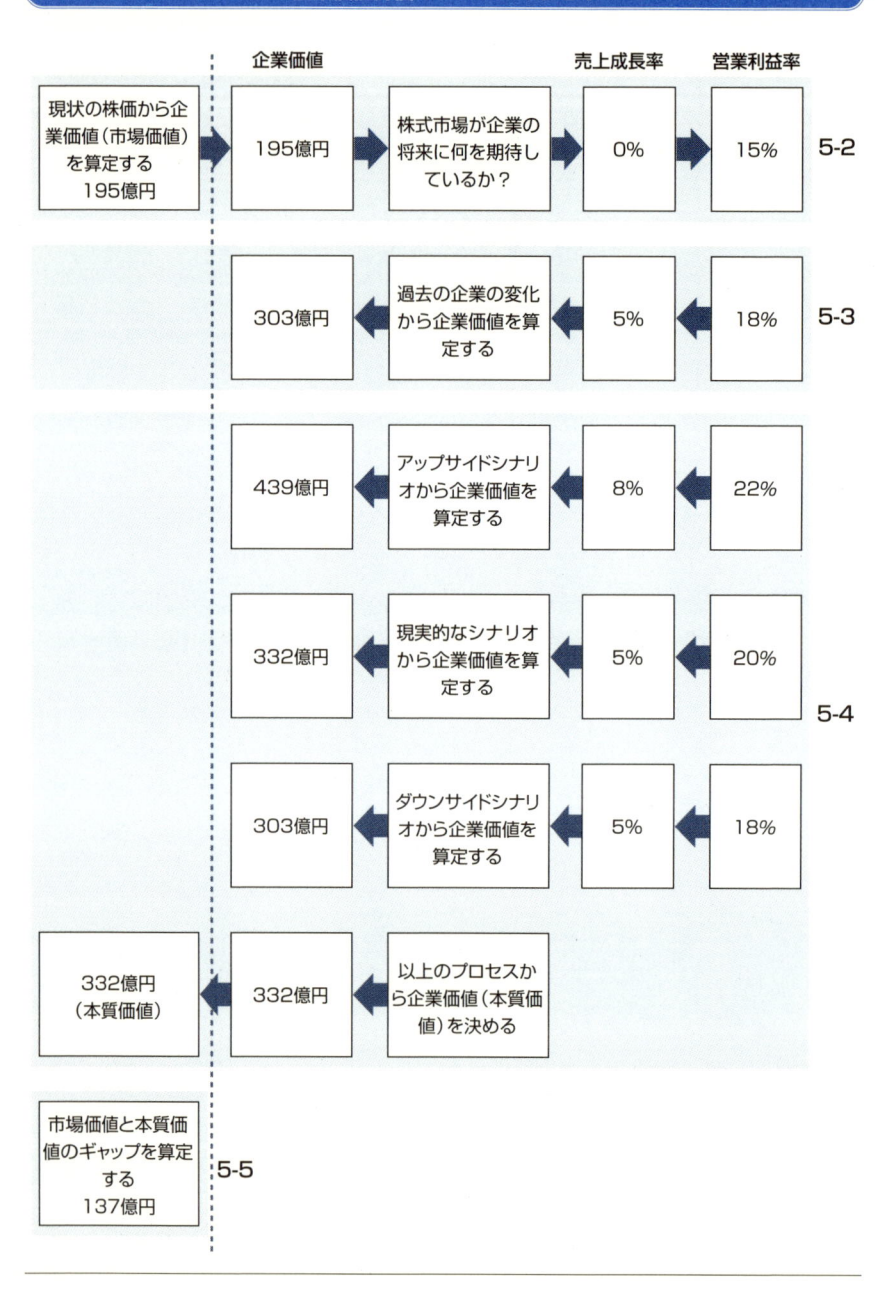

ステップ	企業価値	内容	売上成長率	営業利益率	節
現状の株価から企業価値（市場価値）を算定する 195億円	195億円	株式市場が企業の将来に何を期待しているか？	0%	15%	5-2
	303億円	過去の企業の変化から企業価値を算定する	5%	18%	5-3
	439億円	アップサイドシナリオから企業価値を算定する	8%	22%	
	332億円	現実的なシナリオから企業価値を算定する	5%	20%	5-4
	303億円	ダウンサイドシナリオから企業価値を算定する	5%	18%	
332億円（本質価値）	332億円	以上のプロセスから企業価値（本質価値）を決める			
市場価値と本質価値のギャップを算定する 137億円					5-5

144

第6章

企業価値評価の実践

　企業価値評価を実際の経営の中で活かすには、本質価値と市場価値のギャップを埋める、本質価値を高める、という2つのステップがありますが、ここでは、ギャップを埋めることを中心に説明します。市場価値が本質価値に比べて著しく低い場合、このギャップを放置しておくと、敵対的買収の対象となります。最近のM&Aの動向、特に敵対的買収(2007年以降の海外企業による買収リスク)の状況、本質価値と市場価値のギャップを埋めるためのIR(投資家向け広報)活動、自ら価値創造の機会を実現する(=買収者による価値創造の余地を残さない)資本政策(自社株取得や配当政策)について説明します。

6-1
企業価値創造の2つのステップ

企業価値の創造には、本質価値と市場価値のギャップを埋める、本質価値を高める、の2つのステップがあります。事業の活動だけでなく、M&Aのモニタリング、IR、資本政策などを活用します。

▶▶ 2つのステップ

この章では、企業価値評価を実際の経営の中でどのように活用していくかを考えます。企業価値の創造には、大きく、1)「本質価値」と「市場価値」のギャップを埋める、2)「本質価値」を高める、の2つのステップがあります。

1)「本質価値」と「市場価値」のギャップを埋めるには

市場評価が本質価値よりも大きく下回っている時は、投資家との対話（IR活動）により、ギャップを埋める必要があります。第4、5章で説明したDCFモデルを活用して、市場の期待と自社の見通しの違いが理解できていれば、ギャップを埋めるための効果的な対話ができます。このギャップを放置しているとM&Aの対象となるリスクが高まるので重要です。資本政策の面では、自社株取得により、資本効率の改善とギャップを放置しないという経営者のメッセージを発信することができます。

一方、市場評価が本質価値よりも大きく上回っている時は、M&Aを含めた企業価値創造の戦略を作成・実践するか、市場の期待を再設定する必要があります。この時に投資家の期待をさらに高めるメッセージを発信すると、市場評価と本質価値のギャップがさらに大きくなり、将来の株価下落リスクが高まります。ここでもIRは重要です。

2)本質価値を高めるには

本質価値は、「将来のキャッシュフローを資本コストで現在価値に割り引いたもの」ですから、これを高めるには、将来のキャッシュフローを増やす、資本コストを下げる、の2つが必要です。

将来のキャッシュフローを伸ばすには、①利益を増やす（売上高を伸ばす、利益

6-1 企業価値創造の2つのステップ

率を改善する)、②設備投資を減らす(投資効率を高める)、③運転資本を圧縮するなどが必要です。長期的な価値創造のために何が必要かについては、第7、8章で説明します。

　資本コスト(割引率)を下げるには、いくつか考えられます。まず、投資家から見たリスクを低減することです。これは、IR活動を通じて投資家の理解を深める、対外的に約束した数字(業績予想、中期経営計画など)を有言実行するなどにより、信頼関係を築くことです。また、事業分野の選択、外部資産の活用などにより、事業のリスクを低くすることも有効です。さらに、資本構成を変える(＝資本コストの高い株主資本の比率を見直すこと)も考えられます。特に、株主資本比率の高い会社は、財務の安定性を損なわない範囲で有利子負債を増やせば、会社全体の資本コストを低下することが可能です。

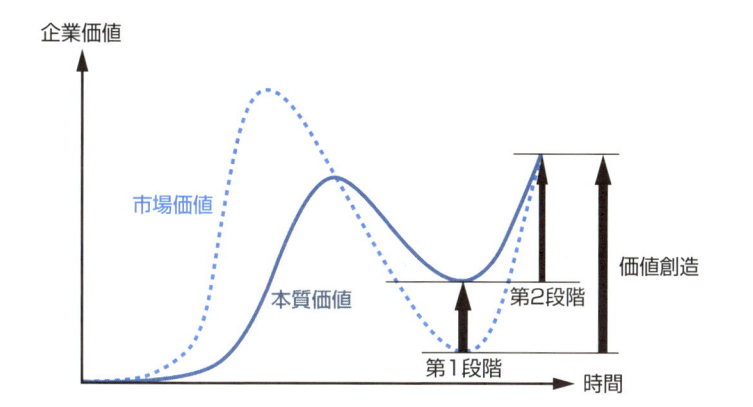

企業価値創造の2つのステップ

縦軸: 企業価値 / 横軸: 時間

市場価値、本質価値、第1段階、第2段階、価値創造

6-1 企業価値創造の2つのステップ

事業・財務・IRで価値創造を実現

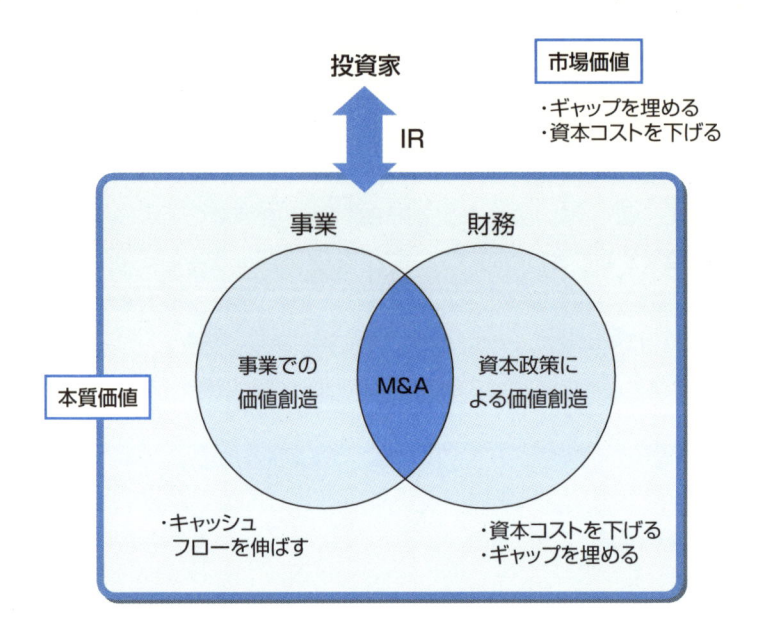

投資家

IR

市場価値
・ギャップを埋める
・資本コストを下げる

事業　　財務

本質価値

事業での価値創造　　M&A　　資本政策による価値創造

・キャッシュフローを伸ばす

・資本コストを下げる
・ギャップを埋める

Column コラム
四半期決算と車の運転

日本でも四半期情報開示が求められる時代になってきました。実は、DCF法で企業価値を算定するとき、四半期の決算の数字が企業価値に与える影響は、ほとんどの場合1％未満ですが、それでも投資家もアナリストも四半期決算がコンセンサスを上回るか下回るかで一喜一憂し、期待を下回ると株価が大きく下落することがあります。

これは、機関投資主体の市場の中で、「決算が悪いと他の投資家が売却して株価が下がると思うから自分も売却する」という心理が働くことが一因です。機関投資家自体が、資金の出し手から四半期単位でパフォーマンスを求められるので、拍車がかかります。「四半期でライバルに負けると運用から外される。だから、短期的に下がるものは売却する」という「囚人のジレンマ」のです。もちろん、四半期業績の悪化が将来のキャッシュフローの悪化を暗示している場合もあります。これは、本質的な変化ですから、重要です。

四半期情報開示は、車の運転に似ていると思います。教習所に入りたての頃、運転をする時にどうしても近くばかり見てしまい、ぎこちない運転になってしまった経験はありませんか？　慣れてくると、次第に、進みたい方向の先のほうを見るようになり、運転もスムーズになりますね。もちろん、近くを見ていないわけではありません。焦点は先を見ながら、手前に障害物がないかどうかは気を配っています。

企業価値も同じだと思います。四半期決算に焦点を合わせて経営をすると、かなり危うい状況です。組織資産、人的資産、顧客資産よりも、短期的な金融資産にフォーカスすることになるからです。想いを大切に長期の経営をする方が、企業価値を創造できることは、歴史的に示されています。

では、四半期開示は意味がないかというと、そんなことはありません。実は、高速道路を走っているときに、スピードメーターが止まってしまったことがあります。自分が今何キロで走っているのかわからないと、不安です。何か問題が起きているかもしれません。これ、本当に怖いです。投資家の心理も同じではないかと思います。

長期に焦点を置いて、短期もモニターする。経営者も投資家も長期的にはそれが一番企業価値を高めるのではないでしょうか。

6-2 企業価値評価を誰がどのように使うか

企業価値評価は、経営者、CFO、経営企画チームだけでなく、企業活動のいろいろな局面の意思決定に活用できます。特に、自社の本質価値や、投資の価値を把握する、価値創造の道筋を見つけるなどで活かされます。

▶▶ 企業価値評価を誰がどのように使うか

ここでは、企業の中で企業価値評価を誰がどのように活用するかを考えます。企業価値評価は、経営者、財務責任者（CFO）、経営企画チーム、事業責任者だけでなく、企業活動、投資活動のいろいろな局面の意思決定に活用できます。いくつかの例を見てみましょう。

1）自社の企業価値（本質価値）を把握する（経営陣、IR、経営企画チームなど）

「企業価値を高める経営」のためには、自社の「本質価値」を把握することが、「はじめの一歩」です。たとえば、M&Aリスクのモニタリングと対応策の検討、資本政策（自社株取得や増資）の決定、戦略的IR活動、企業価値創造の視点での中期経営計画の策定（経営資源の配分）のような局面での意思決定は、企業価値（本質価値）の評価が不可欠です。

2）投資（M&Aを含む）対象の企業価値を把握する（経営陣、投資チーム、事業部など）

M&Aをする場合、適切な投資対象に、適切な価格（株価）で投資することが重要です。そのためには、投資先企業の企業価値を把握する必要があります。また、企業価値評価を活用すれば、投資によって自社事業とのシナジー効果によりどの程度の企業価値が創造されるかも把握できます。

3）企業価値創造の道筋を見つける（経営陣、経営企画チーム、事業部など広範囲）

企業価値評価のDCFモデルを活用すると、最も有効に企業価値を高めるためには、成長（売上高の拡大）、収益性の改善（売上高利益率の上昇）、資本効率の改善（運

6-2 企業価値評価を誰がどのように使うか

転資本や設備投資効率の改善)、資本コストの低下などの何を優先すればよいかが見えてきます。たとえば、資本効率が悪い会社は、売上高を増やすほど企業価値が低下します。企業価値の視点を理解せずに、売上高の拡大のために経営資源を投入して、一生懸命にやればやるほど、企業価値を破壊することになります。事業価値、店舗価値などの試算により効率的な経営資源の配分を考えることもできます。

この章では、この中で、M&Aリスクのモニタリング、IRによる本質価値と市場価値のギャップの解消、資本政策によるギャップの活用、価値創造の実現を中心に説明します。

実際の活用例

実際の活用例：
自社の企業価値（本質価値）を把握する（経営陣、IR、経営企画チームなど）：
- M&Aリスクのモニタリングと対応策の検討
- 資本政策（自社株取得や増資）の決定
- 戦略的IR活動
- 企業価値創造の視点での中期経営計画の策定（経営資源の配分）

投資（M&Aを含む）対象の企業価値を把握する（経営陣、投資チーム、事業部など）：
- 投資判断の決定（投資時の適正価格の試算）
- M&Aのシナジー効果による価値創造の理解

企業価値創造の道筋を見つける（経営陣、経営企画チーム、事業部など広範囲）：
- 経営資源配分の意思決定
- 事業価値、店舗価値などの把握

6-3
日本で増加するM&A

日本におけるM&A件数は10年前の約4倍に増えています。海外企業による買収も容易になるので、市場価値が本質価値を大きく下回っている企業は、敵対的な買収の対象となるリスクが高まっています。

▶▶ M&Aは10年前の4倍に

日本におけるM&Aの件数は、1990年代後半から増加傾向にあり、2004年には2,000件を超えました。10年前の約4倍の水準です。M&A増加の背景としては、経営者の世代交代（M&Aに対する意識の変化）、人材の流動化、銀行の護送船団経営の終焉、株主の変化（株式持ち合いの解消）、市場の成熟・産業構造の変化、割安な株価などが挙げられます。

▶▶ 内容も大きく変化：海外の買収ファンドなどが台頭

M&Aの内容も大きく変化しています。1990年代前半のM&Aは、日本企業による海外企業の買収が中心でしたが（たとえば1990年は全体の約6割）、現在は日本企業が買収の対象となるケースが9割近くです。この内、約1割は海外企業による日本企業の買収です。2004年の米国の**スティール・パートナーズ**＊によるソトーやユシロ化学に対する敵対的**TOB**＊に象徴されるように、海外投資家が日本企業を買収対象として注目していることが明らかになりました。2007年の商法改正で株式交換による企業買収が外国企業に解禁されるので、日本の優良企業が、株式時価総額が大きい外国企業に飲み込まれる可能性も出てきました（6-4参照）。

敵対的買収をするのは、海外のファンドとは限りません。2005年春のライブドアによるニッポン放送の買収劇は、日本企業同士の買収合戦の時代が来たことを告げる出来事でした。この件をきっかけに、ポイズンピル（毒薬条項）などの敵対的買収に対する防衛策の導入を検討する企業が増えています。ただし、これはあくまでも有事（敵対的買収をかけられた時）の緊急策です。最大の防御策は平時（日常）の企業価値創造です。まず、適切なIR活動を通じて、本質価値と市場価値のギャップをなくすことです。そして、余剰キャッシュを自社株取得に使うなどの適切な資

＊ スティール・パートナーズ：米国系の投資ファンド。
＊ TOB：Take Over Bid（公開市場買い付け）。株式の購入金額、購入期間を開示して、一定期間、一定価格で株式を買い付けること。

本政策、遊休資産の売却、事業再編などの施策を取り、買収者が企業価値創造をする余地をなくすことです。

▶▶ 防衛策だけでなく経営戦略の選択肢として

また、買収の防衛策だけでなく、M&Aを経営戦略の選択肢としてとらえておくことも大切です。ビジョンや価値観などの企業文化、経営戦略との一貫性があれば、非コア事業の売却（売り手）、コア事業の買収（買い手）により、価値を創造することができます。

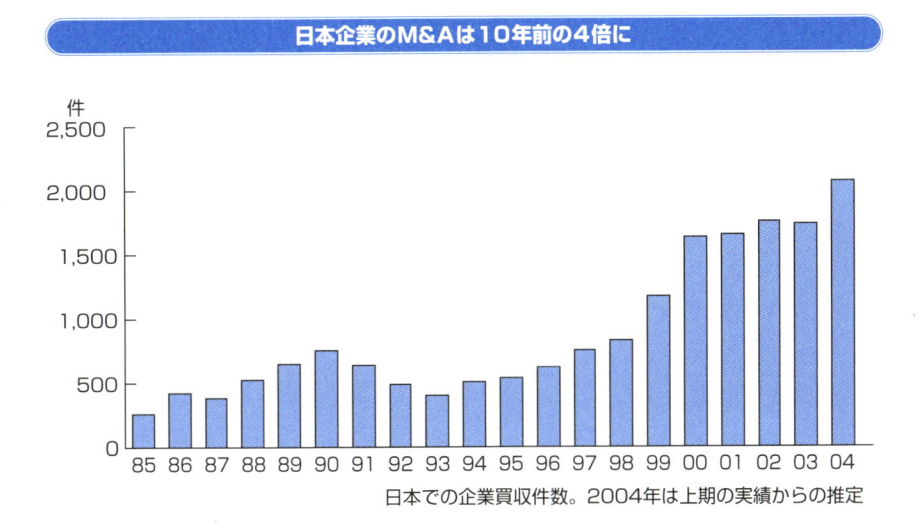

日本企業のM&Aは10年前の4倍に

日本での企業買収件数。2004年は上期の実績からの推定

6-4
日本で増加するM&A
－「胃袋レシオ」から見た時価総額の格差

　2007年には海外企業が日本企業を株式交換で買収できるようになります。多くの日本企業は世界のトップ企業から見れば手ごろな規模。すでに、将来の買収リスクに備え、合併による業界再編が起きています。

▶▶ 海外企業が株式交換で日本企業をM&Aできるようになる

　商法の改正により2007年には海外企業が日本企業を株式交換で買収できる*ようになります。海外企業は、自社株を活用することにより、巨額の借入による財務の安定性を損なうことなく、M&Aができます。欧米企業から見た買収のメリットは、日本市場に参入できる（時間を買うことができる）、日本の顧客を取得できる、日本でのブランドを取得できる、技術を取得できる、業界再編、自社とのシナジー効果などにより、企業価値を創造できることです。さらに、海外企業から見て、日本企業が買収対象になりやすい理由が、2つあります。第一に相対的に時価総額が小さいこと、第二にいくつかの基準で割安感があることです。つまり、「手ごろで、安い」ということです。

▶▶ 「胃袋レシオ」を比較すると日本の大型株は世界の小型株

　まず、時価総額について見てみましょう。規模の違いによる買収力を見るために、世界の代表企業（ほとんど欧米）の時価総額を100とした時の日本企業の時価総額を比べてみました。規模の面からどれくらい買収しやすいか、飲み込みやすいかを判断する基準指数なので、胃袋の大きさを示す「胃袋レシオ」と名づけました。胃袋レシオ＝日本の時価総額÷欧米トップ企業の時価総額です。多くの産業で、日本企業の時価総額は世界のトップ企業の約10％程度です*。多くの日本の大型株（時価総額の大きい企業）は、世界の小型株と言えます。こうした業界では、理論上は、欧米の代表企業が時価で10％程度の新株を発行すれば、日本の代表企業を買収することが可能です。それほど欧米の企業の胃袋（＝買収力）は大きいということです。2004年頃からの銀行の合従連衡、薬品業界などの再編の動きは、規模の面で世界の

＊…買収できる　現金による企業買収はこれまでも可能でしたが、2007年からは、自社株を使った株式交換で買収ができるようになります。実際は、いくつか制約がありますが、グローバルなルールに近づいています。

＊…約10％程度です　国際競争力の高い自動車産業、業界再編を進めた鉄鋼業などは、日本企業の時価総額が世界トップクラスです。

6-4　日本で増加するM&A－「胃袋レシオ」から見た時価総額の格差

トップ企業との格差を縮小して2007年に備えようという意図があると思われます。

胃袋レシオを見ると*

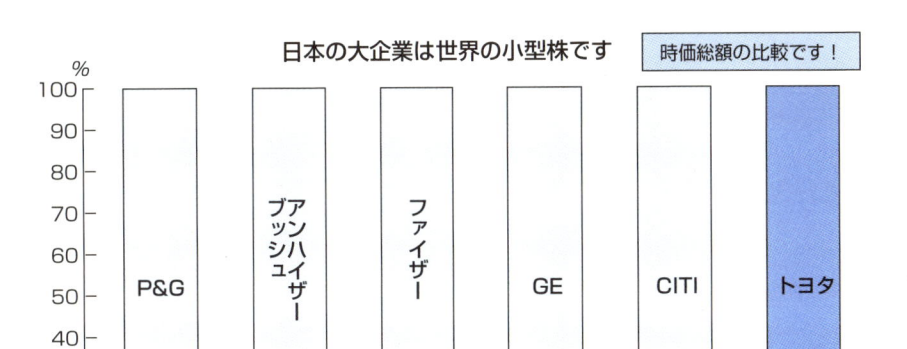

日本の大企業は世界の小型株です　　　時価総額の比較です！

業種	世界企業	日本企業	比率
トイレタリー	P&G	花王	10%
ビール	アンハイザーブッシュ	アサヒビール	11%
製薬	ファイザー	山之内＋藤沢	8%
発電機器	GE	三菱重工	2%
金融	CITI	東京三菱	25%
自動車	トヨタ	トヨタ	100%

第6章　企業価値評価の実践

＊…を見ると　日本企業を呑み込む胃袋の大きさを示す指数です。世界の代表する企業の時価総額を100とした時の日本企業の時価総額です。

6-5
日本企業が狙われる？
－「バーゲン・レシオ」から見た時価総額の格差

多くの日本の大企業は、PBRなどの株価指標において、世界のトップ企業と比べて評価が低いです。買収リスクを考えると、企業価値を意識した経営と、等身大で評価されるためのIR活動が必要です。

▶▶ 日本企業のPBRやEV/EBITDA倍率の割高感は是正された

次に、日本企業が海外企業に比べて割安かどうかについて、PBR、EV/EBITDA倍率を中心に見てみましょう。個別のM&Aの案件では、DCFモデルを使い、企業価値を試算しますが、割安かどうかを簡易的に把握する場合は、財務価値（株主資本）以外の見えざる資産がどの程度評価されているかを示すPBRや、EV（市場評価の企業価値）がEBITDA（営業キャッシュフロー）の何年分かを示すEV/EBITDA倍率などを使います。1980～90年代、日本企業のPBR、EV/EBIDA倍率は、欧米企業に比べて高水準でした。しかし、2000年代に入りギャップが縮まり、これらの指標における日本企業の割高感は是正されたといえます。

▶▶ 日本の代表企業のPBRは低水準

特に、日本の代表的な企業のPBRは欧米の代表企業を大きく下回っています。図は、欧米の代表企業のPBRを100とした時の日本の代表的な企業のPBRです。相対的な割安度を示すので、「バーゲン・レシオ」と名づけました（バーゲン・レシオ＝日本の代表企業のPBR÷欧米の代表企業のPBR）。欧米企業が日本企業を買収した場合、買収後も自社の高いPBRを維持できるのであれば、PBRの格差分だけ企業価値を高めることができます。

PBRは、時価総額（株主価値の時価評価）が株主資本（株主価値の簿価）の何倍で評価されているかを示す指標です（第2章参照）。つまり、財務価値以外の見えざる資産がどの程度評価されているかを示しています。日本企業のPBRが相対的に低いということは、①実際に日本企業の見えざる資産が欧米企業に比べて小さい、②日本企業の見えない資産が過小評価されている、③株主資本（＝財務価値）が信用

6-5 日本企業が狙われる？－「バーゲン・レシオ」から見た時価総額の格差

されていないなどの理由が考えられます。①の場合は、見えざる資産を高める経営が必要です。②、③の場合は、投資家との対話により、等身大で評価されるための努力（IR活動）が必要です。

▶▶ EV/EBITDA倍率も低水準

なお、日本企業の割安感は、EV/EBITDA倍率でも同様です。たとえば、日本の代表的なエレクトロニクス企業のEV/EBITDA倍率は5～6倍です。これは、米国の10倍強、欧州の7～8倍、韓国や台湾の代表企業の8～9倍を下回っています。

バーゲン・レシオを見ると*

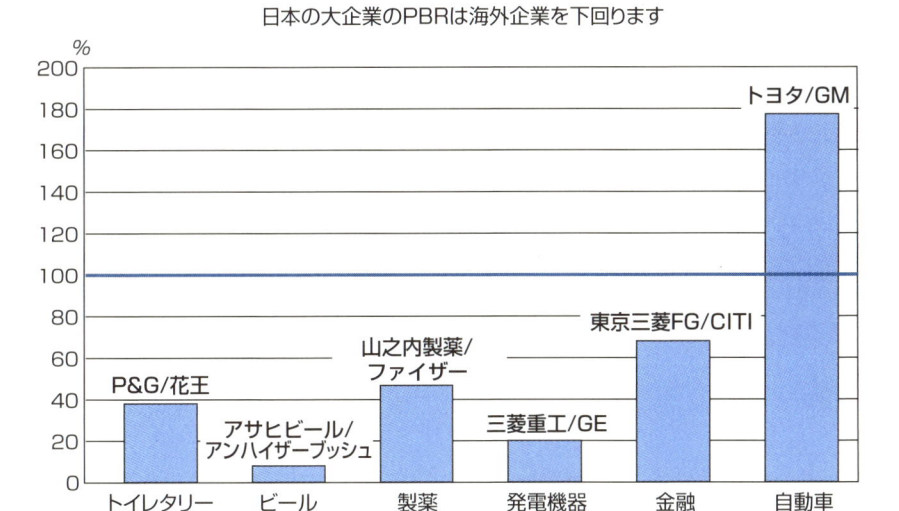

日本の大企業のPBRは海外企業を下回ります

- トイレタリー：P&G/花王 約38%
- ビール：アサヒビール/アンハイザーブッシュ 約10%
- 製薬：山之内製薬/ファイザー 約48%
- 発電機器：三菱重工/GE 約20%
- 金融：東京三菱FG/CITI 約68%
- 自動車：トヨタ/GM 約178%

*…を見ると　日本企業の相対的な株価バリュエーションを示す指数です。世界の代表する企業のPBRを100とした時の日本企業の代表企業のPBRです。PBR＝時価総額÷株主資本。低いほど割安と考えられます。

6-6 買収対象として狙われる企業

買収者は金融投資家と事業投資家に大別されます。金融投資家の注目点は、余剰現金、PBR1倍割れなどです。ライバル企業などの事業投資家は、「見えない資産」と買収後の企業価値創造の余地に注目します。

▶▶ 金融投資家とは

　M&Aの買収者は金融投資家と事業投資家の大きく2つに分けられます。金融投資家（投資ファンドなど）は、一般に、保有キャッシュ、有価証券などの金融資産、不動産などの物的資産から見て割安な会社に投資をして、資本政策の変更、資産の売却などを通じた株価上昇を狙います。買収先の選別基準は、①余剰なキャッシュを保有している、②株価が純資産（あるいは保有資産の含みを加味した資産）よりも低く評価されている、③時価総額が小さく（たとえば200億円程度）ある程度の投資額でも影響力を持つことができるなどです。これは、ソトーやユシロ化学に対する敵対的TOBで注目されたスティール・パートナーズの投資先がPBR1倍を大きく下回っていることからも明らかです。

▶▶ 事業投資家とは

　事業投資家は、国内、海外のライバル企業や新規参入者です。金融投資家との違いは、バランスシートに表れる資産（「見える資産」）だけでなく、高い技術、ブランド力、顧客との信頼関係、質の高い従業員などの「見えない資産」を評価する点です。自社の経営資源とあわせることでのシナジー効果など、将来の企業価値創造の可能性も評価されます。したがって、金融投資家よりも高い評価で買収することができます。

▶▶ 買収対象となるのは

　買収対象となるのは、本質価値よりも過小評価されている企業です。別の表現をすると、買収後に企業価値創造の余地が大きい会社です。たとえば以下のような会社です。

6-6 買収対象として狙われる企業

・経営資源を活かしきれていない会社
　現預金が余剰
　生産能力が余剰
　販売力が弱く、開発力、技術力が活かされていない
　製品開発力が弱く、顧客との信頼関係や販売力が活かされていない
・コスト削減の余地が大きい会社
　不採算事業を抱えている
・業界再編で価値創造の機会が大きい会社
　リストラクチャリングなど自社内での価値創造の機会は実現した場合でも、業界内に価値創造の機会がある場合

　企業買収の防御策は、PBR1倍割れのような状況を解消し、将来の企業価値創造の機会を自らの手で、実現することです。

スティール・パートナーズの投資先はPBR1倍割れ

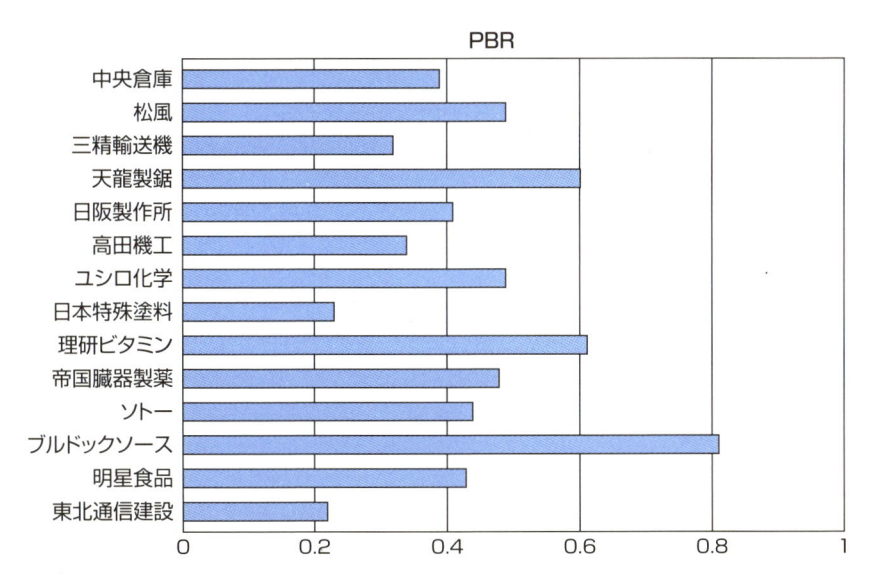

PBR

企業	PBR
中央倉庫	0.38
松風	0.48
三精輸送機	0.32
天龍製鋸	0.60
日阪製作所	0.41
高田機工	0.34
ユシロ化学	0.48
日本特殊塗料	0.22
理研ビタミン	0.60
帝国臓器製薬	0.47
ソトー	0.43
ブルドックソース	0.81
明星食品	0.42
東北通信建設	0.22

2003年3月時点（明星食品は2003年9月）
PBR＝株式時価総額÷株主資本

6-7
敵対的買収に備えて

ポイズンピルなど敵対的買収に対する防衛策の導入は、経営陣の保身にならない配慮が必要です。有事の対策よりも平時（日常）の取り組み（日々の価値創造活動、資本政策、IRなどの継続的な対応）が重要です。

▶▶ ポイズンピル（毒薬条項）有事の対応策

スティール・パートナーズによる敵対的TOB、ライブドアによるニッポン放送の買収劇などを目の当たりにした日本の経営者の間で、防衛策として、**ポイズンピル**＊（毒薬条項）導入の動きが増えています。ただし、ポイズンピルは、本質的な価値創造を伴った買収提案も排除する可能性があることから、株主、投資家の間での評価は低いです。経営陣の保身にならないように、導入において十分な配慮が必要です。

▶▶ 平時の敵対的買収対策の取り組みは

有事の対策よりも、平時（日常）の企業価値創造の取り組みが重要です。具体的には、以下のステップが必要です。

1. まず何より、自社の適正な企業価値を把握します
- ベースシナリオだけでなく、悲観シナリオ、楽観シナリオなどに基づく価値も算出します
- 本質価値と市場価値のギャップを理解しておきます
- 市場価値がベースシナリオ、悲観シナリオに比べて大きく割安な場合、IRでギャップを埋めることが急務となります
2. 企業価値創造の道筋を立て、1つ1つ実行します。大切なことは、他社が買収しても価値創造の余地がないようにします
- 買収者は、買収後に遊休資産の売却、資本政策の変更、事業再編、不採算事業からの撤退などにより、価値を高めることができるという勝算があるから買収するのです
3. 長期のビジョン・戦略を株主に伝え、対話します
- 敵対的なTOBもそれに応じる株主（売り手）がいなければ成立しません

＊**ポイズンピル** ポイズンピルは、敵対的な買収者が現れた時に、既存株主に新株予約権を発行することで、買収の防衛をする有事の対応策です。

6-7　敵対的買収に備えて

・質の高い株主との信頼関係が大切です。株主との信頼関係は対話と有言実行から生まれます

4. 防衛策を検討・導入します

　1〜3の点は、日々の価値創造活動です。株主の質の改善、ガバナンスの再検討、戦略的なIRの実行、資本政策の見直しなどがアクションプランとなります。ポイズンピル（毒薬）による防衛策を考える前に、これらの点にしっかりと取り組むことが大切だと思います。

価値創造の機会が大きいと狙われます*

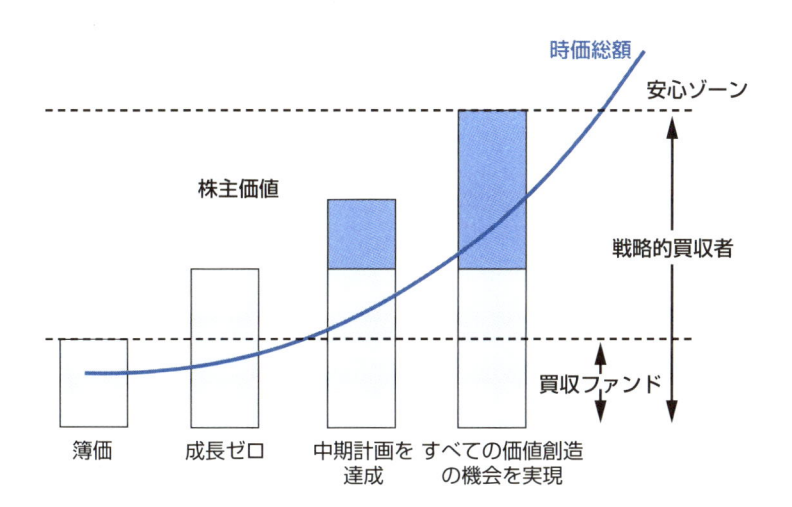

（図：横軸に「簿価」「成長ゼロ」「中期計画を達成」「すべての価値創造の機会を実現」、縦軸に株主価値を示し、時価総額の曲線と「安心ゾーン」「戦略的買収者」「買収ファンド」のレンジを表示）

＊…**狙われます**　マッキンゼー・アンド・カンパニー「企業価値評価」をもとに作成。

6-8
M&Aによる企業価値創造

敵対的買収の防衛策ばかりでなく、M&Aを企業価値創造の手段としてとらえることも必要です。成功のポイントは、企業文化との一貫性、妥当価格での買収、買収後のマネジメントです。

▶▶ M&Aを戦略としてとらえる

　買収の防衛策だけでなく、M&Aを経営戦略の選択肢としてとらえておくことも大切です。ビジョンや価値観などの企業文化、経営戦略との一貫性があれば、非コア事業の売却（売り手）、コア事業の買収（買い手）により、価値を創造することができます。実際に、海外では、M&Aを価値創造の手段として活用するという意識が強く、成功例も多いです。たとえば、よく知られた長期の成功例としてGEが挙げられます。GEでは、非コア事業の売却（No.1、No.2以外の事業の売却）、サービス事業の強化などの経営戦略の実行においてM&Aが積極的に活用されました。GEのM&Aの成功要因は、価値観（GE Value）、戦略との一貫性、適切な企業価値での買収、買収後の経営（特に価値観浸透の努力）などでした。

▶▶ 売却例は成功例が多い

　この数年間の日本企業のM&Aを見ていると、売却側の成功事例が多いようです。日本企業は、右肩上がりの成長を前提に事業拡大や多角化をしてきたため、本業と関係の薄い事業をたくさん保有していました。これらの事業の多くは、経営者の情熱が無く、企業文化に合わず、強みもなく、収益性が低い事業なので、事業の売却（撤退）は、資産効率・キャッシュフローの改善を通じて、価値創造に貢献する可能性が高いです。

▶▶ 大型の買収は成功例が少ない

　一方、買収側の成功、失敗の評価は難しいです。短期的には失敗に見えてもしだいにシナジー効果が出てくるケース、市場シェアの上昇、短期業績の改善など成功に見えても、企業文化の違いなどが長期的に影響して、価値創造につながらない

6-8 M&Aによる企業価値創造

ケースなど、さまざまです。一般的には、大型のM&Aの成功例は少ないようです。海外でも、アメリカ・オンライン（AOL）によるタイムワーナーの買収、HPのコンパックの買収、ダイムラーとクライスラーの合併など、失敗例として取り上げられることが多いです。本当の成否の評価にはもう少し時間が必要かもしれませんが、当初、当事者が期待していた成果は見られず、市場価値は低迷しています。

▶▶ 成功のポイントは

さまざまなケースから学べる成功のポイントは、①企業文化（ビジョンや価値観）との一貫性がある、②妥当（あるいは割安）の企業価値での買収、③買収後のマネジメント（特に文化の融合）です。失敗例では、シェアの拡大、多角化などによる成長を急ぎ、これらの点に欠けている場合に多いです。

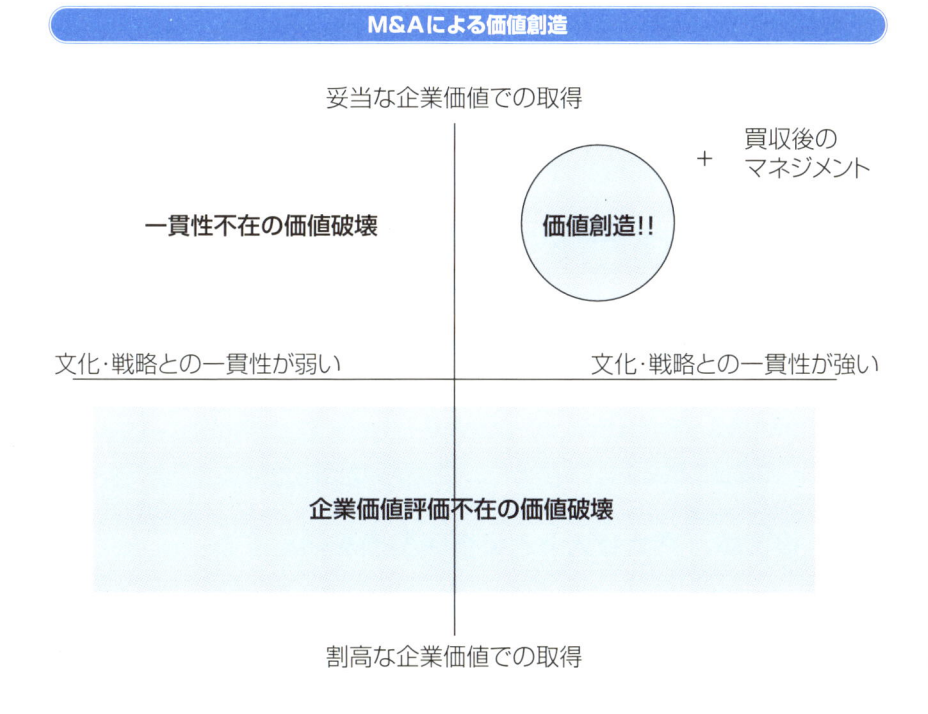

M&Aによる価値創造

妥当な企業価値での取得

　　　　　　　　　　　　　　　　　＋ 買収後のマネジメント

一貫性不在の価値破壊　　　　　価値創造!!

文化・戦略との一貫性が弱い　　　文化・戦略との一貫性が強い

企業価値評価不在の価値破壊

割高な企業価値での取得

6-9

IRでギャップを解消

本質価値と市場価値のギャップが大きい場合は、戦略的なIR活動により、これを埋めることが必要です。ギャップを埋め、株主、投資家との信頼関係を構築することが、長期的には最も有効な敵対的買収対抗策です。

▶▶ IRで本質価値と市場価値のギャップを解消する

資本市場のメカニズムは、複数の人々（投資家）の英知により、良い企業にリスクマネーが提供され、その企業がリスクマネーを活かす最大限の努力をする（＝企業価値を高める）ことにより、より良い社会が実現することです。資本市場関係者との対話であるIR＊（投資家向け広報）活動は、その仕組みの中でとても重要な役割を担っています。市場のメカニズムが正常に機能するには、企業が等身大（＝本質価値）で評価されなければならないからです。過大評価や過小評価（＝本質価値と市場価値の大きな乖離）は、長い眼で見れば、企業にとっても社会にとっても損失です。企業価値創造の視点でIRには、主に3つの役割があると思います。

▶▶ 2つの企業価値（本質価値と市場価値）のギャップを埋める

長期的には、本質価値（将来のキャッシュフローの現在価値）の改善は、市場価値に反映されます。ただし、企業からの適切な情報発信、企業と投資家の対話がなければ、ギャップがいつまでも放置される可能性があります。ギャップを放置しておくと、市場価値が割安な場合はM&Aの標的となります。市場価値が割高な場合も、将来、市場価値が大きく下落するリスクがあるので要注意です。

▶▶ 株主、投資家、アナリストとの信頼関係を構築する

誠実かつ継続的な対話がポイントです。結果として、株主の質の改善（長期的に価値創造を応援してくれる投資家の増加）、投機家の排除、株価変動リスクを示すβ値の低下（＝資本コストの低下）、敵対的な買収に対する抵抗力の強化などが期待されます。

＊IR　Investor Relationsの略。

▶▶ 市場の英知を経営者にフィードバックする

　市場（＝直接的には投資家やアナリスト）の英知を経営者にフィードバックするという役割もあります。何らかの理由で企業価値が破壊されている場合、社外の客観的な声を聞き、経営者が現実を直視することが、企業価値創造の第一歩となるからです。企業から発信される情報が歪んでいたり、気まぐれであったり、制度開示の範囲内では、等身大で評価することはできません。投資家は、企業価値を適切に評価する上で、財務諸表に記載された資産（金融資産、物的資産）だけでなく、財務諸表に記載されていない資産（見えない資産：組織資産、人的資産、顧客資産など）を含めた企業のすべての資産を理解・分析する必要があります。

市場価値が本質価値と連動していると

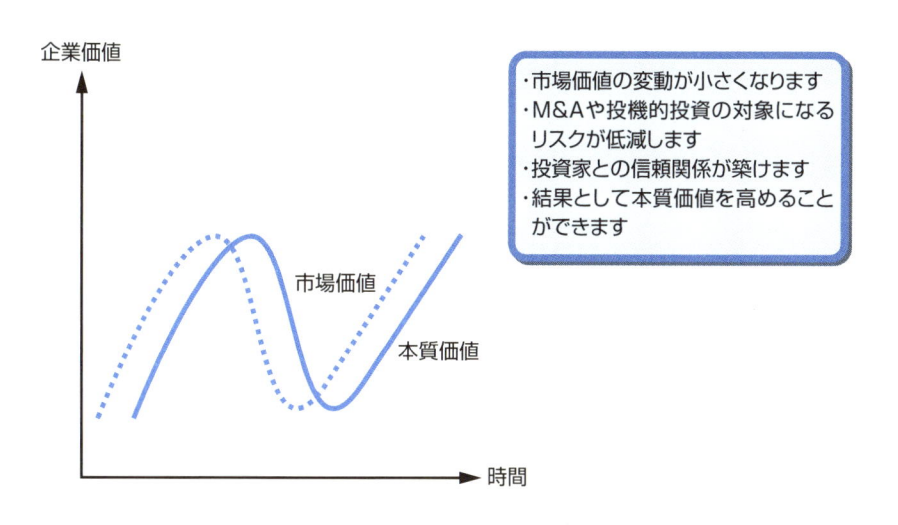

- 市場価値の変動が小さくなります
- M&Aや投機的投資の対象になるリスクが低減します
- 投資家との信頼関係が築けます
- 結果として本質価値を高めることができます

6-9 IRでギャップを解消

市場価値が本質価値から乖離すると

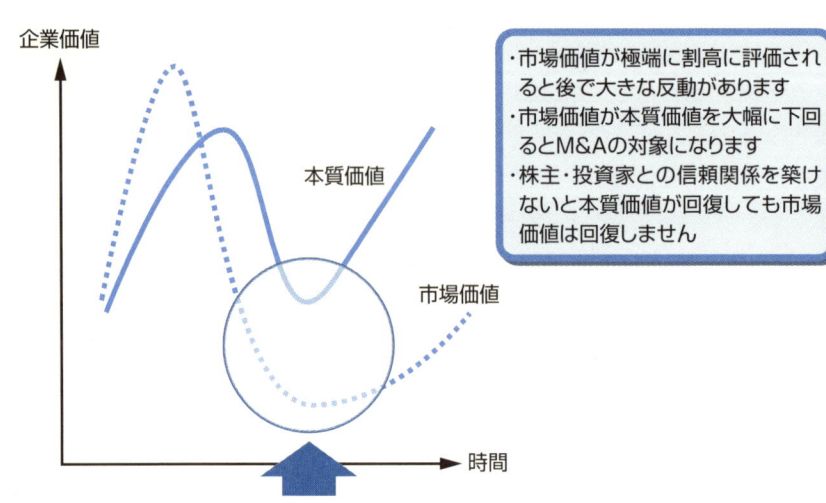

企業価値

本質価値

市場価値

時間

- 市場価値が極端に割高に評価されると後で大きな反動があります
- 市場価値が本質価値を大幅に下回るとM&Aの対象になります
- 株主・投資家との信頼関係を築けないと本質価値が回復しても市場価値は回復しません

割安に放置されるとM&Aや投機の対象になりやすい→IRが重要です

Column コラム 米国企業から学ぶ人的資産経営

　「これが本当にアメリカの工場なのだろうか？」。1996年に米国のユナイテッドテクノロジー社のジェットエンジン工場を訪問した時の驚きは、私のアナリスト経験の中でも最も衝撃的な出来事でした。私が驚いたのは、同工場の従業員が、一丸となって「KAIZEN」活動に取り組み、実にイキイキと働いている姿を目にしたからです。工場の風景は、私が日頃訪問している日本の工場の生産現場とよく似ていました。

　実は、同工場は、1990年代の前半、工場閉鎖の可能性すらあった「最悪の工場」でした。同工場が3年間で大きく変身したのは、日本から松下電器産業のOBを招き、日本の「カイゼン活動」のノウハウを、謙虚に、徹底的に吸収したためです。カイゼン活動の結果、「製品製造サイクルが93年に比べて半分になった」、「部品の在庫数が93年に比べて約半分になった」など、大きな成果が生まれました。

　最も変化したのは、従業員の意識とモチベーションです。ワーカーたちは、自分たちを生産ユニットのオーナー（主体者）と考え、自分たちで仕事の成果を測り、次のカイゼン目標を設定していました。実際に彼らと会話をしていると「センス・オブ・オーナーシップ（当事者意識）」という言葉が良く出てくるのが印象的でした。

　この工場だけでなく、90年代の北米では、マネジメントと従業員の関係が大きく変わりました。人的資産として意識するようになったことが一番大きな変化です。たとえば、「マネジメント、ホワイトカラー、ブルカラーと分かれていた食堂を統合するなど、マネジメントと現場の従業員の意思疎通を改善する」など、さまざまな変化がありました。

　一方、バブル崩壊後の日本では、業績を改善するために、リストラによる人員削減を選択しました。「余剰人員の削減をしなければ存続できない」という危機感は理解できますが、人的資産を犠牲にして、金融資産を改善したという面も否定できません。

　ユナイテッドテクノロジーの時価総額は、96年の約5000億円から2005年の約5兆円（1ドル＝100円換算）、約10倍に上昇しました。事業内容が比較的近い日本の重機械メーカーの時価総額は当時の半分程度の水準なので、同社の人的資産重視の経営は大きな価値を創造したと言えるでしょう。

6-10
IRで見えない資産を伝える

企業価値を正しく評価するためには、財務諸表上の資産だけでなく、組織資産、人的資産、顧客資産などの「見えない資産」が重要です。本質価値と市場価値のギャップ解消には、こうした見えない資産を伝えることが必要です。

▶▶ 見えない資産が重要

　IRの大きなポイントは、財務諸表上の資産だけではなく、見えない資産も伝えることです。現在、多くの企業の株価が1株当たり純資産を下回っています。これは、「市場がバランスシート（B/S）を信じていない」か「オフバランスの資産をマイナスで評価している」と考えることができます。中には、B/Sに出てこない負債（含み損）を抱える企業もあるでしょう。しかし、B/Sが健全であり、素晴らしい経営者・従業員がいて、顧客との関係も良好な企業であれば、株価純資産割れの評価は、明らかに過小評価です。ここまで極端でなくても、市場評価が本質価値を大きく下回っている会社は少なくありません。これは、その企業の「見えない資産」が十分に理解されていないためと思われます。

▶▶ 見えない資産はキャッシュフローの源泉

　企業価値（本質価値）は、将来のキャッシュフローの現在価値です。そして、将来のキャッシュフローの源泉は、財務諸表上の資産だけではありません。企業価値を正しく評価するためには、物的資産（土地、建物など）、金融資産（現預金、売掛金など）などの財務諸表に出てくる資産に加えて、組織資産（理念、価値観、戦略、ブランドなど）、従業員資産（従業員、サプライヤーなど）、顧客資産（顧客、流通チャネルなど）などの「見えない資産」も重要です。したがって、IR活動の中で、以下の点が重要になってきます。

　① 財務データの開示に加え、「見えない資産」の情報を、積極的に発信すること。せっかくの「資産」を隠しておくのは、もったいないです。
　② 特に長期投資家の視点からは、会社の経営理念、価値観（何にわくわくしているか）のメッセージは大切です。戦略については、「何をやるか」だけでなく、

6-10 IRで見えない資産を伝える

「何をやらないか」を明示されることをお勧めします。
③ 「従業員の質の高さ」、「顧客との信頼関係」は、過小評価されている可能性が高いです。積極的にアピールして欲しいです。
④ ただし、背伸びをせず、等身大の姿を伝えることが重要です。

こうした「見えない資産」は数値化するのが難しい情報です。だからといって無視してしまうと、企業価値が、本来の価値から乖離してしまいます。「見えない資産」をぼんやりでも等身大で見えるようにするための市場との対話がIRです。

価値創造のIRのイメージは

よくあるIR
- セピア色
  - P/L（損益計算書）中心
- 静止画
  - 過去中心
- 近視眼
  - 短期（四半期）
- 報告
- 対立

価値創造のIR
- カラー
  - 見えない資産も
- 動画
  - 過去＋現在＋未来
- 視力2.0
  - 将来の見通し
- 対話
- 信頼関係

IRの目的は、企業の本質価値を正しく理解してもらい長期的に企業価値を高めることです

第6章 企業価値評価の実践

6-11
IRで将来を伝える

　企業価値（本質価値）は、将来のキャッシュフローの現在価値です。本質価値と市場価値のギャップ解消には、過去の情報だけでなく、将来の方向性、中長期の経営計画、予想されるリスクなどを伝えることが重要です。

▶▶ IRは過去だけではなく、将来像を伝えることが重要

　IRのもう1つの重要なポイントは、過去の実績、現状をベースに、将来の方向性、中長期の経営計画、予想されるリスクなどを伝えることです。企業価値（本質価値）は、将来のキャッシュフローの現在価値です。第5章でも見たように、本質価値と市場価値のギャップは、将来のキャッシュフローやリスクについての見方の違いから生まれます。したがって、本質価値と市場価値のギャップを埋めるということは、企業本来のキャッシュフローを生み出す力、リスク管理能力と、市場の期待のギャップを無くすということです。なお、企業の経営者自身が、自社のキャッシュフロー創出力を過大評価あるいは過小評価していることもあります。経営者が、IR（＝市場参加者との対話）を通じて、自社を客観視することは、企業価値創造の重要なプロセスです。

▶▶ バックミラーよりもフロントガラス

　将来の情報の大切さを理解してもらうために、例え話で説明しましょう。何だか心もとない運転手の車で、知らない道を走っている時、雨が降り始め、フロントガラスが曇ってきたら、どんな気持ちでしょうか？　時には、バックミラーやサイドミラーも必要ですが、やはりフロントガラスに映る景色が何よりも重要です。雨の日の知らない道であればなおさらです。さらに、ドライバーの情報（どこを目指しているか、スケジュール、運転手の経験、性格など）がわかると、助手席に乗っていても快適です。原則はIRも同じだと思います。

① 企業価値を評価する人（投資家、アナリスト）が求めているのは、バックミラー（過去）情報よりもフロントガラス（将来）情報とドライバー（経営者）情報です。ところが、実際の会社説明会などでは、決算内容の詳細な説明にほとんどの時間を

6-11 IRで将来を伝える

使い、将来の見通し、リスク、経営者の考え方などの情報が不足している会社がまだ多いです。

② 事故渋滞などの知らせ（＝リスク情報）は、詳細な情報を事後に知らせるより、おおよその状況を早く知らる方が望ましいです。

③ 雨の日（＝逆境の時）ほど、フロントガラスの視界とドライバー情報が大切です。

④ フロントガラスが歪んでいては長いドライブでは疲れてしまいます。背伸びをせず、等身大の姿を伝えていれば、会社と投資家間の長期的な信頼関係を築けます。

多くの企業にとって業績のアップダウンは避けられません。新興企業の場合は、急カーブも暴風雨もあるでしょう。そんな中で、フロントガラスをクリアに見えるようにする役割を担うのが、市場との対話（＝IR）です。

IRはフロントガラス（将来）情報を伝えます

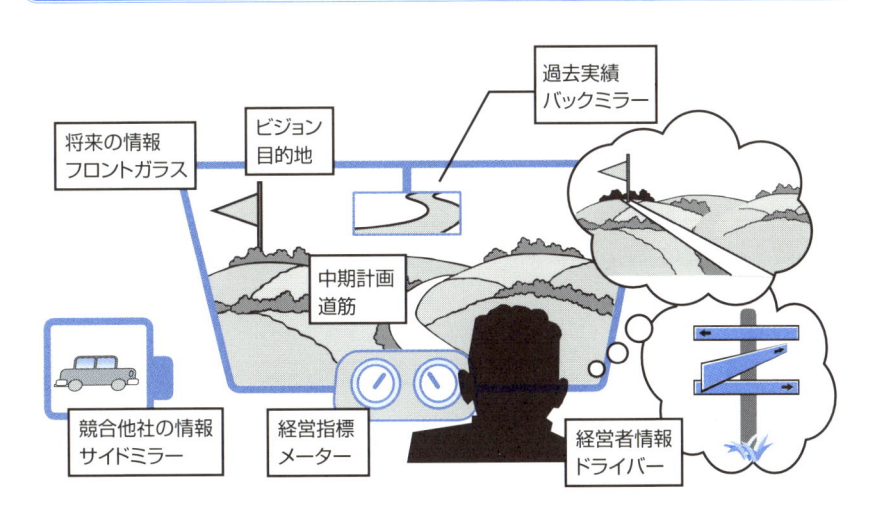

- 将来の情報　フロントガラス
- ビジョン　目的地
- 過去実績　バックミラー
- 中期計画　道筋
- 競合他社の情報　サイドミラー
- 経営指標　メーター
- 経営者情報　ドライバー

6-12

IRでアナリストと対話する

証券アナリストの仕事は、将来のキャッシュフローを予想して、企業価値（本質価値）を評価することです。アナリストとの継続的な対話は、本質価値と市場価値のギャップを埋める上で重要です。

▶▶ 証券アナリストとは

証券アナリストの仕事は、企業を調査・分析して、企業価値（本質価値）評価をすることです。さらに、本質価値と市場価値のギャップから、投資家に投資判断を提供します。企業価値評価を仕事とする人たちですから、IR活動の重要な対象先です。

アナリストには、大きくは、証券会社に属するセルサイドアナリスト、資産運用会社に属するバイサイドアナリストに分けられます。電機、鉄鋼、薬品、小売りなど、業種担当制になっているのが一般的です。資産運用会社では、ファンドマネジャー（運用者）がアナリストを兼ねていることもあります。アナリストは、決算説明会、経営陣やIR担当者とのミーティング、現場（工場や売り場など）の訪問、競合企業やサプライヤー、顧客の取材などを通じて、業界のトレンド、戦略、競争力、財務分析、見えない資産などの分析をして、将来の業績（2～5年程度）、キャッシュフローなどを予想します。

▶▶ アナリストがレポートを書く会社は10％程度

セルサイドアナリストが書いたレポートは、国内、海外の機関投資家（運用会社）、証券会社の国内支店やインターネットを通じて個人投資家に届けられます。セルサイドアナリストが継続的にレポートを書いている会社は、公開企業（約3,800社）の10～20％です。時価総額1,000億円以下の会社のレポートはあまり見かけません（短い決算コメントが出ていれば恵まれている方です）。これは大手機関投資家と大手証券会社がリードしている現在の株式市場の大きな課題です。この場合、直接バイサイドのアナリストや運用者と対話をしていく、アニュアルレポート、事業報告書、ホームページなどを通じて、個人投資家にメッセージを発信していくなどが必要になります。

▶▶ アナリストとの対話は

　なお、分析手法、注目点などは、個々のアナリストによって大きく違います。短期業績重視の人もいれば、経営者の質や長期的な人材の成長、ビジョンなどを評価する人もいます。経営者、CFO、IR担当者から見れば、意に沿わない評価や意見もあると思います。「等身大の評価には、多様な意見（良い評価、悪い評価）が欠かせない」と視点を変えて考えることをお勧めします。最悪のケースは、アナリストが自社の主張を理解してくれないことを理由に、対話を打ち切ることです。事実の誤認は譲歩せずにきちっと説明するべきですが、それ以外については、長い時間軸で理解してもらう努力をすべきだと思います。何より、対話を継続することが重要です。

アナリストの評価軸

一般的な企業の開示	アナリストの視点
●会計利益	●Cash is KING（キャッシュ重視）
●P/L（損益計算書）中心	●P/L,B/S（貸借対照表）,Cashflow（キャッシュフロー表）
●経常利益	●EBITDA（税金・金利・減価償却前利益:税引き前営業キャッシュフロー）
●売上高利益率（経常利益率）	●ROI（投下資本利益率）,ROE（株主資本利益率）など資本効率
	●将来の見通し
●過去の実績	
●財務データ	●財務データ+見えない資産

6-13 アニュアルレポートを通じて対話する

アニュアルレポート、事業報告書、ホームページなどは、見えない資産を個人投資家などに広く伝える手段として有効です。見えない資産を伝えることは、本質価値と市場価値のギャップを埋める上で重要です。

▶▶ 幅広い投資家と対話するために

経営者やIR担当の方から、「アナリストがレポートを書いてくれない」とか、「表面的、短期的な視点のレポートばかり」などの不満を聞くことが多いです。無理もありません。アナリストが継続的にレポートを書いている会社は、公開企業（約3,800社）の10～20％だからです。そこで、提案したいのは、日本語のアニュアルレポートの作成です。「アナリストが十分な分析をしてくれないのであれば、自分たちの力で理解してもらおう！」という前向きの発想です。「有価証券報告書を出しているから十分」という反論も予想されますが、有価証券報告書とアニュアルレポートは似て非なるものです。有価証券報告書はバックミラー（過去）情報・「見える資産（＝財務諸表）」中心です。あまり個性（会社らしさ）もありません。一方、アニュアルレポートでは、財務諸表に加えて、フロントガラス（将来）情報、ドライバー（経営者）情報、「見えない資産」の情報など、会社が伝えたいメッセージを自由に表現することができます。

▶▶ アニュアルレポートで見えない資産を伝える

アナリスト時代、GE、ボーイング、シーメンスなどの海外企業を訪問する時は、アニュアルレポートを鞄に突っ込み、飛行機の中で隅から隅まで読んでから、インタビューに臨みました。あまり有名でない会社の場合、アニュアルレポートはさらに重要です。良くできているアニュアルレポートを読むと、業界のトレンド、経営者の想い、戦略、将来像を強み、弱み（及び対応策）、従業員の素敵な笑顔までが、鮮明に伝わってきます。毎年読んでいると、経営の変化も見えてきます。それまで「白黒の静止画」だった会社のイメージが、「カラーの動画」に変わるような感じで

す。企業評価をする上で、このライブ感（臨場感）はとても重要です。一方、「有価証券報告書の要約＋紋切り型の社長メッセージ＋商品・工場の写真」型のアニュアルレポートでは、企業の個性が伝わってきません。

▶▶ ホームページや事業報告書も有効

なお、こうした個人投資家などに向けた直接的なメッセージの発信は、事業報告書（あるいは株主通信）やホームページを通じても送ることができます。より多くの人に等身大の企業価値を評価してもらい、本質価値と市場価値のギャップを埋めるためには大切な手段です。

アニュアルレポートと他の情報開示の違い

	有価証券報告書	事業報告書	決算短信	アニュアルレポート
財務内容	◎	○	○	○
速報性	△	△	◎	△
経営者メッセージ	×	△	×	◎
長期の視点	×	△	×	○
見えない資産（従業員、顧客など）	×	△	×	○
ビジュアル	×	△	×	◎
自由度	×	△	×	◎

6-14
なぜ資本政策が大切か

適切な資本政策は、本質価値と市場価値のギャップを埋めるだけでなく、本質価値自体を高めることになるので非常に重要です。一方、資本政策を軽視している企業は、買収ファンドなどの標的になるリスクが高いです。

▶▶ 資本政策とは

資本政策とは、継続的に企業価値を高めるために、バランスシートの調達サイドである負債（＝他人資本）と株主資本をどのようにマネージしていくかを決めていくことです。コインの表裏の関係となりますが、これをバランスシートの運用サイド（資産）から考えると、キャッシュ（現預金）の使途をどうするかという問題でもあります。キャッシュの使途は大きく分けると、①事業に再投資をする（設備投資、運転資本の増加、M&A）、②株主に配分する（配当、自社株取得）、③借入金を返済するという3パターンです。どれを優先するかは、会社の成長のステージ、財務の状況、株主の期待などによって変わります。経営者は、キャッシュをどのように使うのが一番の価値創造になるか、常に考えていく必要があります。それが資本政策です。

▶▶ 日本企業の資本政策は預金を蓄えることだった

これまで多くの日本企業の資本政策は、本業で稼いだキャッシュを現預金として貯め込むことでした。配当は利益の水準に関係なく安定的（たとえば額面の10％や5円配当）、自社株取得もほとんどせず、結果として無借金経営、株主資本を高めることを目指していました。これは、株主資本を自己資本と呼び、株主資本比率が高まることを財務体質が改善したと表現していたことに象徴されます。しかし、財務の安定性が十分に確保されていて、事業が安定しているために大きな投資資金が必要のない企業が、事業からのキャッシュフローをひたすら現預金として貯めこむ資本政策は、企業価値を破壊します。たとえば、借金ゼロ、株主資本比率（株主資本÷総資産）が80～90％、資産の多くが現預金というような企業です。資産として積みあがった現預金からの生まれるリターンは低く、株主の期待する高いリターンは出せないからです。

6-14 なぜ資本政策が大切か

▶▶ 企業価値を高めるために必要

　現実に、このような資本政策を軽視している企業が企業買収ファンドの標的になるケースが増えています。こうしたファンドは、一定以上の保有シェアを持つことで経営に対する影響力を得て、資本政策の改善を促し、株価の上昇を狙っています。それ自体は健全な投資行動ですが、場合によっては、長期的な企業価値創造よりも、短期的な資金回収を狙う投資家もいるので、注意が必要です。経営者はこうした投資家から株主、従業員、顧客などのステークホルダーを守るためにも、長期的な企業価値創造の視点で、資本政策を考えていく必要があります。

資本政策のない企業のバランスシート

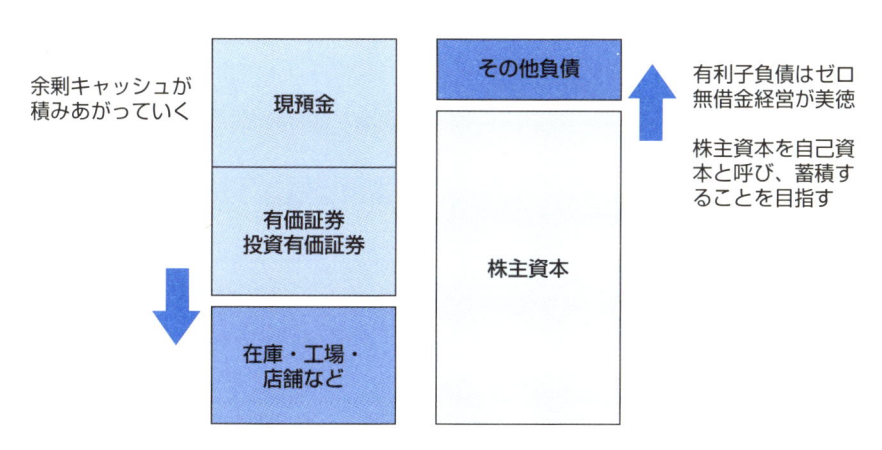

余剰キャッシュが積みあがっていく

現預金
有価証券
投資有価証券
在庫・工場・店舗など

その他負債
株主資本

有利子負債はゼロ
無借金経営が美徳

株主資本を自己資本と呼び、蓄積することを目指す

典型的な日本企業のバランスシートのイメージです
資本政策がないと余剰キャッシュが積みあがり株主資本が膨らんでいきます
本業が好調な企業のケースです

6-15
ギャップを理解した上での自社株取得

本質価値を大きく割り込んだ市場価値で自社株を取得することは、ギャップを放置しないという経営陣からのメッセージとなります。また、資本効率の改善を通じて企業価値を高める重要な資本政策でもあります。

▶▶ 自社株取得とは

資本政策の1つである自社株取得＊は、言葉通り、企業が自社の株式を取得することです。企業が購入した株式数だけ発行済み株式が減少して、1株当たりの利益や資産が増加するので、株主還元策として知られています。しかし、自社株取得が、本当に価値創造となるためには、①企業価値（本質価値）を軸にしていること、②事業での資金需要、財務の安全性とのバランスがあることが必要です。

▶▶ 自社株取得が有効な条件：市場価値が本質価値を下回っていること

第一に、現在の市場価値が、本質価値を下回っていることが必要です。市場価値が本質価値を大きく下回っている時の自社株取得は、本質価値＝市場価値の時よりも同じ金額で多くの株式を取得できるので、発行済みの株式数の減少を通じて1株当たりの価値を高めます。また株主資本の縮小により、ROE（株主資本利益率）などの資本効率も改善します。逆に、市場価値が本質価値を大きく上回っている時の自社株取得は、同じ金額で少ない株式しか取得できないので、発行済み株式数の減少は限定的となります。株主の資金を使って、割高な資産に投資をすることになるわけですから、価値破壊をしていることになります。このように、自社株取得をすべきかどうかの判断において、本質価値と市場価値に対する理解は不可欠です。また、本質価値を大きく割り込んだ市場価値での自社株取得は、経営陣が、①ギャップを放置しないという意識を持っている、②将来の見通しに対して市場が見ているよりも自信を持っているというメッセージとなります。

＊**自社株取得**　実際には、取得した株式を償却するか、保有し続けて、将来、株式交換、ストックオプションなどに活用するか、市場で売却する（この時は再度発行済み株式数が増えます）などの選択肢があります。

▶▶ 自社株取得が有効な条件：戦略、財務体質と一貫性があること

　第二に、事業での資金需要、財務の安全性などから妥当であることが必要です。近い将来、大きな設備投資などが決まっているのであれば、キャッシュを留保しておくべきです。自社株取得を実行後、増資をするという選択肢もありますが、あまりに短期な場合、資本政策の一貫性が問われるので留意が必要です。また事業のリスクなどを考えた上で、有利子負債が株主資本に対して大きい企業は、財務の安全性の視点から、自社株取得よりも借入金の返済を優先すべきです。逆に、①事業のリスクと株主の期待などから最適な資本構成を考えた上で、株主資本比率が高すぎると判断され、②株価が本質価値を大きく下回っている場合などは、銀行借り入れをして自社株取得をするという選択肢も考えられます。

▶▶ 価値創造の手段

　一部の経営者からは、自社株取得はマネーゲームという声を聞くことがあります。この声には、企業は「本業で稼ぐことが仕事」と気持ちが込められていると思います。しかし、本質価値を大きく割り込んでいる市場価値を放置せず、自社株取得による企業価値創造を実行することは、買収による短期的な株価上昇を狙う投資家などから、株主、従業員、顧客などのステークホルダーを守るためにも経営者の重要な仕事と考えます。

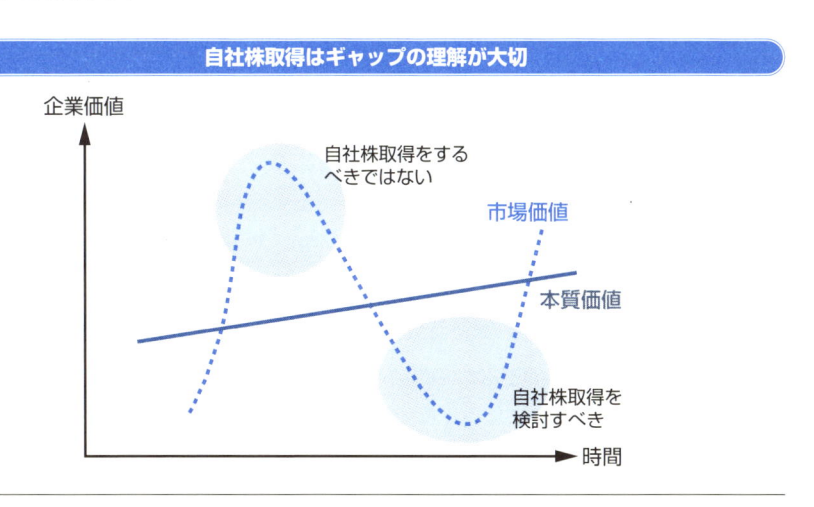

自社株取得はギャップの理解が大切

6-16

配当は株主への重要なメッセージ

配当は、余剰キャッシュに対する企業の考えを示す重要な資本政策です。配当政策の対話を通じて、長期的に株主の質を改善するという視点も大切です。

▶▶ 配当政策は重要：3つの留意点

　高配当や増配（配当額の増加）は、株主重視の資本政策（株主還元策）と言われますが、理論的には、企業価値に対して中立要因です。もともと株主のものである株主資本の一部が、現金として、株主に分配されるだけだからです。それでも、いくつかの理由から、配当政策は大切です。「配当をどうすべきか」という視点は、①余剰キャッシュの使途をどうするのか、②将来のバランスシートをどうしたいのか、③どんな株主を望んでいるのか、と同じ意味があるからです。配当政策が株主の期待とずれていて、余剰キャッシュが大きい場合、敵対的な買収者の標的になりやすいので、留意が必要です。

①余剰キャッシュの使途

　余剰キャッシュの使途は、主に事業投資、負債の返済、自社株取得あるいは配当の3通り考えられます。事業での成長と高い収益性が見込まれるのであれば事業投資を第一に考えるべきです。借入金が多く、信用リスクが問われているのであれば、負債の返済の優先順位が高まります。それでも余剰キャッシュがある場合は、自社株取得か配当です。市場価値が本質価値よりも大きく下回っている場合やバランスシート上の余剰キャッシュを短期的に解消したい場合は、自社株取得が有効です。一方、市場価値が本質価値よりも上回っている場合や継続的な改善を重視するのであれば、配当政策が有効です。重要なことはバランスシート上の余剰キャッシュを放置しないという視点です。明確な方針がないまま、利益の水準に関係なく過去の延長の一定配当（たとえば額面の10％や5円配当）をして、キャッシュを積み上げてしまうのがワーストケースです。

②バランスシートの将来像

配当政策では、将来のバランスシートのイメージが必要です。もし、株主資本を大きく増強したいのであれば、配当を増やすべきではないでしょう。増配（株主への分配）をしつつ、増資（株主からの調達）をするのでは、資本政策の一貫性が感じられないからです。一方、資本効率の視点から株主資本比率の低下が求められる場合、自社株取得（短期）あるいは、増配（中期）で、株主資本を圧縮することが可能です。

③どんな株主を望むか

どんな株主を求めるのかによって、配当政策は変わってきます。短期売買中心の株主は、配当をあまり気にしません。一方、高配当を望む投資家、配当を払っていない会社は避ける投資家（信託や財団は、受取配当が毎年の活動原資になる場合があるので）などがいます。一概には言えませんが、長期、安定的に投資している投資家、たとえば、生保、年金資産、長期投資の個人投資家などは、配当を好むようです。最終的には株主との対話によって、期待を確認していくことが大切です。

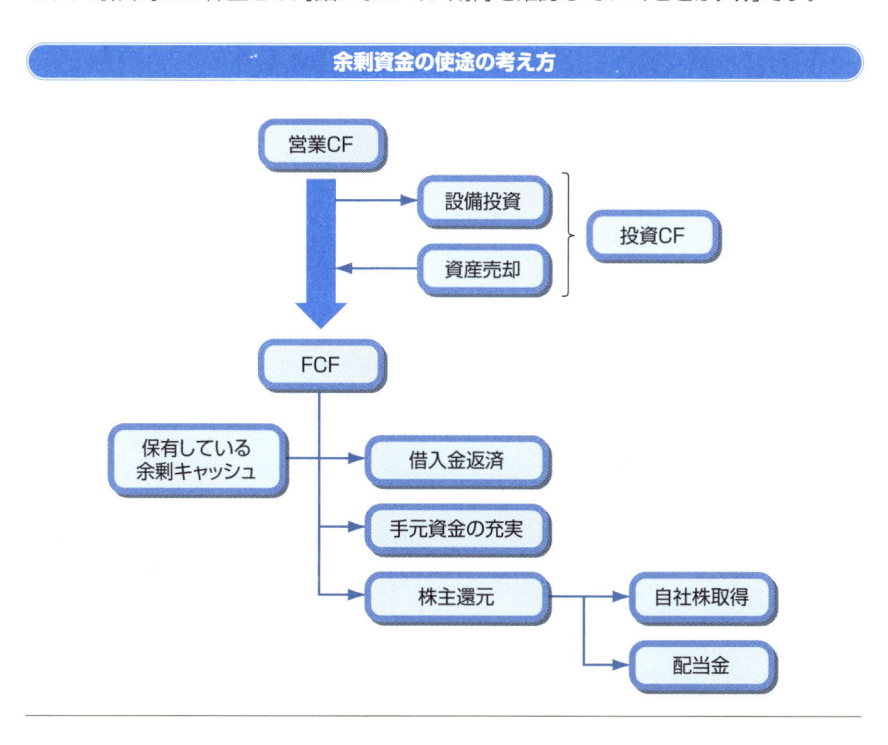

余剰資金の使途の考え方

Column コラム

株主の質が経営の質を決める？

　株主の質は企業価値に大きく影響します。「株主の質が経営の質を決める」と言っても過言ではないです。ここでの「質の高い株主」とは、会社に対する理解度が高く、長期の視点で企業価値創造をサポートする株主です。生産やサービスの現場、事業部の運営、研究開発などの日々の事業活動の中ではあまり気づかないかもしれませんが、企業価値を考える上で、とても大切です。

　第一に、株主の質は経営の意思決定の質に影響します。たとえば、短期的な業績しか関心のない株主ばかりでは、長期的な視点で投資をすることは難しいです。将来のキャッシュフローを最大化する投資でも、減価償却費の発生により短期的には利益悪化の要因になるからです。人材に対する投資なども同様です。株主の期待を無視して、投資計画を発表したら、株価が大幅に下落して、敵対的買収の標的になってしまうかもしれません。一方、長期的な視点を持った株主は、計画を精査した上で、その投資が企業価値を高めると判断すれば、サポートしてくれる可能性が高いです。第二に、株主の質はガバナンスの質に影響します。株主総会に出席すると、経営者と株主が良い緊張感の中で対話しているかどうかがよくわかります。ガバナンスは、経営陣の法的遵守（コンプライアンス）といった守りの面と、株主から調達した資金を企業価値創造のために積極的に投資をしているかという攻めの面があります。質の高い株主は、企業価値創造の視点から、この両方を求めます。第三に、株主の質は企業買収のリスクに影響します。ここで重要なのは平時の安定株主と、有事（敵対的なTOBを掛けられたとき）の安定株主は違うということです。金融機関や株式を公開している企業は、平時では安定株主でも、自らの資金の出し手（運用資金の提供者や株主）に対する説明責任があるため、有事には、時価よりも高い株価でのTOBには応じる可能性が高いです。企業買収が頻繁に起きる時代には、現在の経営陣と買収者のどちらが企業価値を高めるかを判断して行動する株主の存在が重要です。第四に、株主の質は資本コストに影響します。本質価値ではなく、需給バランスや短期的なニュースなどに敏感に反応する投機的な株主が中心となると、株価が乱高下します。大幅な株式分割後の株価の動きなどが象徴的です。株価が短期的に大きく変動するとリスクが上昇します（β値が上昇します）。資本コスト（割引率）が高くなり、企業価値が低下します。

第7章

企業価値の創造

　これまでの章では、企業価値を数値中心で説明しました。このように書くと、企業価値は財務や企画の方だけが理解できればいいものだと思われるかもしれませんが、そんなことはありません。財務や企画の方はもちろん、経営に携わる方なら誰しも理解しておく必要があります。さらに、その企業で働いている従業員の方すべてに知っておいてほしいことです。なぜなら、現場の方々の日々の活動から企業価値は創り出されているからです。

　この章では、数値が得意でない非財務系の方にもわかるように、「5つの資産」と「バリュートライアングル」という2つのフレームワークを使って企業価値の創造を説明します。

7-1
企業価値の創造とフレームワーク

企業価値の創造を理解するにはフレームワークを使うと便利です。フレームワークとは、車の運転で使う地図のようなものです。地図を使うことで全体像が見えてきますし、進むべき方向性も見えてきます。

▶▶ フレームワークの必要性

　企業価値の創造は、これまで説明してきたように、売上高あるいは利益などどれか1つの指標を高めただけでは達成されません。いろいろな要素を、将来にわたって考え実践することから創り出されます。

　企業価値は、企業全体にかかわる指標ですが、そのとらえ方は立場によって違うものとなりがちです。たとえば、営業の方は売上を上げること、試験研究の方は世の中の役に立ち大きなビジネスになる可能性のあるテーマについて研究して成果を出すこと、製造の方はお客様が喜ぶような製品・サービスを作ること、人事の方は将来の自社で大活躍するようなポテンシャルのある人を採用することなどです。日々の業務は違いますが、企業価値創造の点では立場の違いを超えて同じ方向へ向かっています。ところが、立場が違えば、そこで使う言語も違います。営業の方は、受注額や売上高を使います。試験研究の方は特許の数を、製造の方は歩留まり率を、人事の方は採用数などを使います。共通言語として、「企業価値を創造するためのフレームワーク」が必要とされるゆえんです。

▶▶ フレームワークについての注意点

　企業価値を創造するためのフレームワークは、世の中にいろいろあります。バランススコアカードなどは、もともとは企業価値を創造するフレームワークとして考案されたものではないかもしれませんがユニークです。実際、日本でも多くの企業で導入されているようです。

　一方で、このようなフレームワークは、欧米から輸入されては不完全に導入され、そのうちまた新しいフレームワークが輸入される、というような状況になっていることも珍しくありません。日本では、新しいフレームワークというと、それを理解

7-1　企業価値の創造とフレームワーク

して導入すれば経営が劇的に変わると誤解している方が多いように感じます。フレームワークは、あくまで道具でしかありません。大切なのは、そのような道具を実際に使って企業価値を創造することです。

▶▶ フレームワークの要件

　経営を自らの頭で考え、実践するためのフレームワークとしては、それが①シンプルである②経営全体を鳥瞰できる③継続的に改善していくことが容易である、ことが必要です。フレームワークのために経営があるのではなく、実際に企業価値を創造するためにフレームワークはあるのです。

フレームワークは地図のようなもの

7-2
企業価値の創造はぐるぐる回る渦巻き

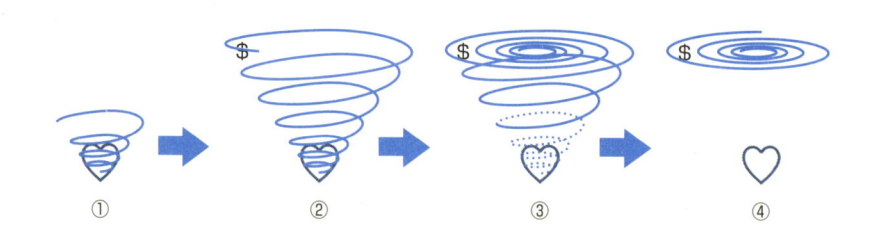

企業価値の創造は、細かく分解して説明しても全体像をとらえることはできません。ここでは、全体像をとらえるために、企業価値の創造を「ぐるぐる回る渦巻き」に見立てて説明します。

▶▶ 企業価値の創造

　企業価値の創造は、情熱から始まります。最初は形にならないぐらい弱いものかもしれません。しかし、いろいろな試行錯誤のなかからやがてゆっくりと小さな渦巻ができあがります（①の段階）。どんなに頼りなげに見えても確かに回っています。そのまま力が加わっていくと、小さな弱い流れに少しずつ勢いがでてきます。さらに力がかかり続けていくと、渦巻きは強さを増し、じわじわと半径を大きくしていきます。時間が経つと、渦巻きはさらに力強さを増し、すごい速さで回り続けていきます。渦巻きの半径はさらに拡大していきます（②の段階）。

　ある日、情熱が消えてしまったとします。そうすると渦巻きの表面に向かう力は途切れてしまいます。最初、その影響は渦巻きの表面にはないように見えます（③の段階）。なぜなら、情熱の力がなくなっても、表面では相変わらずすごい力で大きな渦巻きがぐるぐる回っているからです。しばらくすると、勢いがゆるやかになり、半径も小さくなっていきます（④の段階）。

企業価値の創造はぐるぐる回る渦巻き

① ② ③ ④

▶▶ 2つの方向からのアプローチ

　いま、渦巻きを取り出し、しばらく止まっていてもらいましょう。そうすると、渦巻きは「逆ピラミッド」に見えます。逆ピラミッドを上から見ると、渦巻きが情熱を中心にぐるぐると回っているのがイメージできます。逆ピラミッドを横から見ると、情熱の力が表面に伝わっていくのがイメージできます。

　以下、逆ピラミッドを、上から見た「5つの資産」と、横から見た「バリュートライアングル」というフレームワークで説明します。2つのフレームワークは、別個独立にあるのではありません。逆ピラミッドをイメージするための道具です。逆ピラミッドも、ぐるぐる回る渦巻きをイメージするための道具です。さらに、ぐるぐる回る渦巻きも、企業価値の創造をよりよくイメージするための道具です。

5つの資産とバリュートライアングル

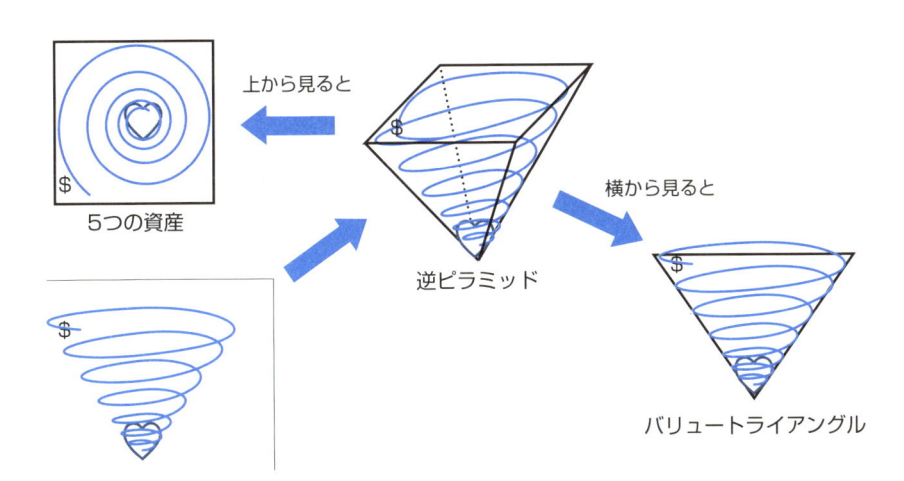

5つの資産 ← 上から見ると ― 逆ピラミッド ― 横から見ると → バリュートライアングル

7-3

5つの資産

企業価値は、5つの資産から成り立っていると考えます。5つの資産とは、財務諸表に載る物的資産と金融資産、財務諸表には載らない組織資産、人的資産、顧客資産です。

▶▶ 財務諸表に載る資産と限界

　財務諸表に載る資産には、たとえば、現金・預金、売掛金、在庫、土地、建物などがあります。これらはすべて「会計上の資産」です。会計上の資産でないものは、財務諸表には載りません。この点に気づきフレームワークにしたのが、会計事務所である**アーサーアンダーセン**＊でした。このようなプロフェッショナルが、財務諸表の限界を理解していたからこそ、財務諸表には載らない資産も企業価値を構成する大切な資産だと指摘できたのです。

　たとえば、パートや派遣社員の方を含めた従業員を取り上げてみましょう。企業にとって経営者と一緒に働いてくれる従業員がいなければ、企業価値は創造されません。そういう意味で、従業員は企業価値上の大切な資産です。ところが、財務諸表上では、従業員は資産ではなく費用として取り扱われます。従業員へ払う給与が、損益計算書上に費用として計上されるだけです。従業員の価値が従業員の給与に反映されるとすると、財務諸表上は資産が増えるのではなく、費用が増え資産は減ることになってしまいます。このように会計上では資産にならないが、企業価値を考えるうえで不可欠な項目が財務諸表に載らない資産です。

＊**アーサーアンダーセン**　1913年設立の国際的会計事務所であったが、アメリカのエンロンの不正に関連して消滅した。

7-3　5つの資産

5つの資産*

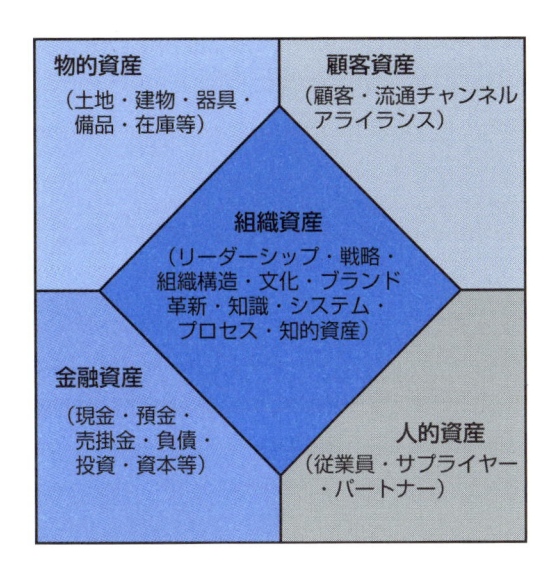

```
物的資産                    顧客資産
（土地・建物・器具・        （顧客・流通チャンネル
備品・在庫等）              アライランス）

         組織資産
     （リーダーシップ・戦略・
      組織構造・文化・ブランド
      革新・知識・システム・
      プロセス・知的資産）

金融資産
（現金・預金・
売掛金・負債・              人的資産
投資・資本等）             （従業員・サプライヤー
                           ・パートナー）
```

▶▶ 財務諸表に載らない資産

①組織資産

　組織資産とは、企業で共有されている文化や、文化から生み出される強みや機会を捉えた戦略などを含む、組織全体としての力をさします。個々の企業には、各々の企業らしさや強さがあります。企業らしさや強さにさらに磨きをかければ、組織資産は高まります。反対に、企業らしさや強さが失われていくと、組織資産は小さくなります。組織資産は渦巻きでいうと、一番深い部分になります。渦巻きの力の源泉です。組織資産のキーワードは、人が情熱を傾けているときに感じる「わくわく」です。この本では、組織資産は、わくわく資産ともいいます。

②人的資産

　人的資産とは、企業の従業員がどれだけ活き活きと働きプロフェッショナルとして成長しているか、という視点です。働いている従業員が増えていき、各人が嬉々として働き、様々な経験を通じて成長していけば人的資産は大きくなります。逆に、従業員がやる気がなくし、成長が止まってしまうと人的資産は小さくなります。人的資産のキーワードは、従業員が活き活きと働いているか？ということで「いきい

---

*5つの資産　アーサーアンダーセン「バリューダイナミクス」東洋経済新報社p45をもとに作成。

7-3 5つの資産

き」です。この本では、人的資産はいきいき資産ともいいます。

③顧客資産

　顧客資産とは、企業が生み出す製品・サービスを購入する顧客が製品・サービスをどれだけ支持しているか、という視点です。顧客が製品・サービスを支持し、製品・サービスを購入する機会が増えていけば顧客資産は大きくなります。逆に、顧客が製品・サービスを支持しなくなれば顧客資産は小さくなります。顧客資産のキーワードは、顧客が製品・サービスを支持している笑顔があるか？ということで「にこにこ」です。この本では、顧客資産はにこにこ資産ともいいます。

　財務諸表に載らない資産と、財務諸表に載る物的資産と金融資産の5つの資産によって企業価値を考えるのが「5つの資産」です。5つの資産は、高まる要因（プラスの資産）と下がる要因（マイナスの資産：負債）を両方含んでいます。それらの要因を相殺しても高まる要因が大きければ、その資産が大きくなっていると考えます。各々の資産の全体である企業価値も、高める要因と下がる要因の両方を含んでいます。全体として高まる要因が大きければ、企業価値は高まります。

7-4
5つの資産を使って企業価値をイメージする

第5章で算定した企業価値（市場価値、過去の傾向値、経営者の描く現実シナリオ）を5つの資産の面積の違いで説明します。面積の違いから、どの部分が企業価値に大きな影響を与えているのかが理解できます。

▶▶ 企業価値を5つの資産を使って比較

実際に、5つの資産を使って企業価値を考えてみましょう。図は、第5章で計算した企業価値を並べたものです。財務諸表に載る資産は、物的資産と金融資産の合計になります。財務諸表に載る資産は、貸借対照表の総資産の金額だとすると、どのシナリオでも270億円と同じになります。その部分の面積はすべて同じです。企業価値から財務諸表に載る資産を差し引いたものが、財務諸表に載らない資産です。このように表すと、企業価値の大きさの違いは、財務諸表に載らない資産の大きさに依存していることがわかります。同じ物的資産と金融資産の企業でも、組織資産、人的資産、顧客資産の大きさが違うと企業価値の大きさが違ってくるのです。

シナリオごとの企業価値と5つの資産の大きさ

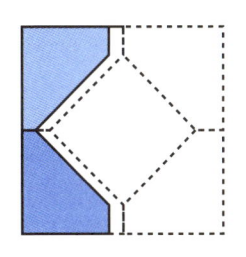

195億
現状の株価

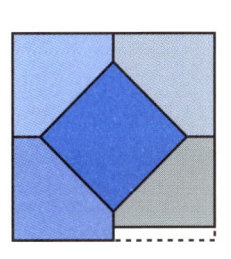

303億
過去の傾向値

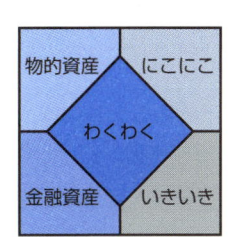

332億
経営者現実シナリオ

物的資産　にこにこ
わくわく
金融資産　いきいき

▶▶ 財務諸表に載らない資産がマイナスの場合

　現在の株価だと、企業価値（市場価値）は195億円となります。この場合、財務諸表に載らない資産の大きさはマイナス75億円（＝195億円－270億円）となります。「財務諸表に載らない資産がマイナス」というと不思議に思われるかもしれません。これは、以下のような場合に起こり得ることです。

① 財務諸表に簿外負債などが存在し、財務諸表自体の信頼性に欠ける恐れがあるケース
② 企業の本質価値と市場価値に大きな乖離があって、株価が割安に放置されているケース
③ 企業が価値破壊しているケース

　第5章のケースでは、企業の本質価値は332億円ですので、財務諸表の信頼性があると仮定すると②のケースとなります。企業価値（本質価値）が332億円の場合には、財務諸表に載らない資産は62億円あるのですが、この部分が評価されずにいるのです。企業は、この場合、①IRを通じて適切なメッセージを発信する②財務戦略を発動して自社株取得をする、などを通じてギャップを埋めることができることは既に説明した通りです。財務諸表に載らない資産がマイナスである企業は、何らかの理由があるはずですので適切な対応が望まれます。

▶▶ 財務諸表に載らない資産の大きさの違い

　5つの資産を使って説明すると、各々のシナリオによる企業価値の違いは以下のように考えることができます。

　現在、財務諸表に載っている資産（物的資産、金融資産）は同じでも、財務諸表に載らない資産の違いで企業価値の大きさは変わってきます。もし、企業がよりわくわく（組織資産）、いきいき（人的資産）、にこにこ（顧客資産）する方向で経営をしていけば、より企業価値は高まります。逆に、よりわくわくしない（組織資産）、よりいきいきしない（人的資産）、よりにこにこしない（顧客資産）方向へ行けば、企業価値は小さくなってしまいます。

　このように、企業価値を5つの資産の大きさで考えると、企業価値を容易にイメージすることができます。

7-5
企業価値とブランド

　企業価値は、財務諸表に載る資産と財務諸表には載らない組織資産、人的資産、顧客資産に分けることができます。財務諸表に載らない資産は「見えない資産」、あるいは「ブランド」とも言います。

▶▶ 見えない資産

　「見えない資産」というと、なにやら不思議に感じる方もいるかもしれません。たとえば、外部の人が、企業を訪れてまず直接見えるのは、建物や施設や応接室やコピー機などの物的資産です。それと、そこで働いている従業員です。この段階では、従業員がどれだけ充実した仕事をしているのか、どれだけ成長しているのか、どれだけ上司と部下が心の通った対話をしているのか、顧客からどれだけ支持されているのかはわかりません。実際に話をすると、いろいろ見えてくることがあります。たとえば、経営者がいかに従業員の話を真剣に聴き、必要あればすぐ改善し、従業員がより成長しやすい環境を整えているのか。従業員が、いかに顧客の支持を増そうと日々努力しているのか。これらのことは、少し話をすると会話のなかから感じられることです。このような場の雰囲気、従業員の充実度、顧客の信頼感など、企業価値を高める要素を「見えない資産」と呼びます。「見えない資産」は直接眼で見ることはできませんが、そこにいる人であれば「感じることができる」ことです。

▶▶ ブランドの定義

　「見えない資産」は、通常「ブランド」と呼ばれます。「ブランド」の定義は、人によってまちまちです。企業価値を5つの資産で考えると、ブランドを以下のように定義することができます。

ブランド＝企業価値－財務諸表に載る資産

　「ブランド」というと、物やお金で考えがちです。実は、「ブランド」を支えているのは、物やお金と共に、財務諸表に載らない資産です。つまり、わくわくするような組織、いきいきと働く従業員、にこにこしている顧客、が財務諸表に載る資産と共に大きくなることがブランドを高めることにほかなりません。ブランドという

7-5 企業価値とブランド

のは、渦巻きがぐるぐる回りながら光り輝いているようなイメージです。光の源泉は、物自体にあるのではなく、それを作り出している人であり、そのような人が成長する環境を整えている組織にあるわけです。

企業価値とブランド*

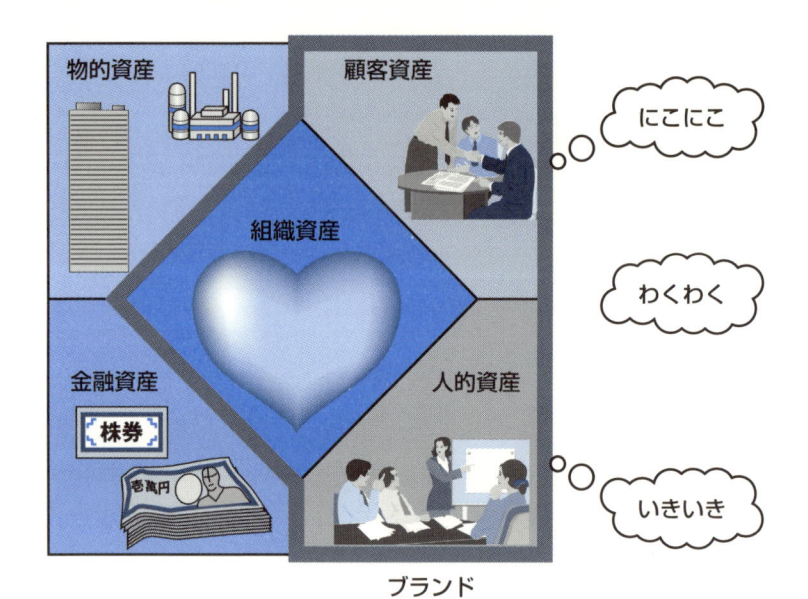

物的資産　顧客資産　にこにこ
組織資産　わくわく
金融資産　人的資産　いきいき

ブランド

＊…とブランド　アーサーアンダーセン「バリューダイナミクス」東洋経済新報社をもとに作成。

7-6 企業価値と利害関係者

5つの資産には、各々対応する「市場」と利害関係者がいます。企業価値の創造は、利害関係者との対話を通じた信頼関係の構築としてとらえることができます。

▶▶ 利害関係者と市場

①金融市場

金融資産では投資家や銀行がいます。投資家は、企業に対して株主としてリスクマネーを提供します。銀行は、主に企業に対して間接金融を供与します。このような市場が金融市場です。

②原材料市場

物的資産では、製造業であればサプライヤーがいます。サプライヤーは、企業に対して製品・サービスを造るための原材料を提供したり、工場の建設や設備の設置を行います。このような市場が原材料市場です。

③製品・サービス市場（マーケット）

顧客資産では、製品・サービスを購入している顧客（既存顧客）や将来製品・サービスを購入する可能性のある顧客（潜在顧客）がいます。このような市場が製品・サービス市場（マーケット）です。

④人的資産の市場

人的資産では、パートや派遣社員を含めた従業員がいます。従業員は、企業が創り出す製品・サービスの支え手です。このような市場が人的資産の市場です。

⑤社会・環境

組織資産では、経営者がいます。経営者は以上4つの資産を束ねる役割をし、社会や環境にも責任を負っています。

企業価値をこのように考えていくと、経営者は、従業員のことも考え、サプライヤーとの関係も考え、顧客のことも考え、投資家のことも考え、社会や環境のことも考え、そもそも自社の将来についても考えながら経営していくことが期待されています。このような利害関係者の適切な期待を超えていくことが、5つの資産を大き

7-6 企業価値と利害関係者

くしていくことになります。逆に、利害関係者の大切な期待を損なっていくと、5つの資産は小さくなっていきます。

▶▶ 企業価値についての誤解

「株主のために経営することが企業価値を高めることだ」と語られることがあります。「株主のために企業がある」というのは、金融市場の視点からは確かに正しいように見えます。しかし、企業が金融市場だけを向いた活動をして他の市場を無視した経営をしていると、結果として企業価値（本質価値）は損なわれることになります。本質価値が損なわれると、市場価値に反映され株価は下がりますので、結局株主は損することになります。

企業価値の創造とは、ある特定の利害関係者だけを考慮することではありません。企業価値を創造するのであれば、企業を取り巻く利害関係者の適切な期待を超えていくことが必要です。

企業を取り巻く利害関係者[*]

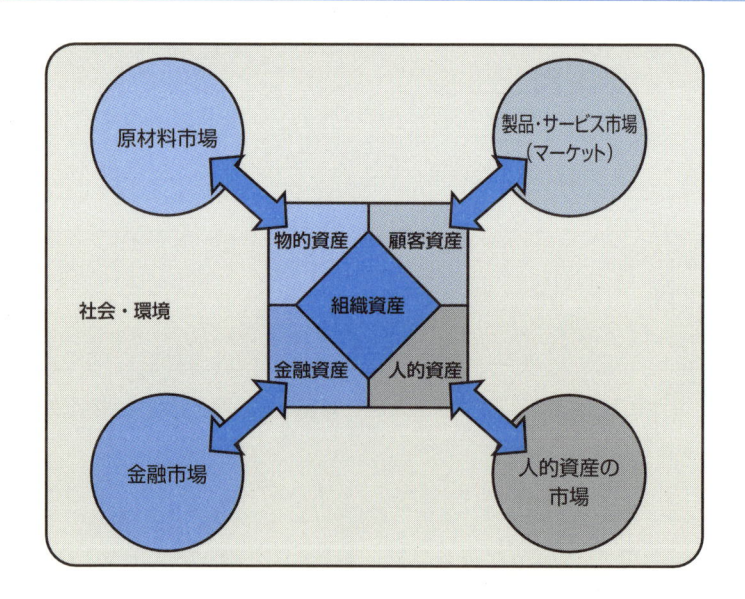

（図：企業を取り巻く利害関係者
中央に組織資産を中心として物的資産・顧客資産・金融資産・人的資産が配置され、それぞれ原材料市場、製品・サービス市場（マーケット）、金融市場、人的資産の市場と結びついている。背景は社会・環境。）

[*]…**利害関係者** アーサーアンダーセン「バリューダイナミクス」東洋経済新報社をもとに作成。

7-7 企業価値と対話によるマネジメント

　企業価値の創造は、企業を取り巻く利害関係者の適切な期待を超え続ける活動の総体です。それを「対話によるマネジメント(relationship management)」と呼びます。

▶▶ 対話によるマネジメント

①組織資産

　組織資産は、経営者が企業をどのように経営していくか、という経営者の経営者自身との対話（self relationship management）としてとらえることができます。これは、「経営の質」あるいは「経営者の質」と言い換えることができます。これについては、後述（7-20）します。

②人的資産

　人的資産は、従業員との対話を通じて、従業員の価値をどのように高めていくかがポイントです。従業員との対話を通じて従業員の価値を高めるマネジメントを、**HRM**＊あるいは**ERM**＊と言います。

③顧客資産

　顧客資産は、顧客との対話を通じて、顧客の支持をどのように高めていくかがポイントです。顧客との対話を通じて、顧客の支持を高めていくマネジメントを、**CRM**＊と言います。

④物的資産

　物的資産は、自社の試験研究部門や製造部門の従業員やサプライヤーとの対話を通じて、物的資産の価値をどのように高めるかがポイントです。自社の従業員やサプライヤーとの対話を通じて、物的資産の価値を高めていくマネジメントを**AM**＊や**SCM**＊といいます。製造業で、継続的改善に取り組んでいる企業のマネジメント**CIM**＊は、ここに含まれます。

＊HRM　Human Relationship Managementの略。
＊ERM　Employee Relationship Managementの略。
＊CRM　Customer Relationship Managementの略。
＊AM　Asset Managementの略。
＊SCM　Supply Chain Managementの略。
＊CIM　Continuous Improvement Managementの略。

7-7 企業価値と対話によるマネジメント

⑤金融資産

　金融資産は、資本市場との対話を通じてどのように良好な関係を構築していくかがポイントとなります。資本市場との対話を通じて本質価値と市場価値のギャップを埋めていくのがIRM＊です。

　対話によるマネジメントは、対話を通じて利害関係者との信頼関係をどのように構築していくのか？　あるいは壊していくのか？　ということです。信頼関係を構築し続けることができれば、企業価値は創造されることになります。反対に、信頼関係が壊れていけば、企業価値は破壊されていくことになります。

　5つの資産で企業価値を考え、各々の価値を対話によるマネジメントとしてとらえてくると、各々の資産の価値を創造していくために経営者（あるいは経営チーム）がいることが理解できます。

　組織資産はCEO＊（最高経営責任者）、COO＊（最高業務執行責任者）、人的資産はCHO＊（最高人事責任者）、顧客資産はCMO＊（最高マーケティング責任者）、物的資産はCMO＊（最高製造責任者）、金融資産はCFO＊（最高財務責任者）です。オフィサーは、企業価値の創造を任され責任を負っている人々です。ぐるぐる回る渦巻きで言うと、渦巻きがよりうまく、より強く回るようにするのが経営チームの役割です。

対話によるマネジメント＊

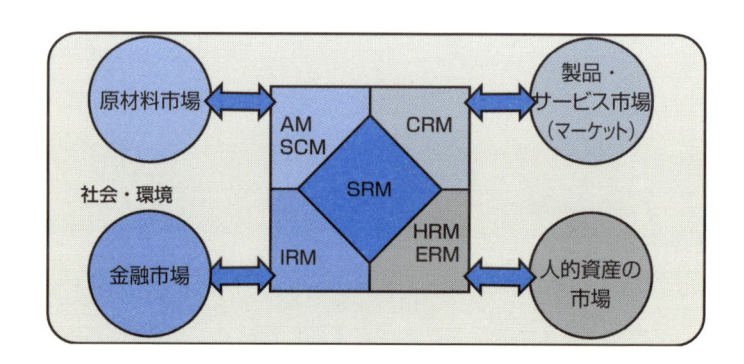

＊IRM　Investor Relationship Managementの略。
＊CEO　Chief Executive Officerの略。
＊COO　Chief Operating Officerの略。
＊CHO　Chief Human Resources Officerの略。
＊CMO　Chief Marketing Officerの略。
＊CMO　Chief Manufacturing Officerの略。
＊CFO　Chief Financial Officerの略。
＊…マネジメント　アーサーアンダーセン「バリューダイナミクス」東洋経済新報社をもとに作成。

7-8
5つの資産の限界

「5つの資産」というフレームワークを使うと、実際の経営に比較的近い形で適用することが可能ですが、それと共にいくつかの限界も見えてきます。

▶▶ 5つの資産が「静的なモデル」である点

　5つ資産を大きくすることが企業価値を創造することであれば、個々の資産をどのように変えていけば全体として5つの資産が大きくなるのかが知りたいところです。ところが、この点についてはアーサーアンダーセンの5つの資産は説明していません。

　たとえば、企業価値を高めるために今期の業績をよくしたいと経営者が考え、リストラをして従業員を解雇したとします。従業員を解雇することで人件費が下がり、今期の業績はよくなったとします。この場合、金融資産を大きくすることで企業価値が創造されたといえるでしょうか？

　実際には、一時的に業績はよくなったかもしれません。ところが、部下からも慕われ、技術的にも申し分ない従業員を解雇すれば、部下の士気は下がり、その従業員が持っている大切な技術力などのナレッジが流失します。そうであれば、人的資産の価値が下がり、それが製品・サービスの質を下げ、それが顧客からの支持を失うことを通じて将来的なキャッシュフローを下げます。これは、わくわく（組織資産）が小さくなり、いきいき（人的資産）が小さくなり、にこにこ（顧客資産）が小さくなることです。これは企業価値を破壊することです。

　「5つの資産を大きくすることが企業価値を創造することだ」、ということを頭ではわかっていても、実際の経営の場でそのような意思決定をすることは、それほど簡単ではありません。5つの資産だけではこの点をうまく説明することはできません。

▶▶ 企業価値を将来の時間軸でとらえることができない点

　企業価値は「将来のフリーキャッシュフローを現在価値に割り引く」ことから得られます。「将来」には、今年度も含まれますが、3年後も含まれますし、10年後も含まれますし、それよりも長い時間軸も含まれます。

7-8　5つの資産の限界

　時間軸が長くなると、実現するまでの時間をより多く取ることができます。この1年でできることには限界があります。ところが20年や30年ぐらいの時間があれば、これから何をしようか？　と将来へのイメージを膨らませることができます。となると将来に対する見方が変わってきます。「自社の製品・サービスを使って世界中のお客様に喜んでもらいたい」、「この技術を使って製品・サービスを作り、世界で困っている人を楽にさせてあげたい」など、各々の企業の経営者と従業員が壮大な夢を描くこともできます。しかし、将来のどの部分からどのような資産の価値が得られるのか？　ということについてはうまく説明ができません。

5つの資産の限界とその対応

---

① 5つの資産は「静的なモデル」である　→　「価値創造のプロセス」というアプローチで「動的なモデル」としてとらえる
② 5つの資産は、将来の時間軸で捉えることができない→「バリュートライアングル」というフレームワークでとらえる

7-9 価値創造のプロセス

「5つの資産が静的なモデルである」という限界を補うために、企業価値の創造を動的にとらえるアプローチとして「価値創造のプロセス」を理解しておく必要があります。

なぜプロセスで考えるのか

よく経営がうまく行っていると「良循環にある」といいます。経営がうまく行かなくなると「悪循環に入った」といいます。このように、現実の経営では「循環」で経営をとらえることがあります。事実、良い循環にありその感覚が合っていれば、売上や利益やキャッシュフローの増加としていずれ財務諸表上でとらえることもできます。

企業価値が創造されていくのが「良循環」、企業価値が破壊されていくのが「悪循環」であれば、このような循環を5つの資産で考えることができるはずです。その原因と結果に何らかの関連性があるのであれば、プロセスとして考えることができるはずです。「価値創造のプロセス」は、企業価値が創造されていく様子をプロセスとして考えることです。

金融資産から組織資産へ

製造業を例に、5つの資産のうち一番わかりやすい金融資産から考えていきましょう。金融資産は、売上や利益やキャッシュフローなどが示すとおりお金です。企業が資金調達しない限り、ほとんどのお金は顧客から入ってきます。よって、金融資産が今後大きくなるか否かは、顧客からの支持に依存しています。顧客からの支持が上がれば、顧客はまた同じ製品を買います。さらには、素晴らしい製品を知り合いに口コミで伝えるかもしれません。顧客が買うのは製品ですが、これは物的資産です。製品を作っているのは、従業員ですから人的資産です。従業員が働いているのが、企業という組織ですから組織資産となります。

組織資産から金融資産へ

　組織資産から考えてみましょう。創業期であれば、最初に経営者の沸き出てくるような情熱やビジョンからスタートします。そのような想いに共感して従業員が集まります。想いに共感した従業員が一生懸命に造ったものが製品となります。製品を顧客が購入するとお金が入ってきます。顧客からの支持が増えればよりお金は入ってきます。お金はさらなる将来への投資へと向けられます。あるいは、さらに従業員が集まり循環していきます。

価値創造のプロセス*

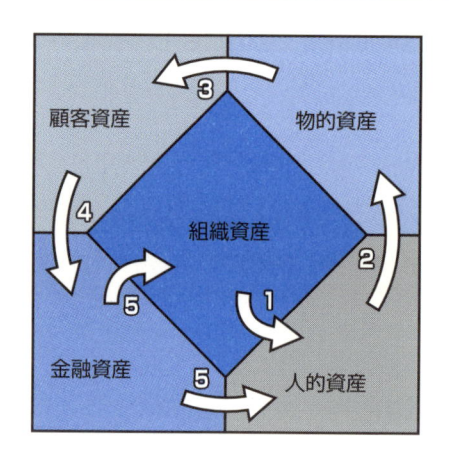

（図：価値創造のプロセス。中央に「組織資産」、四隅に「顧客資産」「物的資産」「金融資産」「人的資産」を配置し、①組織資産→人的資産、②人的資産→物的資産、③物的資産→顧客資産、④顧客資産→組織資産、⑤組織資産→金融資産→の矢印で循環を示す）

企業価値創造の循環

　このように考えていくと、企業価値の創造には、組織資産→人的資産→物的資産→顧客資産→金融資産→組織資産→人的資産・・・、という循環があることがわかります。各々の資産は、別個独立して成り立っていると考えるよりも、組織資産から金融資産までがお互いに関連しているとイメージしたほうが現実的です。このような順序に沿ってうまく流れを創り出していけば、5つの資産は大きくなっていくわけです。イメージでいうと、価値創造のプロセスは、渦巻きが最初は小さく、次第に勢いを増してぐるぐる回っていく感じです。
　少し視点を変えると、組織資産から金融資産までの流れを階層として考えること

＊…のプロセス　アーサーアンダーセン「バリューダイナミクス」東洋経済新報社をもとに作成。ここでは5つの資産のうち、顧客資産と物的資産の場所がかわっているのがポイントです。

ができます。企業活動を見ると、一番上のお金の部分がわかりやすいです。お金が入ってくるということは、そのベースに顧客がいますので顧客づくりがあります。顧客のベースは、その顧客が支持してくれる製品ですからものづくりがあります。その製品を造っているのは従業員ですから人づくりがあります。人は組織に属していますから、一番下のベースには組織づくりがあるのです。

7-10
価値創造のプロセスとタイムラグ

「価値創造のプロセス」は、金融資産が実際に大きく、あるいは小さくなるまでタイムラグがあります。金融資産を結果と考えると、それにいたる原因があり、それは結果よりも早く生じています。

▶▶ タイムラグとは

　たとえば、組織資産の責任者であるCEOが、新しいアイデアを考え実行します。それは、全社の従業員に浸透して製品・サービスを良くし、顧客のさらなる支持を得て結果として売上、利益、キャッシュフローが増えるようなアイデアだとします。これは、先ほど説明したように、組織資産→人的資産→物的資産→顧客資産→金融資産という価値創造のプロセスを通じて、結果として売上、利益、キャッシュフローが増えます。しかし、CEOが新しいアイデアを考え実行しようとしても、すぐには金融資産として結果が出ることはありません。組織資産から金融資産へのプロセスを経過していくと、時間的なずれがあるからです。この時間的なずれを「タイムラグ」と言います。

▶▶ タイムラグの長さと大きさ

　このようなタイムラグは、いわゆる「Jカーブ」と呼ばれます。小さな変化であればタイムラグは短いですし、大きな変化ではタイムラグは長くなります。それと共に、結果としての成果も大きくなります。

　特に注意が必要なのは、どのカーブも一度キャッシュフローの水準が下がることです。何らかの将来へ向けての準備をすれば、一度キャッシュフローの水準は下がりますが、そのような準備がプラスのキャッシュフローへ転化するなかで大きな価値がでるのです。このような企業価値創造の特徴を理解していないと、実際の経営の中で誤った判断をしてしまいます。

　新たな取り組みを行う時、すぐには金融資産という目に見える結果にならないので誰でも不安になります。特に、③のように効果が大きく期待される取り組みは、タイムラグが通常長くなりますのでその分不安も大きくなります。しかし、タイム

7-10 価値創造のプロセスとタイムラグ

ラグのあと実際に金融資産となって現れるという勘所があると、あせることなく新たな取り組みを実行することが可能です。この部分は「習うより慣れろ」で、実際の経験がものをいいます。最初は小さな成功体験でも、それを積み重ねていくと、大きな変化を引き起こすことも可能となります。このように企業価値の創造には、①プロセスがあること、②タイムラグがあること、③一度キャッシュフローの水準が落ちることもあること、を経験から知っておくことが大切です。

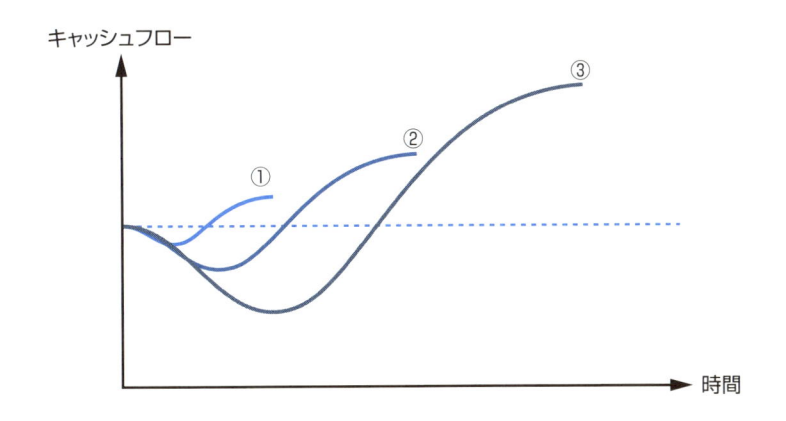

価値創造のプロセスとタイムラグ

7-11
企業価値と将来の時間軸

「5つの資産では将来の時間軸で企業価値を捉えることができない」という限界を補うために、「将来の時間軸」の意味を解きほぐす必要があります。

▶▶ 将来の時間軸

　企業価値は、「将来のフリーキャッシュフローを現在価値に割り引いたもの」です。今年度、来年度、再来年度・・・、と将来の各々の年度のフリーキャッシュフローの現在価値の合計です。これは、「企業として現在から将来に向かってどのようなことを実現していきたいのか。それを実現していくと、将来の各年度のフリーキャッシュフローから創造される価値はいくらか？」と言い換えることができます。では、将来実現したいことを各々の時間軸で分け、その価値を考えてみましょう。

▶▶ 短期的な価値の企業価値全体に占める割合と意味

　「短期的な価値」を、今年度から生み出されるフリーキャッシュフローを現在価値に割り引いた価値とします。短期的な価値が企業価値全体の何％ぐらいを占めるかというと、これは、DCFモデルの表で、短期的な価値の全体に占める割合を計算してみるとわかります。通常、公開企業の資本コストが6％前後だとすると、2〜5％ぐらいが短期的な価値です。

　これは何を意味しているかというと、「今年度のフリーキャッシュフローを高めるだけの経営を一生懸命していても何の意味もない」ということです。「短期的な価値」が企業価値の2〜5％しか占めないのであれば、「短期的な価値」だけを変えようとする取り組みのインパクトも2〜5％しかないからです。2〜5％の部分を一生懸命上げようとしても、企業価値は創造されるはずもありません。ちなみに、未公開企業で資本コストが30％だとすると、この割合は15％前後になります。この場合でも全体の15％しか短期的な価値が占めないのです。「企業価値を高める」と言いながら、無意識に今年度のフリーキャッシュフローだけを良くすることに集中している人が多いので、この点は注意が必要です。

7-11 企業価値と将来の時間軸

　走ることに例えて言うと、100メートルを走るのとマラソンを走るのでは、企業価値の創造はマラソンを走るほうに近いかもしれません。マラソンで最初の1キロメートルは、全体の距離（42.195キロメートル）の約2％（＝1÷42.195）に当たります。企業価値の創造を100メートル走だと思って、思い切り走ると確かにスピードはマラソンに比べて早いでしょう。しかし、100メートル走を何回走ってもマラソンにはなりません。そのうちに疲弊してしまいます。マラソンは100メートル走に比べればスピードは劣るかもしれませんが、歩くのに比べると随分と早いスピードです。

　企業価値の創造も同じように言えるかもしれません。この1年を思い切り走れば確かにフリーキャッシュフローは一時的には出るかもしれません。しかし、そのために疲弊してしまうのであれば、それよりも小さなキャッシュフローでも、継続的に達成できるレベルを着実に達成していくのが企業価値の創造です。確かに1年だけ思いきり走るのに比べればフリーキャッシュフローは少ないかもしれませんが、疲弊して走れなくなる、あるいは、やる気がなくなって立ち止ってしまうのに比べれば高いレベルを期待できるはずです。

企業価値に占める各々の価値の割合

(億円) 年度	売上高	営業利益	税引後 営業利益	減価償却費	設備投資	運転資本	運転資本 増減	FCF	割引率	FCFの 現在価値	企業価値に占 める割合
×1	90	18	11	4	3	9	1	11	1.03	11	
×2	100	20	12	5	5	10	1	11	1.06	10	
×3	105	21	13	5	5	11	1	12	1.05	11	3%
×4	110	22	13	6	6	11	1	13	1.11	11	
×5	116	23	14	6	6	12	1	13	1.17	11	
×6	122	24	15	6	6	12	1	14	1.23	11	
×7	128	26	15	6	6	13	1	15	1.30	11	13%
×8	134	27	16	7	7	13	1	15	1.36	11	
×9	141	28	17	7	7	14	1	16	1.44	11	
×10	148	30	18	7	7	15	1	17	1.51	11	
×11	155	31	19	8	8	16	1	18	1.59	11	
×12	163	33	20	8	8	16	1	19	1.68	11	
							継続価値	372	1.68	222	80%
						①事業価値(FCFの割引現在価値の合計)				335	97%
						現金預金				10	
						市場性のある有価証券				1	
						遊休不動産の売却				-	
						その他資産の価値					
						②非事業性資産の合計				11	3%
						③企業価値				346	100%
						④有利子負債(債権者に帰属する価値)				50	
						⑤株主価値				296	
						一株当たり株主価値(単位:円)				29,647	

7-12
企業価値と中長期の価値

　短期的な価値から生み出される部分が企業価値全体の2～5％であるということは、企業価値の多くの部分は中期的な価値と長期的な価値から生み出されていることを意味します。

▶▶ 中期的な価値と戦略

　「中期的な価値」という場合の「中期的」の定義は、企業によって違うものです。製品ライフサイクルの短い事業の企業は、2年ぐらいを「中期的」としているかもしれません。一方、製品ライフサイクルの長い、たとえば鉄鋼を事業としている企業は、10年ぐらいを「中期的」と考えているかもしれません。

　このように、「中期的」というのは、その企業の行っている事業と関連があります。通常、3年から5年ぐらいを「中期的」と考えていることが多いようです。

　たとえば、中期的を「これから5年」とする企業があるとします。この場合、1年目から生み出される価値が「短期的な価値」、2年目から5年目までで生み出される価値が「中期的な価値」ということになります。通常、企業はこのような時間軸で戦略を立案し、実行します。そうであれば、「中期的な価値」というのは、「企業が戦略を立案し実行することから生み出される価値」と言い換えることができます。

　多くの企業が戦略を立てていますが、売上高や利益目標の設定が中心で、立てた戦略を実行し、その結果を将来のフリーキャッシュフローと結びつけて考えている企業は少ないように感じます。しかし、本来、企業価値と戦略は別個に議論されるものではありません。企業価値を創造するために戦略を立てるのであれば、その立案や実行も具体的なフリーキャッシュフローとして考えるべきです。

▶▶ 長期的な価値と文化

　「中期的な価値」あるいは「戦略の価値」よりも長い時間軸の価値をどのように考えればいいか、次にみていきましょう。

　通常、長期的な価値が企業の中でも議論されることは少ないかもしれません。ビジネススクールのケーススタディー（事例研究）を見ても、中期的な戦略の議論が

7-12 企業価値と中長期の価値

中心で、それよりも長い時間軸のテーマは少ないように感じます。

戦略よりも長い時間軸というのは、このように考えることはできないでしょうか？

たとえば、経営者が将来のビジョンを実際に実現させるには、中期よりも長い時間が必要です。そうであれば、企業のビジョンは、長期的な価値の一部です。あるいは、企業として大切にしている考え方、それを価値観・信念と呼べば、価値観・信念をより強めていくような取り組みは、中期的な時間軸よりも長い時間で実現していくものです。さらには、価値観・信念は、単に考えているだけで浸透するものではありません。具体的な行動のなかで、毎日コツコツ実践することから研ぎ澄まされていきます。価値観・信念を具体的な日々の行動のレベルで表したものを習慣・行動基準と呼べば、習慣・行動基準も長期的な価値の一部になります。このように、短期や中期の時間軸では入りきらない、それよりも長い時間軸のなかで実現していくのが「長期的な価値」です。

「長期的な価値」は、通常「その企業らしさ」、や、「社風」、「品格」、「DNA」などということばでいわれています。ここでは、このような長い時間軸で実現していく価値を「文化」と定義します。このような呼び方は、企業によって違っています。大切なのは、「長期的な時間軸で何を実現するのか？」という意識と、具体的に日々実践し続けて実現させることです。

企業価値と中長期的な価値の関係

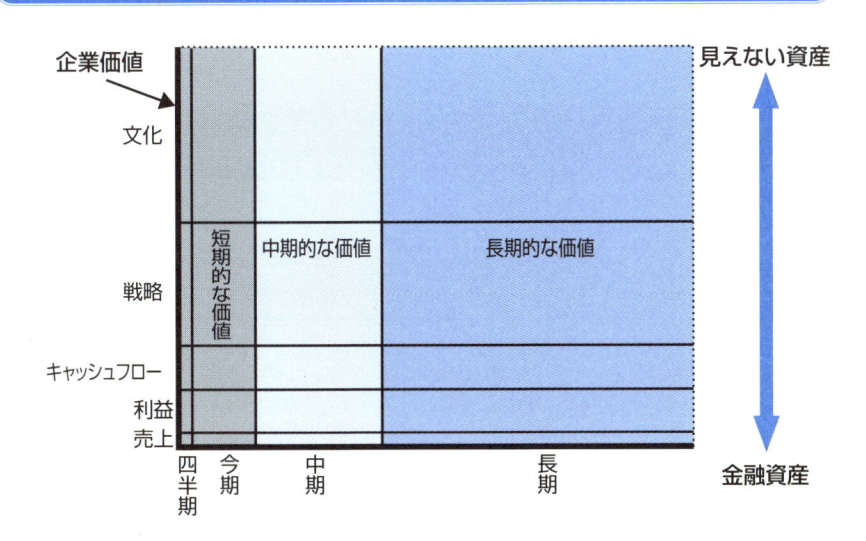

	四半期	今期	中期	長期	
企業価値					見えない資産
文化					
戦略	短期的な価値	中期的な価値		長期的な価値	
キャッシュフロー					
利益					
売上					金融資産

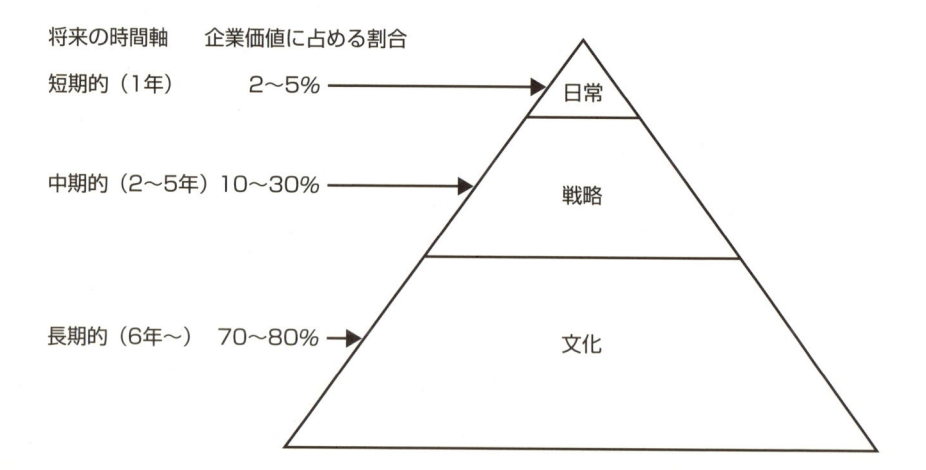

7-13 企業価値の構造とバリュートライアングル

企業価値は短期、中期、長期の3つの価値から構成されていると考えると、3層構造として表すことができます。ところが、この構造は日常の感覚からずれているので整合性が必要です。

▶▶ 企業価値の構造

企業価値は、短期的な価値（日常の価値）、中期的な価値（戦略の価値）、長期的な価値（文化の価値）という3つの価値から構成されていることになります。7-11の図で示したように70～80％は文化からなり、10～30％は戦略からなり、2～5％は日常から構成されています。

この3層構造は、短期と中期と長期が独立していると考えるべきではありません。3つの価値をしっかり実践している企業であれば、短期的な価値は、長期的な価値と中期的な価値を含んだものとなります。ことばを変えれば、「企業文化を強めるような取り組みをし、戦略を立案し実行するなかで、短期的な成果を実現している」のです。決して「短期的な成果だけを追求している延長に戦略があり文化がある」のではありません。

企業価値の構造

将来の時間軸	企業価値に占める割合	
短期的（1年）	2～5％	→ 日常
中期的（2～5年）	10～30％	→ 戦略
長期的（6年～）	70～80％	→ 文化

企業価値の構造と現実の感覚との乖離

　これは、現実のビジネスの感覚から考えるとかなり違和感のあるものかもしれません。日々のビジネスでは、文化を70〜80％、戦略を10〜30％意識することはあまりないからです。逆に9割以上は目の前の仕事を意識しているのが普通です。

　ビジネスの日常というのは、逆三角形のほうがしっくりきます。今日何をするか、ということについて私たちはよく意識できます。ところが、時間軸が長くなればなるほど私たちの意識は希薄になっていくのが通常だからです。

バリュートライアングル

　そうであれば、私たちが意識しやすいことから並べていくと、どのような階層になるでしょうか？　これを時間軸とともに並べたものを「バリュートライアングル」と呼びます。バリュートライアングルの表層は、より意識しやすいことです。それが、深くなればなるほど意識し続け、実践し続けることは難しくなります。時間軸で考えると、表層は、時間軸が短いことになります。深くなれば、それだけ時間軸は長くなります。

バリュートライアングル

- バリュートライアングル → 日常
- 戦略
- 企業価値の構造 → 文化

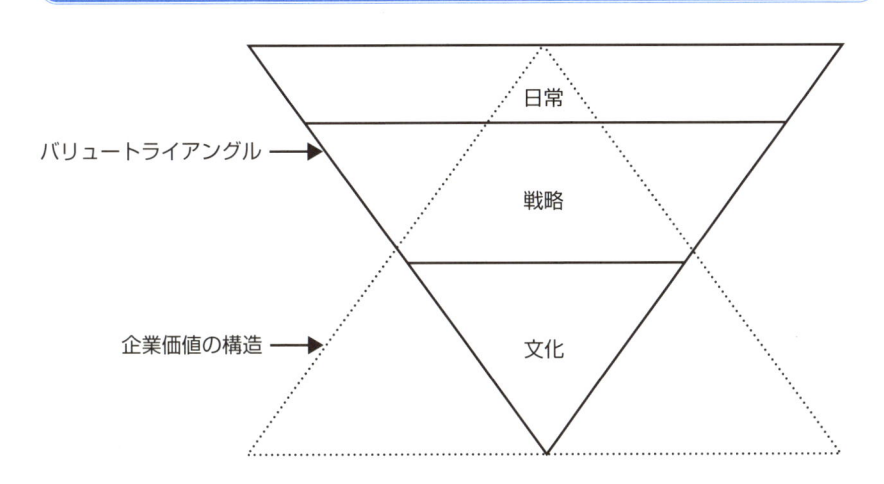

7-14
バリュートライアングル
－短期的な価値

　短期的な価値は、日常の行動、日常の意思決定、ルール、年度の成果から成り立っています。年度の成果は、売上、利益など金融資産に関連する成果とともに見えない資産に関連する成果も含めることが大切です。

▶▶ 日常の行動、意思決定とルール

　ミーティングをする、顧客からのクレームに誠実に対応する、機械の調子を見る、来客にお茶を出す、約束時間に間に合うように出かける、メールを出す、など私たちのビジネスの現場というのは、日常のなにげない行動から成り立っています。このような日常の行動からバリュートライアングルはスタートします。

　日常の行動は、意思決定から成り立っています。上司からの命令であれ、自発的にスケジューリングしたものであれ、多くの日常の行動は、なんらかの意思決定をしないと生まれません。日常の行動は、日常の意思決定のベースの上に成り立っているのです。

　日常の意思決定は、日常のさまざまなルール（あるいは規則）に沿って行われています。たとえば、「電話をかける」とか「ミーティングをする」のは、企業の定めている様々な規則、たとえば就業規則、に則って成り立っています。私たちは、普段このようなルールをそれほど意識しないものですが、それはルールを守るのを当たり前と思っているからです。

▶▶ 年度の成果

　日々の意思決定に基づく行動は、ばらばらにされているのではなく、当年度に実現したいことを達成するためにされているものです。もし、当年度に実現したいことを「年度の成果」として明確にすれば、モニターすることが可能となります。逆に、年度の成果が明確でないと、年度単位でのモニターは難しくなります。

　「年度の成果」は、売上や利益やキャッシュフローなど財務諸表に現れるものであることもあれば、「チャレンジして失敗した数」、「クレームに対する対応の仕方」や

7-14 バリュートライアングル－短期的な価値

「経営者と従業員の対話の場の回数」など、一見売上や利益やキャッシュフローにはなんら関係のなさそうなものも含みます。企業によっては、年度の成果は金融資産に関連する売上や利益やキャッシュフローだけしかないかもしれません。しかし、企業価値を5つの資産で考えるのであれば、年度の成果は金融資産だけでなく、5つの資産のすべてについて考えるべきです。

もしあなたが企業の経営者であれば、何を「年度の成果」として考えているのか見直してみることをお勧めします。あなたがCEOであれば、CEOとして何を年度の成果としているのか知っていることは大切なことです。同じく、他の経営チームのメンバー、人的資産であればCHOが、顧客資産であればCMOが、どのような成果を達成しようとしているのか知っておくことは大切なことです。このような「年度の成果」について、経営者レベルでも明確でない企業が意外に多く驚くことがあります。

すべての活動が「年度の成果」を達成するために行われているのでしょうか。もしそうであれば、その企業は、「短期的な価値」までしか意識していないことになります。実際は、それ以上の長い時間軸を意識し、実践していくなかで年度の成果を考えている企業もあります。

バリュートライアングル（短期的な価値）

利害関係者

日常の行動

$

日常の意志決定
ルール
年度の成果

中期的な価値

長期的な価値

より意識的 ／ より無意識的

企業に与える影響小 ／ 企業に与える影響大

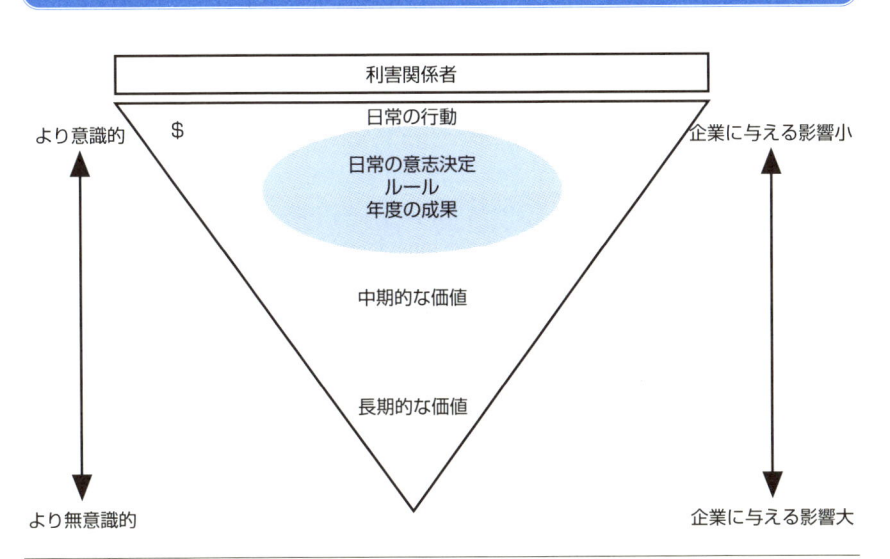

7-15
バリュートライアングル
－中期的な価値

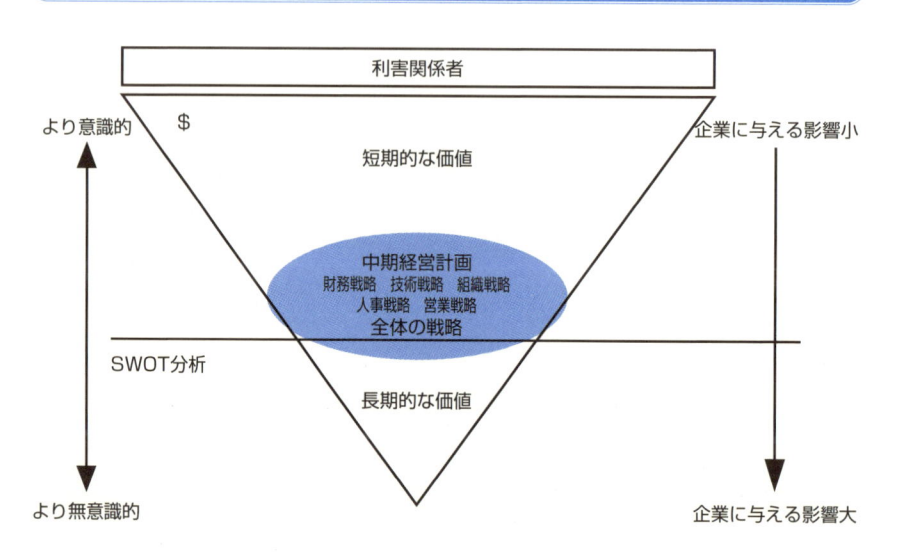

　中期的な価値は、中期経営計画と戦略から成り立っています。戦略は、個別戦略と全体の戦略から成り立っています。中期的な価値には、短期的な価値と長期的な価値を結びつける大切な役割があります。

▶▶ 中期経営計画

　中期経営計画は、本来、企業が中期的に実現したいことをまとめたものです。しかし、実際には、多くの企業の中期経営計画が、過去の数値の延長や財務諸表に現れる数値を中心にまとめられていることが多いのです。このため、中期経営計画を作成しても現場には十分浸透せず、残念ながら忘れられているものもあります。本来、中期経営計画は、作成後その実現に向けて日々意識し、実践されていくべきものです。このように中期経営計画を作成し、実践している企業は、「中期的な価値」まで意識している企業です。逆に、中期経営計画を作っても、その後の実践がなされていない企業は、「短期的な価値」までしか意識していない企業です。

バリュートライアングル（中期的な価値）

利害関係者

より意識的　　　$　　　　　　　　　　　　企業に与える影響小

短期的な価値

中期経営計画
財務戦略　技術戦略　組織戦略
人事戦略　営業戦略
全体の戦略

SWOT分析

長期的な価値

より無意識的　　　　　　　　　　　　　企業に与える影響大

▶▶ 戦略

　中期経営計画は、企業の戦略に沿ったものでないと何の意味もありません。「戦略」というと、なにやら難しいと思われる方もいるかもしれません。本来、戦略とは難しいものではありません。戦略とは簡単に言うと「何をするのか、何をしないのかはっきりさせる」、「どちらの方向へいくのか明確にする」ことです。このように言っても、よくわからないかもしれません。しかし、時間軸を少し長く取ってみると見えてきます。たとえば、過去2～5年で企業はどのような方向を目指してきたのか明確でしょうか？　この質問に答えることができるなら、戦略があったと言えます。この質問に明確に答えることができないと、戦略がなかった可能性が高いです。

▶▶ 個別戦略と全体の戦略

　戦略は、全体の戦略と個別戦略から成り立っています。個別戦略とは、5つの資産ごとの戦略、つまり、組織戦略（さらにはIT戦略、法務戦略など）、人事戦略、技術戦略（さらには投資戦略、出店戦略、拡張戦略など）、営業戦略、財務戦略です。個別戦略は、各々その方向性が明確であるべきです。しかもお互いに整合性がないと意味がありません。個別戦略は、全体の戦略に添った形で立案し実行されないとばらばらになってしまいます。つまり、5つの資産ごとに個別戦略があり、それらを超えた5つの資産共通のベースとなる全体の戦略があるという構造になります。

▶▶ SWOT分析

　全体の戦略は、企業の強み・弱み、機会・脅威の理解のうえに成り立っています。つまり、全体の戦略のベースに**SWOT分析**＊があります。強み・弱みは、企業の文化から導かれますので、「中期的な価値」と「長期的な価値」の橋渡しをSWOT分析がしているのです。

＊**SWOT分析**　Strength（強み）、Weakness（弱み）、Opportunity（機会）、Threat（脅威）の4つの軸から分析する手法。

7-16
バリュートライアングル
－長期的な価値

　企業の強みや弱みは、企業の文化から導かれます。本来、企業の戦略は、企業の文化に対する理解がないと立てることができません。文化を濃くすることで、企業の強みも強固にすることが可能です。

▶▶ 文化

　文化は、企業の経営者や従業員の意識が生み出しています。それは、企業にとって「何を当たり前に考え、当たり前に行動するか」という基準をさしています。内部の人には当たり前のことなので、文化に対する意識を持っていないと見過ごしてしまいます。実際、1つの企業に長くいればいるほど文化に染まりますから、気づくことができないかもしれません。

　文化をどのような構成要素で意識し実践するかは、企業によって違っています。ここでは、4つの構成要素で考えます。それは、習慣・行動基準、価値観・信念、ビジョン、情熱です。

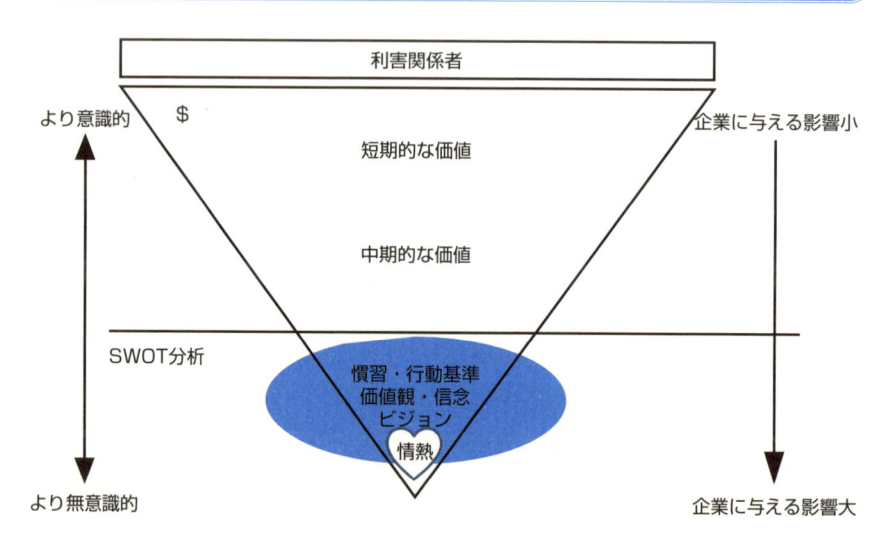

バリュートライアングル（長期的な価値）

- 利害関係者
- $
- 短期的な価値
- 中期的な価値
- SWOT分析
- 慣習・行動基準
- 価値観・信念
- ビジョン
- 情熱
- より意識的 ／ より無意識的
- 企業に与える影響小 ／ 企業に与える影響大

7-16 バリュートライアングル―長期的な価値

▶▶ 習慣・行動基準と価値観・信念

　文化が一番見えやすいのは、日常の習慣や行動基準を通じてです。これは「当たり前のようにしている行動」をさしています。たとえば、「チャレンジ」や「継続的改善」を企業全体で行っているのであれば、そして「当たり前のように行動している」のであれば、それらは企業全体での習慣・行動基準です。

　習慣・行動基準は、何らかの企業の価値観や信念の上に成り立っています。価値観・信念は「何を信じているか、何を大切にしているか」ということです。たとえば、「安全」を大切な価値観にしている企業があります。普段、私たちは当たり前にしていて「安全」を意識しないかもしれません。しかし、いったん「安全」がなくなってしまうような状況になると、それを意識せざるをえません。

▶▶ ビジョンと情熱

　価値観・信念は何のためにあるのかというと、企業として実現したいビジョンを現実のものとするためです。ビジョンは、その企業にとっての理想的なイメージです。今はまだ完全には実現していないが、企業活動を通じてぜひとも実現したい夢です。企業は、ビジョンの実現に向けて日々一歩一歩前進しているのです。

　バリュートライアングルの一番下は、情熱です。情熱とは、人間が本来持っている好奇心、内側から湧き上がってくる力です。

　「初心忘れるべからず」という諺があります。創業者が企業を興すのは、そもそも何かを実現したいからです。あるいは、何かに情熱を感じたからです。この諺があるのは、企業が初心を持ち続けるのは、実はそれほど簡単なことではないからでしょう。ビジョンや情熱を、組織資産の本質だと理解している人は恵まれた環境にいる方です。

　企業を設立する、事業を始める、ということは、最初に心の底から湧き上がる力がないと起きません。多くの人が誤解をしていますが、企業や事業はお金だけでスタートするものではありません。誰かが、何かに対して情熱を感じないと何も起きません。財務諸表だけ見ると、企業の設立は、銀行口座に資本金が振り込まれた翌日に完了します。しかし、実際には、企業を始める人の情熱がないと何も始まりません。当たり前のようですが、情熱は大切な組織資産です。

7-17
バリュートライアングルと価値創造のプロセス

バリュートライアングルを使って「価値創造のプロセス」を説明することが可能です。プロセスは、情熱から始まり、日常の行動へと進んでいきます。このプロセスは「循環」として考えるのが大切です。

▶▶ 価値創造のプロセス

バリュートライアングルの日常の行動や意思決定のレベルから情熱まで見てきました。では、バリュートライアングルを「価値創造のプロセス」として説明してみましょう。

①情熱から文化の形成まで

「価値創造のプロセス」は、情熱やビジョンから始まります。何かに好奇心を感じる、あるいは将来何かを実現したい、このような人間の心の奥底から沸きあがってくるのが情熱やビジョンです。情熱やビジョンは、何らかの価値観・信念とともに行動に移されます。このような行動が、毎日・コツコツ実践されていくと習慣・行動基準が形成されます。情熱、ビジョン、価値観・信念、習慣・行動基準が経営者と従業員で共有されたものすべてが文化です。

②文化の形成から中期経営計画まで

文化から、企業独自の「企業らしさ」が生まれてきます。そして、企業独自の強みや弱みが明らかになってきます。さらには、企業が直面している製品・サービス市場のマーケットの方向性から機会と脅威が見えてきます。つまり、企業文化を通じてSWOT分析が可能となります。

SWOT分析を通じて、企業の強みを最大に活かし、機会が最大になる分野に方向性を定めるのが戦略（全体の戦略）です。この部分までは、経営者と従業員の全体で共有されるべき部分です。個別戦略になると、5つの資産の各責任者が企業の文化と全体の戦略をもとに、自分の責任領域を担当します。文化、戦略をベースに、それと一貫性のある個別戦略を立て実行します。同時に、戦略と個別戦略を具現化した中期経営計画を立てます。

7-17 バリュートライアングルと価値創造のプロセス

③年度の成果から日常の行動まで

さらには、年度の成果を5つの資産の各々に定めます。そのような成果を達成するために、企業のルールを守りながら、意思決定をし、日常の行動を行っているのです。日常の行動の結果として、売上や利益やキャッシュフローが上がります。この場合の日常の行動は、情熱からの一貫性があり、プロセスとして考えることができます。

このような流れで、「長期的な価値」から「短期的な価値」へ価値創造のプロセスが循環として行われていきます。これは、5つの資産の価値創造のプロセスを違う視点から見ているにすぎません。一連の流れが、スムーズに加速され、強くなっていくことが、企業価値が創造されていくことです。

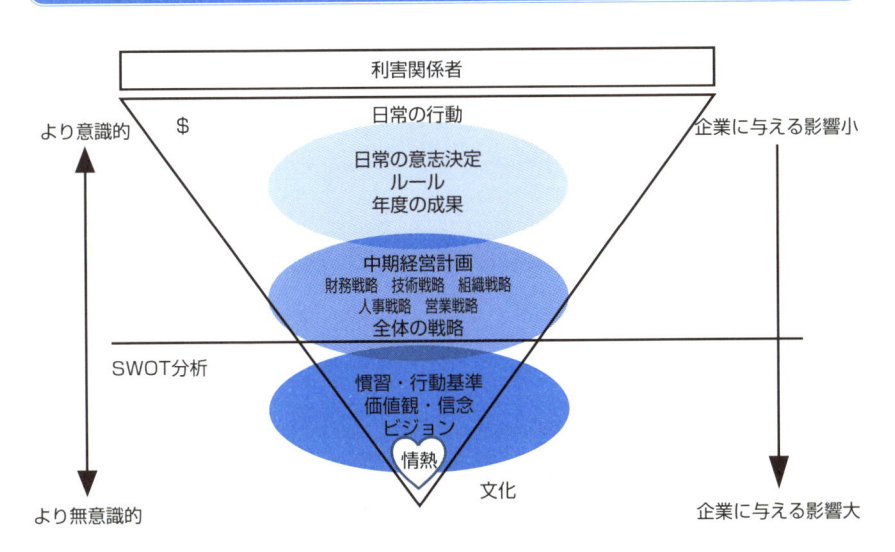

バリュートライアングルと価値創造のプロセス

利害関係者

より意識的 ／ 日常の行動 ＼ 企業に与える影響小
$
日常の意志決定
ルール
年度の成果

中期経営計画
財務戦略 技術戦略 組織戦略
人事戦略 営業戦略
全体の戦略

SWOT分析

慣習・行動基準
価値観・信念
ビジョン
情熱
文化

より無意識的　　　企業に与える影響大

7-18
バリュートライアングルと DCFモデル

バリュートライアングルと企業価値の構造をDCFモデルに対応させることで、DCFモデルの各々の価値が日常の価値、戦略の価値、文化の価値であることが理解できます。

▶▶ バリュートライアングルと企業価値の構造、DCFモデルとの関係

バリュートライアングルと企業価値の構造、DCFモデルの関係は図のように表すことができます。DCFモデルの計算結果だけを見ていると無味乾燥に感じるかもしれませんが、バリュートライアングルと関連づけることで各年度の価値の意味がわかるようになります。

企業価値の構造とバリュートライアングルとDCFモデルの関係

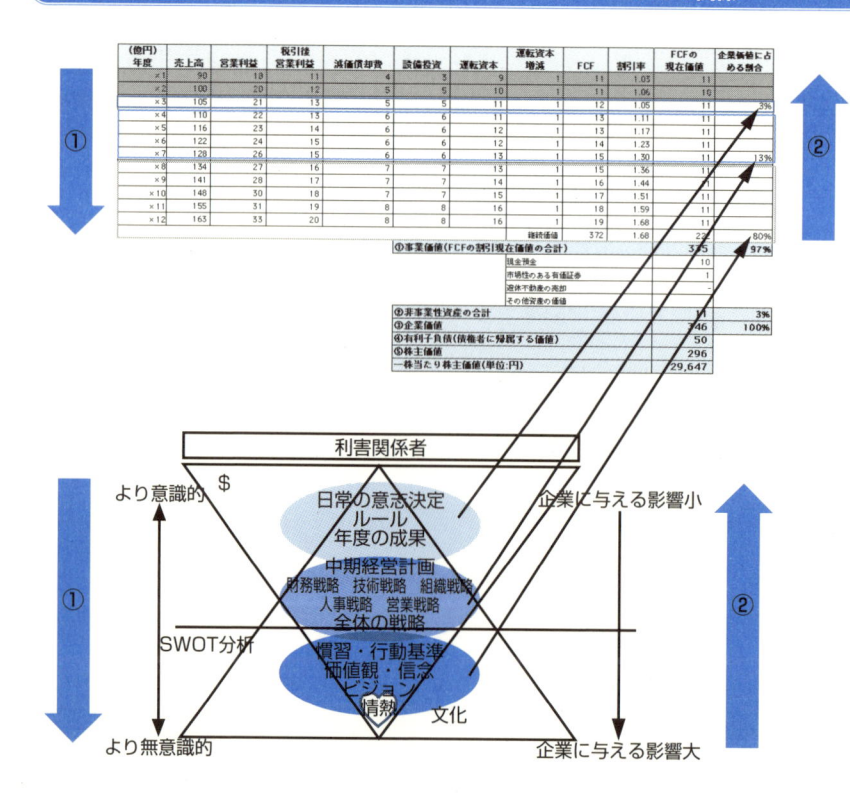

(億円) 年度	売上高	営業利益	税引後営業利益	減価償却費	設備投資	運転資本	運転資本増減	FCF	割引率	FCFの現在価値	企業価値に占める割合
×1	90	18	11	4	5	9	1	11	1.05	11	
×2	100	20	12	5	5	10	1	11	1.06	10	
×3	105	21	13	5	5	11	1	12	1.05	11	3%
×4	110	22	13	6	6	11	1	13	1.11	11	
×5	116	23	14	6	6	12	1	13	1.17	11	
×6	122	24	15	6	6	12	1	14	1.23	11	
×7	128	26	15	6	6	13	1	15	1.30	11	13%
×8	134	27	16	7	7	13	1	15	1.36	11	
×9	141	28	17	7	7	14	1	16	1.44	11	
×10	148	30	18	7	7	15	1	17	1.51	11	
×11	155	31	19	8	8	16	1	18	1.59	11	
×12	163	33	20	8	8	16	1	19	1.68	11	
最終価値								372	1.68	222	80%

①事業価値(FCFの割引現在価値の合計)	375	97%
現金預金	10	
市場性のある有価証券	1	
遊休不動産の売却		
その他資産の価値		
②非事業性資産の合計	11	3%
③企業価値	346	100%
④有利子負債(債権者に帰属する価値)	50	
⑤株主価値	296	
一株当たり株主価値(単位:円)	29,647	

利害関係者

より意識的 $ 日常の意思決定 / ルール / 年度の成果 — 企業に与える影響小

中期経営計画 / 財務戦略 技術戦略 組織戦略 / 人事戦略 営業戦略 / 全体の戦略

SWOT分析 — 慣習・行動基準 / 価値観・信念 / ビジョン / 情熱 / 文化

より無意識的 — 企業に与える影響大

▶▶ DCFモデルの見方

　DCFモデルで企業価値を算定する場合に、慣れていない方は①のアプローチを無意識に採っている場合があるので注意が必要です。①のアプローチは過去の延長で将来を考えてしまっています。これでは、現状の文化や戦略をベースにしていますので取れる選択肢は限られてきます。

　DCFモデルは本来②のアプローチを採るべきです。②のアプローチは、長期的な価値の中で、中期的な価値を考え、短期的な価値も考えるものです。このようなアプローチを採ることで初めてDCFモデルの中にこれから創り上げていく文化や戦略も含めることが可能となります。

▶▶ 3つの輪

　バリュートライアングルの短期、中期、長期3つの価値は、3つの輪として表すことができますが、各々を簡単に言うと以下のようになります。

　長期の輪は「より楽しく、より高い基準で」

　中期の輪は「より強みを活かし、より機会がある分野で」

　短期の輪は「結果としての売上と利益とキャッシュフローをしっかり実現する」

　実際の経営では、このような時間軸を別々ではなく同時に考え実行しています。「企業は利益を追求することが目的である」ということがあります。これは短期の輪を意識しています。「企業は勝ち組となって生き残ることが大切である」ということがあります。これは中期の輪を意識しています。企業価値を創造するというのは、これらを含めて、さらに「より楽しく、より高い基準で」という長期の輪を意識し、実践することです。つまり、3つの輪が重なる部分で事業を行うことが企業価値を創造することです。

　「企業価値を創造する」と言うと、「利益を追求して生き残ることである」と理解している方がいますが、これは誤解です。「利益を追求して生き残ろうとしても」生き残れるものではありません。強みもなく、機会もないところでは利益を生み出すことはできません。短期の延長では、中期にならず、長期にもならないからです。企業価値を創造するには発想の転換が必要です。長期の中で中期を考え、中期のなかで短期も考えて日々実践していくことが必要です。

7-19
3つの輪と企業のタイプ

　企業は、3つの輪のどの部分を意識し実践しているかの違いで4つのタイプ*に分類できます。「企業価値を創造する」とは、3つの輪が重なっている部分を意識し実践することです。

▶▶ 3つの輪と企業のタイプ

①第一のタイプの企業
　第一のタイプは、3つの輪が重なっている部分を意識し、実践している企業です。このような企業は、熱い文化を持っていてさまざまなチャレンジをし、経験のなかから強みを形成し、機会を捉えて戦略を立て、実行し、結果として短期的な成果もあげています。バリュートライアングルでいうと、情熱から日常の行動まで一貫性があります。

②第二のタイプの企業
　第二のタイプは、文化は希薄ですが、戦略までは意識し実践している企業です。

③第三のタイプの企業
　第三のタイプは、戦略も希薄となり、年度の成果だけを意識している企業です。このような企業では、文化についてはほとんど意識していないでしょうし、戦略についての意識も希薄です。売上や利益やキャッシュフローなど金融資産として現れる指標だけを年度の成果として考えがちです。

④第四のタイプの企業
　第四のタイプは、ただ日常の忙しさのなかで動き回っている企業です。このような企業のバリュートライアングルは、年度の成果も明確ではなく、成果と日常の行動には関連性がないような状態になっています。日常の行動は、ただ忙しさのなかにあるだけで、情熱もなく、共有されている価値観・信念もなく、強みもなく、機会についての理解もなく、それほど売上や利益やキャッシュフローも上がっていないような状況です。「忙しい」という字は、「心を亡くす」と書きます。まさにそのような状況になっている企業です。

　企業のタイプの違いは、貫かれている軸の太さと長さによって表すことができま

＊4つのタイプ　　実際には3つの輪からは7つのタイプが出てきますが、ここでは4つに絞って説明しています。4つには創業期、ベンチャー期、成長突入期の企業などが含まれますが、これらの企業については説明していません。

7-19 3つの輪と企業のタイプ

す。第一のタイプの企業は軸が太く、長く貫かれている一方で、第四のタイプの企業では、軸は短く、細くなっています。

3つの輪が重なっている企業（第一のタイプの企業）

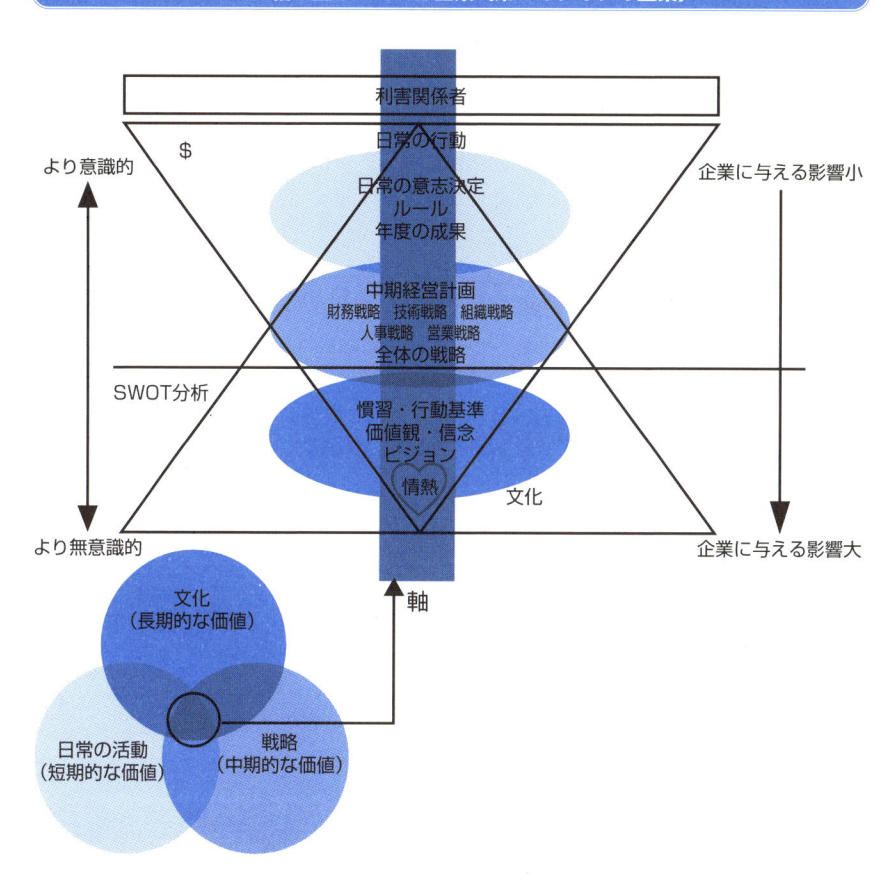

利害関係者
日常の行動
日常の意思決定
ルール
年度の成果

中期経営計画
財務戦略　技術戦略　組織戦略
人事戦略　営業戦略
全体の戦略

慣習・行動基準
価値観・信念
ビジョン
情熱
文化

より意識的 ↕ より無意識的
SWOT分析

企業に与える影響小 ↕ 企業に与える影響大

軸

文化（長期的な価値）
日常の活動（短期的な価値）
戦略（中期的な価値）

第7章　企業価値の創造

7-19　3つの輪と企業のタイプ

文化の意識が欠落している企業（第二のタイプの企業）

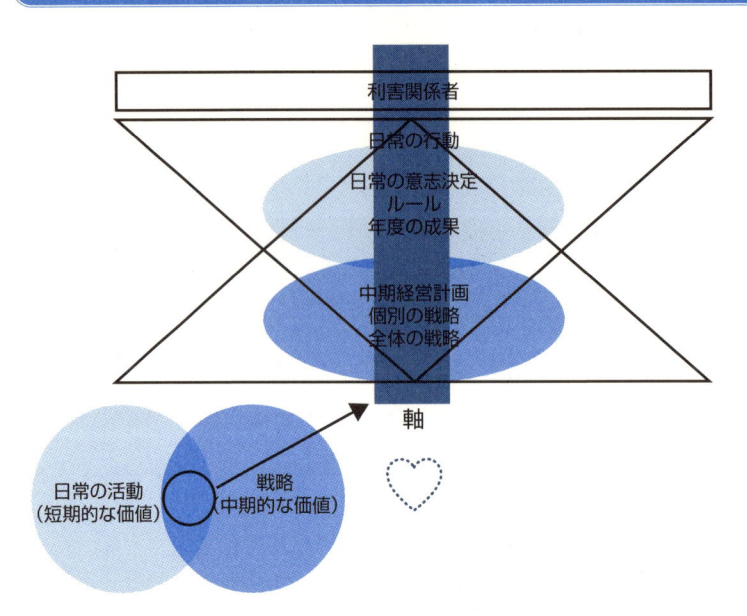

- 利害関係者
- 日常の行動
- 日常の意志決定
  ルール
  年度の成果
- 中期経営計画
  個別の戦略
  全体の戦略

軸

日常の活動
（短期的な価値）

戦略
（中期的な価値）

7-20
経営の質と経営者の役割

　経営の質は経営者（あるいは経営チーム）の質で決まります。経営の質は、経営者がバリュートライアングルをどこまで意識し、一貫性のある日常を創り出しているか、と関係しています。

▶▶ 3つの輪と経営の質、企業価値

　3つの輪のどの部分を意識し一貫性を持って具体的に行動し続けているかで、企業の経営の質が決まってきます。第一のタイプの企業が一番経営の質が高く、第四のタイプが一番低いことになります。

　経営の質というのは、バリュートライアングルの深さによって表すことができますが、これは、企業価値（本質価値）と関連しています。通常、経営の質と本質価値の間には関連性がないと思われがちですが、長期的な価値を大切にしている企業が同時に企業価値（本質価値および市場価値）を高めていることが、ジェームズ・C・コリンズ、ジェリー・I・ポラス著『ビジョナリーカンパニー』（日経BP出版センター）という本に示されています。

　『ビジョナリーカンパニー』には、日本の企業は1社（ソニー）しかでていませんが、これは、著者であるビル・コリンズ氏も言及しているように、日本に1社しかビジョナリーカンパニーは存在しないわけではなく、長期的な価値を大切にしつつ企業価値を創造し続けている企業であればビジョナリーカンパニーになります。トヨタやホンダや松下やキヤノンや花王などビジョナリーカンパニーの特徴を持っている企業は日本にも多数存在していますし、これからも多くの日本企業がビジョナリーカンパニーになるのではないかと感じています。

▶▶ 企業価値と経営者の役割

　企業価値は7-13で説明したように、70～80％は文化の価値であり、10～30％は戦略の価値です。企業価値の9割以上がここから生み出されています。文化と全社の戦略に誰が責任を負っているかというと、それは現場の方ではなく経営者です。いい加減な文化、いい加減な戦略では企業価値が創造されることはありませ

7-20　経営の質と経営者の役割

ん。その責任は、人数からすると圧倒的に少数である経営者にあります。

このように書くと、違和感を持つ方も多くいるでしょう。戦後の日本のように、人口が一方的に増える中でマーケットが継続的に拡大してきた時代であれば、営業、技術など特定の業務に精通しているプレーヤーの延長で経営者のポジションになってもそれほど不都合は生じなかったからです。特に、文化とか戦略の価値を高めるような経営者としてのスキルを身につけていなくても、業務に精通しているだけでよかったかもしれません。これからは、経営者というポジションは、特定の業務の延長としてだけの意味は薄くなっていくでしょう。むしろ、特定の業務を含め、それを包み込む文化の価値と戦略の価値を高める役割が強くなっていくことでしょう。

経営者の役割は、企業価値を高めることですが、これは図のように時間軸ごとにまとめることができます。バリュートライアングルの3つの輪で言うと、「より楽しく、より高い基準で」「より強みを活かし、より機会を捉え」「より高い売上と利益とキャッシュフローを実現する」ということです。同じことを「5つの資産」で言うと、より「わくわく」するような組織、より「いきいき」するような従業員、より「にこにこ」するような顧客を創り出すことにほかなりません。

経営者の役割

短期的な視点（企業価値全体の2〜5%）
　約束した売上、利益、キャッシュフローを達成する（有言実行）
　約束を守らないと資本コストに反映されます
中期的な視点（企業価値全体の10〜30%）
　自社の強みをもとに最大の機会を追及する
　戦略の立案と実行
　中期経営計画への落とし込み
長期的な視点（企業価値全体の70〜80%）
　情熱、ビジョン、価値観・信念、習慣・行動基準を明確にする
　毎日、コツコツ実践して文化を形成する
　チャレンジや継続的改善などを実践する
　人を育てる

第8章

見えない資産とKVD

　第8章では、前の章で説明した「5つの資産」と「バリュートライアングル」という2つのフレームを使って、もう少し説明を加えます。「5つの資産」からは、「わくわく」、「いきいき」、「にこにこ」を「バリュートライアングル」からは、「より楽しく、より高い基準で」、「より強みを活かし、より機会がある分野で」、「結果としての売上と利益とキャッシュフローをしっかり実現する」ことを感じでいただければと思います。

8-1
KVDとは

企業価値に大きな影響を与えている要因をKVD（主要な企業価値創造のドライバー）と呼びます。企業価値の創造には、自社のKVDが何かを見極めることが大切です。

▶▶ KVD

　企業は、**KVD**＊（主要な企業価値創造のドライバー）が何かがわかれば、企業価値をより楽しく、楽に、早く、大きく、創造できるはずです。このように言うと、「新たにKVDを作らなければいけない」と思われる方がいますが、それは誤解です。企業がこれまで歩んできた過程でKVDはあったはずです。そして、現在もKVDはあると考えるのが自然です。KVDがないと思っている方は、これまでそのような視点から考えていなかったので、イメージできなかったということでしょう。

　最近世の中の流れは、売上や利益など金融資産に関連する指標のみをより短い時間軸で考えるようになっているようです。ところが、企業価値は「将来のフリーキャッシュフローを現在価値に割り引いたもの」であり、それは前の章で説明したように、「5つの資産」と「バリュートライアングル」のすべての領域を意識し、実践するなかから生み出されるものです。

▶▶ 企業のタイプの違いとKVD

　KVDとしてどのような指標を使うかは、企業によって違うものです。7-19で説明した第一のタイプの企業は、5つの資産とバリュートライアングルのすべての領域を意識し、実践するためにモニターする指標を持っています。
　一方、第三のタイプの企業は、当期の売上と利益額だけがモニターされているかもしれません。
　5つの資産とバリュートライアングルのどの部分を意識し、実践しているかは企業ごとに違うものです。KVDは、ここで取り上げる項目ですべてというものではありません。一見ささいなKVDでも、見方によっては企業価値に大きな影響がある可能性があることを理解していただければと思います。

＊KVD　Key Value Driverの略。

8-1 KVDとは

2つのフレームワークとKVDの関係*

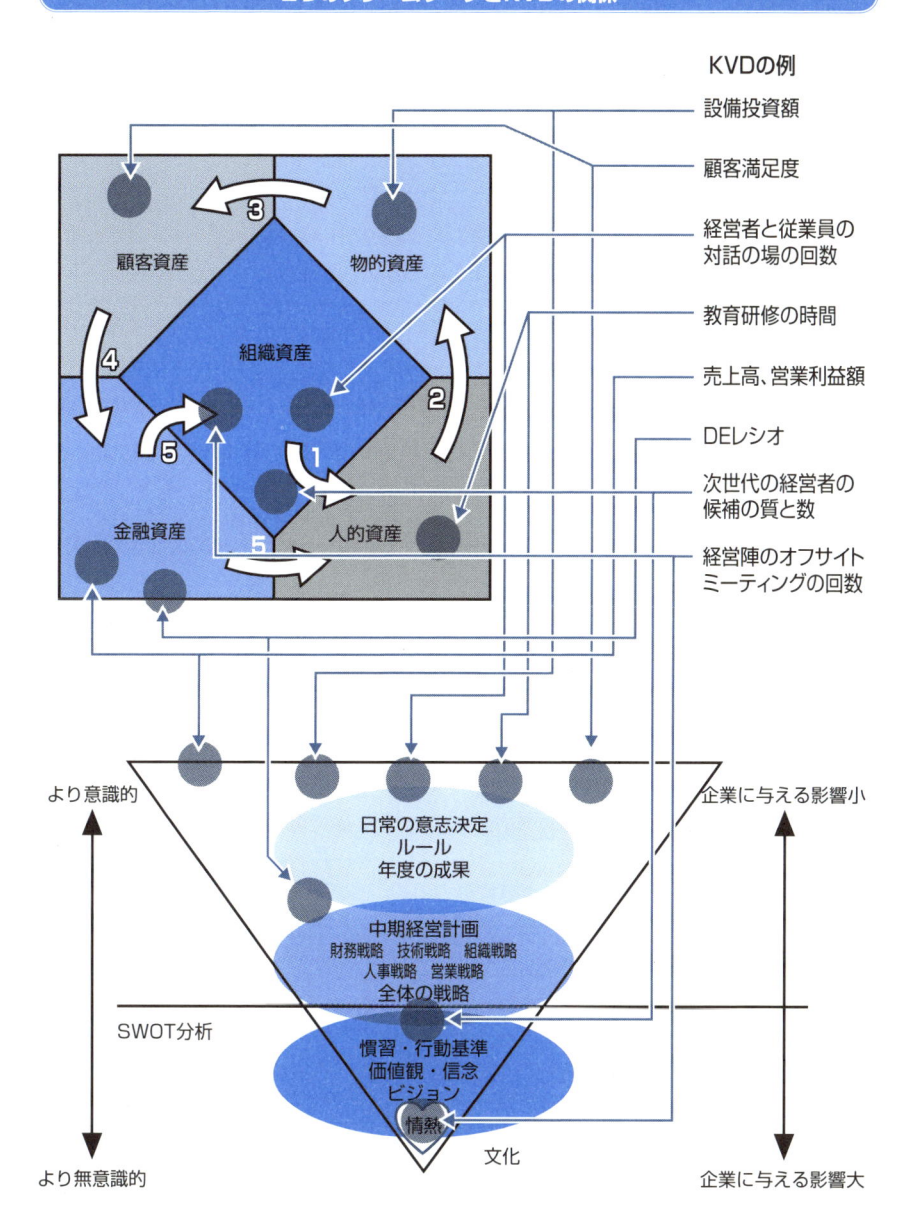

KVDの例

- 設備投資額
- 顧客満足度
- 経営者と従業員の対話の場の回数
- 教育研修の時間
- 売上高、営業利益額
- DEレシオ
- 次世代の経営者の候補の質と数
- 経営陣のオフサイトミーティングの回数

（図中ラベル）顧客資産／物的資産／組織資産／金融資産／人的資産

（下部三角図）
- より意識的 ／ より無意識的
- 企業に与える影響小 ／ 企業に与える影響大
- 日常の意志決定／ルール／年度の成果
- 中期経営計画：財務戦略　技術戦略　組織戦略　人事戦略　営業戦略　全体の戦略
- 慣習・行動基準／価値観・信念／ビジョン／情熱
- SWOT分析
- 文化

第8章　見えない資産とKVD

*…の関係　アーサーアンダーセン「バリューダイナミクス」東洋経済新報社をもとに作成。

8-1 KVDとは

ぜひこのような機会に、自社が企業価値を創造してきた要因は何か、あるいは破壊してきた要因は何か、イメージしてみてください。そして、自社の企業価値に大きな影響を与えているドライバーについて仮説を立てて選んでみてください。さらには、自分の立てた仮説を検証してみてください。このような地道な試行錯誤から自社の企業価値の創造に結びつけるKVDを見つけていただければと思います。

COLUMN　IPOと企業価値

IPOとはInitial Public Offeringの略で新規に株式を公開することです。株式を公開することで企業は株価を意識することになります。株価から市場価値もでてきますし、本質価値との乖離もでてきます。

IPOというのは、経営者にとって創業から大切に育ててきた会社が株式を公開する晴れの日です。そして多くの経営者がそれをゴールとしているのも事実ですし、それをゴールとして経営していくのは悪いことではありません。

ところがいくつか注意する点があります。IPO前後では次のような状況になっているケースが多くあります。つまり、企業の本質価値は創業から少しずつ高まっていて実際IPOする際にもそしてその後も高まる方向で向かっています。ところがIPO時の株価が本質価格よりも高く設定され、割高に株価がついてしまうことがあります。IPOの瞬間に売っている投資家にとっては儲かる話ですが、そのとき買った投資家は本質価値よりも高い株式を手に入れたことになります。

もし株価が本質価値よりも高い場合には、その後下落するリスクがありますし、信頼関係を築かないと大幅に（本質価値以上に）下落することも多いです。ここで経営者の方が割安であることを意識しないで放置しておきますと株価は割り引かれたままで放置されることになります。時価総額が500億円よりも小さな企業の場合には特にこの傾向が強く、割り引かれたままでいるとM&Aをされるリスクが出てくることになります。

そもそもIPO時の価格が本質価値に近い形で公開できればこのようなことにならないのですが、IPO前後でのさまざまな利害関係者の思惑で本質価格で初値（あるいは公募価格）が決まることは少ないようです。

経営者がIPOを1つの目標とするのは良いことですが、もう少し長い時間軸で考えるとIPOは単なる通過点しかなく、企業のビジョンを実現するためにIPOするのであれば一時的でも株価が割高になるような状況にならないようにマネージすることがIPOする際の経営者には問われるべきでしょう。

8-2
見えない資産とKVD

　物的資産や金融資産など財務諸表に載る資産のKVDは比較的簡単に設定することができますが、見えない資産のKVDについてもどのようなドライバーがあるのか考えてみることが必要です。

▶▶ 見えない資産とKVD

　見えない資産とは、7-5で説明したように、組織資産、人的資産、顧客資産を指します。

　KVDとして、顧客資産の顧客満足度を取り上げてみましょう。価値創造のプロセスでは、将来の売上の増加が、現在の顧客満足度と関連があります。顧客満足度を高める取り組みをすれば、顧客満足度は上がり将来売上が増えます。そうであれば、経営者は「将来の売上高を上げる」という結果を得るためには、「顧客満足度を上げる」という原因まで視野にいれてビジネスを考え組み立てていくことができます。KVDを特定することは、結果に至るプロセスあるいは原因を見つけることです。このような原因は、企業の情熱から価値創造のプロセスに沿って、売上、利益、キャッシュフローまでを結びつけた中に存在します。

　ところが、実際には「顧客満足度」など見えない資産のKVDが価値創造に結びつかないことがあります。7-19で説明したように、バリュートライアングルが浅い状態になっている企業では、いくら見えない資産のKVDを設定してもそれを活かすことは難しいからです。バリュートライアングルの状況によって、企業として設定して意味のあるKVDは違います。長期的な価値を生み出すようなKVD、たとえば、「チャレンジ」を取り入れても、短期的な成果しか追い求めないのであれば、チャレンジは無意味な指標でしかありません。

▶▶ 身近な指標とKVD

　従業員がKVDを明確に意識し、実際にそのKVDを高めるように日常の行動を行えばKVDと日常の行動の間に一貫性があります。実際には、従業員の日常の行動とKVDの間に関連性がないことがあります。たとえば、ある職場では「残業時間の長

8-2 見えない資産とKVD

無意味なKVDの例*

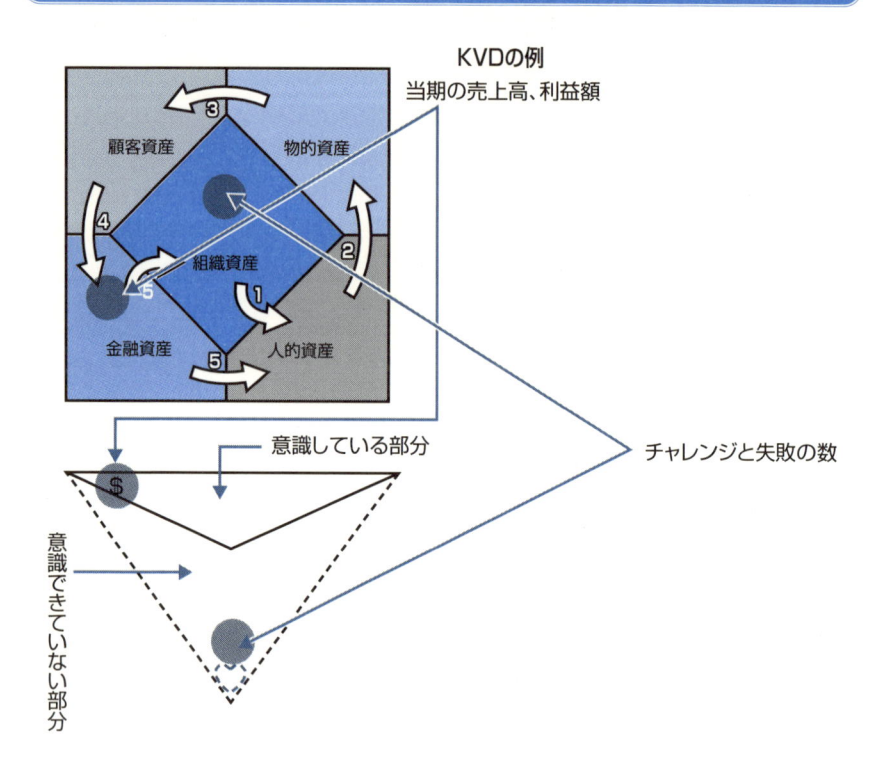

```
KVDの例
当期の売上高、利益額
```

顧客資産／物的資産／組織資産／金融資産／人的資産

意識している部分

チャレンジと失敗の数

意識できていない部分

さ」が職場を支配する指標になっています。残業時間が長いと上司から評価されるような職場では、従業員はKVDに関係なく残業時間を多く働くことがあります。同じ残業時間の長さでも、ある企業では、その従業員の仕事の仕方に問題があるのではないか、受けるべき研修を受けて身につけておくべきスキルを身につけていないのではないか、あるいは本来複数の人ですべき仕事を1人でしているのではないか、といろいろな角度から残業時間の意味をとらえようとするものです。KVDは、本来、企業価値に大きな影響を与える要因ですが、KVDと日常を支配している指標との間に一貫性がないと、従業員は企業価値を生み出さない部分で一生懸命仕事をすることになります。何がKVDか、日常を支配している指標との間に一貫性があるのか、定期的に立ち止まり考えてみることをお勧めします。

＊…**KVDの例** アーサーアンダーセン「バリューダイナミクス」東洋経済新報社をもとに作成。

8-3

重要度と緊急度

　現在意識しているKVDを特定するのに便利なのが重要度と緊急度の2軸を使った分析です。この2軸から作り出される4象限のどこに何を入れるかで企業が何をKVDとして使っているのかが見えてきます。

▶▶ 重要度と緊急度とバリュートライアングルの関係

　重要度と緊急度の2軸を使った分析は、スティーブン・R・コヴィー著『7つの習慣』（キングベアー出版）という本に載っている分析手法です。この手法自体は、個人を対象にしていますが、企業にも応用が可能です。縦軸に重要度、横軸に緊急度を取ってできる4象限の各々に、企業価値に大きく影響する項目を書き込むことで現在意識しているKVDを特定することができます。縦軸は上に行けば行くほど重要度があることです。上に行けば行くほど企業価値の創造に影響力がある項目が入ります。横軸は、右に行けば行くほど緊急度が高くなります。この分析は、企業単位でできますし、さらに細かく、事業単位、あるいは5つの資産単位、部単位、課単位さらには個人単位ですることも可能です。

　また、重要度として何を意識し、実践するかでどこまでバリュートライアングルを意識し、実践しているのかが見えてきます。もし7-19で説明した第一のタイプの企業であれば、文化の価値や戦略の価値を高める取り組みをより重要だと考えているはずです。4象限の左上には文化や戦略を実現するための取り組みがくるはずです。同時に、右下（重要度がなく緊急度がある）の部分は定期的に棚卸しをして組織的に廃棄しているでしょう。

▶▶ 重要度と緊急度の軸と価値創造のプロセス

　重要度と緊急度の軸と価値創造のプロセスの関係を示したのが図です。「重要度の軸」に長期的な価値の軸と中期的な価値の軸と年度の成果の軸の3つの軸が入っているとすると、図のように分解することが可能になります。一番下の4象限は、縦軸が長期的な軸（特に情熱の軸）と中期的な軸（特に強みの軸）になります。真ん中の4象限は縦軸が中期的な軸（特に強みと機会の軸）と短期的な成果の軸になります。

8-3 重要度と緊急度

一番上の４象限は、短期的な成果の軸と緊急度の軸となります。これをバリュートライアングルと関連させると価値創造のプロセスが見えてきます。①はチャレンジの領域です。②は継続的改善の領域です。②から③が全社の戦略になります。③から④が全社の戦略の個別戦略への落とし込みと実行の領域です。④から⑤が中期経営計画から年度の成果の実行の領域です。⑤は日々の日常で成果を出す領域になります。価値創造のプロセスを通じて企業の情熱から結果としての売上、利益、キャッシュフローに結びつけることができます。また、①から⑤までの流れを意識的に創り出していくことを「イノベーション」と言います。意識しているか否かに関わらず、実際の企業の活動は、これらをすべて別個に行っているのではなく同時に行っているのです。

バリュートライアングルと価値創造のプロセス

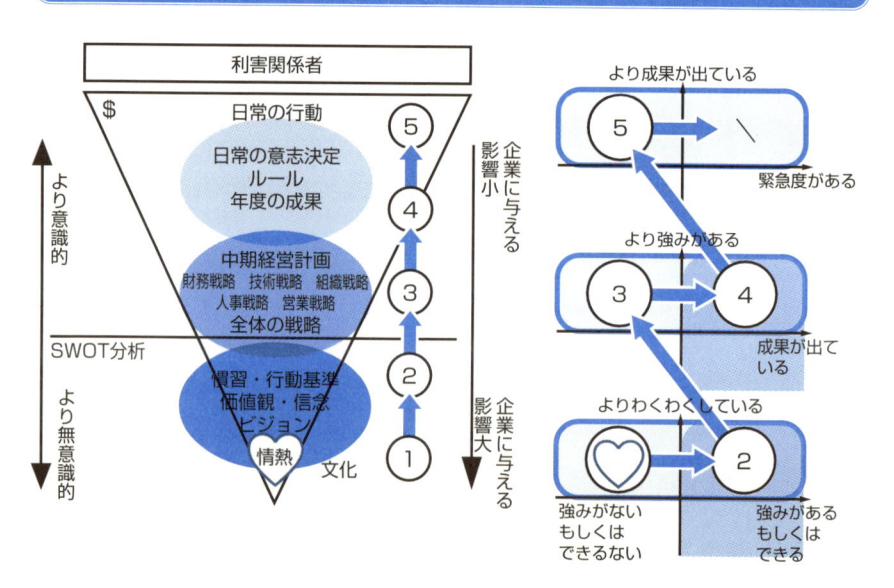

8-4
組織資産
－情熱・ビジョン

　情熱・ビジョンは、5つの資産だと組織資産に属します。バリュートライアングルだと、文化に属し、価値創造のプロセスの出発点となるものです。

▶▶ 情熱・ビジョンを大切にしている企業

　「情熱・ビジョン」を大切にしている企業としてどのような企業をイメージしますか？ルイ・ヴィトンは世界的に有名なブランドで、日本でも表参道をはじめ各地に店舗を持っています。このようなブランド企業を5つの資産で見ると、作っている製品・サービスに目が行きがちです。では、実際ルイ・ヴィトンを経営している方は何を大切にしているのでしょうか？

　ルイ・ヴィトンの日本の経営を任されている秦 郷次郎 氏は、著書『私的ブランド論』の中で次のように言っています。

　『ルイ・ヴィトンの何が他の会社と違うかと聞かれたとき、私は迷わず「それはパッション（情熱）だ」と答えます。「社員一人ひとりが持つ、商品に対する情熱、ブランドに対する情熱が違う」と言っています。新入社員にはいつも「もし、そうした熱い気持ちが持てないなら、この会社にいてもしようがない」と話しています。

　どんなに戦略が正しくても、最後はそれを実践する人の気持ちが大事になるからです。』＊

　秦氏が言っていることは、5つの資産で考えると、情熱という組織資産と、それを実践している人的資産を大切にしていることです。バリュートライアングルで言うと、情熱という長期的な価値を大切に経営していることになります。「情熱を戦略よりも大切だ」とも言っています。これは、中期的な価値である戦略は、長期的な価値である情熱に支えられていることを意味しています。まさに、企業価値を創造する視点で経営をしていると考えることができます。

　「好きこそものの上手なれ」という諺があります。自分のしていることにわくわく

＊…なるからです　秦郷次郎『私的ブランド論』日本経済新聞社、p.169より。

8-4 組織資産-情熱・ビジョン

している人、あるいは自分の実現したいことにわくわくしている人、このような人は情熱やビジョンがある人ですが、情熱やビジョンを持てる分野で仕事をしていくことがビジネスでは意外と蔑ろにされているかもしれません。しかし、情熱やビジョンを蔑ろにして企業価値を創造するのは難しいです。企業価値創造の出発点は、情熱・ビジョンにあるからです。

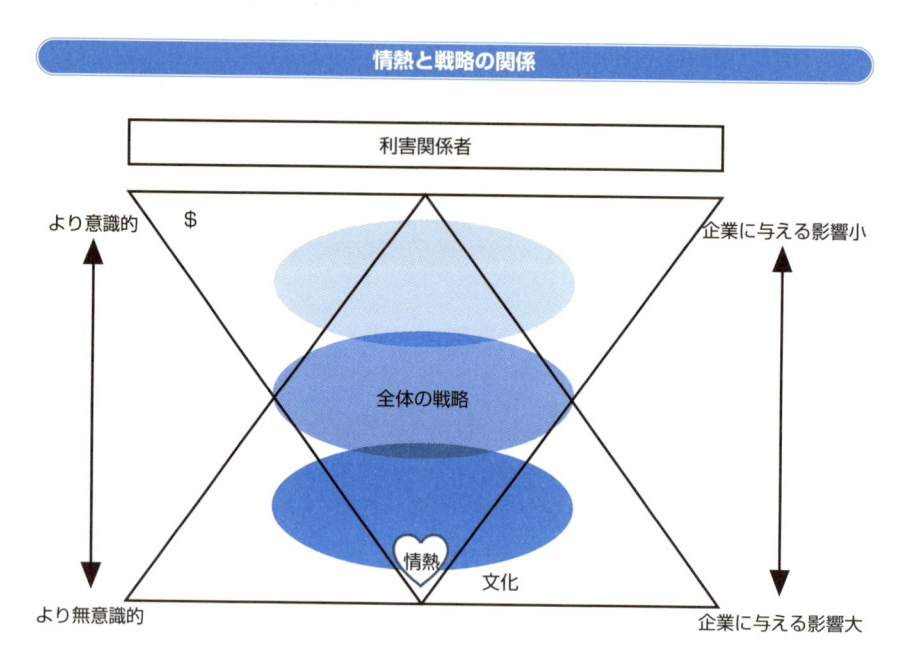

情熱と戦略の関係

利害関係者

より意識的　$　　　　　　　　　企業に与える影響小

全体の戦略

情熱　文化

より無意識的　　　　　　　　　企業に与える影響大

8-5
組織資産
－習慣・行動基準

　「チャレンジ」や「継続的改善」は組織資産に属し、バリュートライアングルだと、文化に属します。これは、企業の情熱やビジョンを実現するために「何を当たり前として行動しているか」という習慣・行動基準です。

▶▶ チャレンジとは

　「チャレンジ」とは、「何か新しいことに取り組むこと、できるかどうかわからないけど果敢に挑んでみること」です。それはすでに短期的な成果（たとえば売上や利益やキャッシュフロー）が出ているものではありません。実際にチャレンジの多くは失敗に終わります。しかし、失敗にも諦めず、チャレンジし続ける中で多くの経験を積むことになります。そのような経験の中から強みが形成され、ある成果が見えてきます。

　「チャレンジ」というと、どのような企業を思い浮かべるでしょうか？

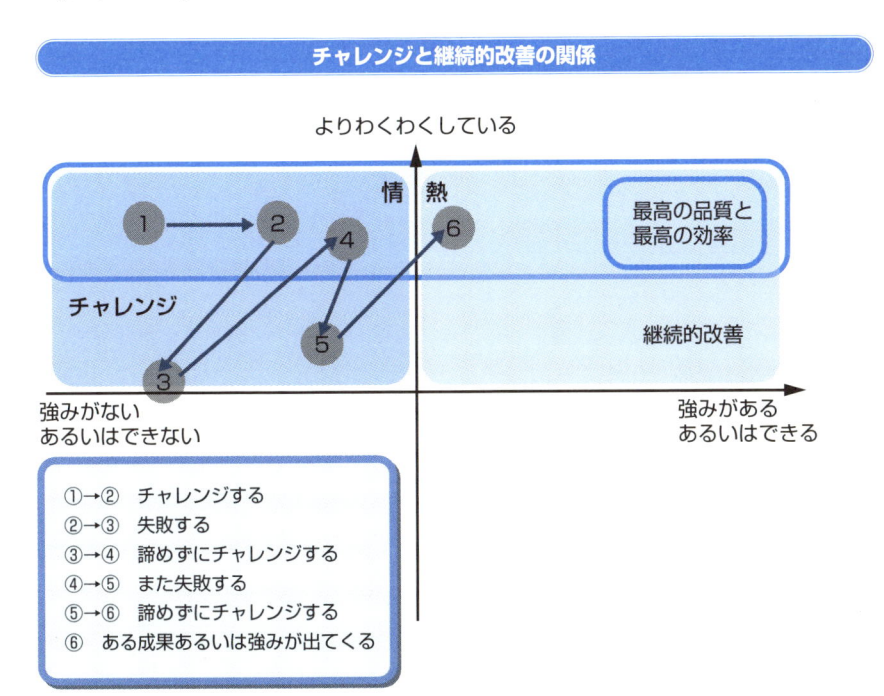

チャレンジと継続的改善の関係

よりわくわくしている

情熱

最高の品質と最高の効率

チャレンジ

継続的改善

強みがない
あるいはできない

強みがある
あるいはできる

- ①→②　チャレンジする
- ②→③　失敗する
- ③→④　諦めずにチャレンジする
- ④→⑤　また失敗する
- ⑤→⑥　諦めずにチャレンジする
- ⑥　ある成果あるいは強みが出てくる

ユニクロとチャレンジ

　ユニクロを展開しているファーストリテイリング会長の柳井 正 氏は、著書『一勝九敗』の中で次のように述べています。

　　『経営は試行錯誤の連続で、失敗談は限りなくある。商売は失敗がつきものだ、十回新しいことを始めれば九回失敗する』*
　　『自分たちが送り出した商品の失敗を直視し、改善する、失敗の連続だったが、そこから次の成功を導き出す。ユニクロの品質向上には、現場で学んだ失敗の数々が大きく寄与している。つねに「現場を知る」ことこそ、経営の原点だと今も考えている』*

　ユニクロを5つの資産で考えた場合に、組織資産としてチャレンジがあることは疑いようがありません。過去5年の売上高は約25％成長、営業利益額は約35％成長と組織資産が着実に金融資産に結びついています。

　「チャレンジ」は、急成長している企業だけのものではなさそうです。確かに歴史の長い企業では「チャレンジ」を習慣・行動基準として持ち続けることはやさしいことではないかもしません。しかし、大企業の中でも、ベンチャー時代からのチャレンジ精神をいまでも意識し、実践している企業は存在します。たとえば、意外に思われるかもしれませんが、トヨタです。

トヨタとチャレンジ

　トヨタの専務の木下光男氏は『トヨタウェイ　進化する最強の経営術』の中で次のように述べています。

　　『最初の柱の『知恵と改善』の一番目を「チャレンジ」だと定めました。これはですね、私どもの創業以来の一番大きな柱になっている項目じゃないかと思います』*
　　『やはり、この何十年間やってきたことの基本は、モノづくりに至るチャレンジ精神だというわけです』*

　チャレンジすると失敗します。失敗は、短期的には費用となります。しかし、このようなチャレンジにかかるコストは、企業価値創造の視点では組織資産として考えるべきでしょう。なぜなら、利益やキャッシュフローは、チャレンジしなくなれば短期的には増えるでしょうが、長期的には先細るからです。

---

*…**九回失敗する**　柳井　正『一勝九敗』新潮社、p.5より。
*…**考えている**　柳井　正『一勝九敗』新潮社、p.69より。
*…**思います**　梶原一明『トヨタウェイ　進化する最強の経営術』ビジネス社、p.123より。
*…**というわけです**　梶原一明『トヨタウェイ　進化する最強の経営術』ビジネス社、p.124より。

▶▶ 継続的改善とチャレンジ

「継続的改善」は、「KAIZEN」という英語になっているほど世界的に広まっています。特に製造現場での改善は、日本の企業の素晴らしい点であり、そのような現場の力が世界へ向けて素晴らしい製品・サービス提供の原動力となっています。「継続的改善」が企業全体の習慣・行動基準になっていれば、それは組織資産です。バリュートライアングルでみると長期的な価値です。

チャレンジは、長期的な軸（特に情熱の軸）と中期的な軸（特に強みの軸）で作る4象限で見ると、左上の領域になります。企業として情熱がある領域で、失敗を恐れず果敢に挑んでいく領域です。

一方、継続的改善は、同じ4象限の右上の領域になります。企業として情熱がある領域で、より良く、より楽しく、より楽に、より早く、より大きく、日々コツコツと研ぎ澄ませて行くプロセスです。

先ほどの柳井氏の言葉を借りると、チャレンジは「1勝9敗」の世界であり、継続的改善は、「10勝0敗あるいは9勝1敗」の世界です。別の表現をすれば、チャレンジは「決して諦めない」ことが大切であり、継続的改善は「決して満足しない」ことが大切です。

▶▶ 最高の品質と最高の効率

4象限の一番右上の領域は、「最高の品質と最高の効率」の領域です。継続的改善を毎日コツコツと実践し研ぎ澄ませていくことで達成される領域です。品質と効率は、一見トレードオフの関係にあるように見えますが、継続的改善は、このトレードオフを超えて、さらに良い品質のものをより高い効率で達成することを追及していくことです。

継続的改善は、ものづくりの世界で有名ですが、本来それ以外の分野でも適用可能な習慣・行動基準です。5つの資産のどの分野でも成果が明確であれば、継続的改善を進めることは可能です。企業全体の習慣・行動基準として継続的改善を位置づけている企業であれば、企業の日常の行動のすべての分野で継続的改善は行われていくべきものです。

8-6
組織資産
－習慣曲線

　企業の文化は、情熱・ビジョンや価値観・信念を行動のベースに落とし込んだ習慣・行動基準から創られていきます。文化を創る際に忘れてはならないのが「習慣曲線」の存在です。

▶▶ 文化と習慣曲線

　どの企業にも、本来、その企業らしさ、文化はあるはずです。ところが、7-19で説明した第一のタイプの企業は、文化を日々意識し実践しているでしょうし、第四のタイプの企業は文化を意識していません。
文化は、「継続すること」から形成されます。多くの企業がこれを難しいものだと思っています。それは、「文化を意識するのが当たり前」と「文化を意識しないのが当たり前」という一見大きな違いの間に、「習慣曲線」が存在することを知らないからです。

　「習慣曲線」とは、個人あるいは組織で、新たな習慣を身につける際に経験する精神的苦痛度とそれに対する成果の関係を表したものです。習慣曲線の左側は、「三日坊主」の領域です。何か新しいことを始めると、最初慣れるまで苦痛を伴いますが、その期間にはまったく成果は期待できないものです。この期間に新たな取り組みを止めてしまうと、いわゆる「三日坊主」のできあがりです。ところが、新たな取り組みも継続しながら少しずつ基準を上げていくと苦痛は感じないものですし、やらないと気持ち悪く感じるほどになります。ここまでやるとそれに伴う成果も出てきます。

▶▶ 習慣曲線の例

　Aさんが「週に3回スポーツクラブへ行って体重を減らそう」と思い立ちます。Aさんは、とても忙しいのですが、スポーツクラブへ行くことにしました。なかなか大変です。2日目、3日目もどうにか行きました。でも、3日行っても効果はまったく見られません。Aさんは、「こんなことを続けてもどうせ効果はないだろう」と思

8-6　組織資産－習慣曲線

習慣曲線

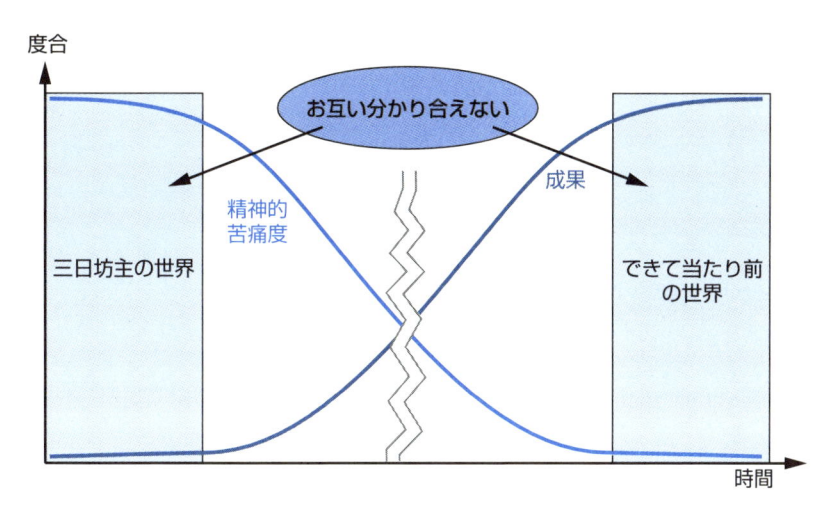

度合

お互い分かり合えない

精神的苦痛度

成果

三日坊主の世界

できて当たり前の世界

時間

い行かなくなりました。

　Bさんは、まず月に1回だけ行くことにします。なんなく初日にその月の目標をクリアしてしまいました。次は月に2回行くことにしました。これもクリアです。次は毎週1回行こう・・・、とやっているうちにスポーツクラブへ行く習慣ができあがります。少しずつ歩ける距離も増えていきます。知り合いもできて楽しくなってきます。スポーツクラブへ行かないと気持ち悪くなります。そうなると、体重が減るなど具体的な効果もでてきます。

　企業が身につけている良い習慣・行動基準も同じです。できない企業からすると、「できないことが当たり前」でも、できる企業からすると「できることが当たり前」です。両者には大きな違いがあるように見えますが、実は「習慣曲線」を知っていると見え方が違ってきます。たとえ、今はできなくても、新たな良い習慣・行動基準は身につけることはできるのです。新たな習慣・行動基準を獲得するスキルを企業として身につけることを「組織変革」と言います。新たな良い習慣・行動基準を身につけると、そのうち「当たり前」になります。「当たり前」を1つ1つ増やしていくことで企業は筋肉質になることが可能です。習慣曲線の出だしは、「小さくゆっくり」が大切です＊。ある程度勢いが出てくると「毎日・こつこつ・楽しく」が大切になります。成果は後から必然的に着いてきます。

第8章　見えない資産とKVD

＊…**が大切です**　習慣曲線を利用できるのは、企業のキャッシュフローが損益分岐点を越えていてある程度の余裕がある場合です。企業のキャッシュフローが損益分岐点に行っていない場合には、まずその対策を行う必要があります。ある程度の財務的なゆとりができてからでないと習慣曲線の利用はうまくいきません。

8-7
組織資産
ー対話

　「対話」は、5つの資産でもバリュートライアングルでもすべての部分に行き渡っているべきものです。ところが、今日のように電子メールや携帯電話が普及していると、意識しないと知らないうちに対話が希薄になってしまいます。

▶▶ 意識的な対話の必要性

　バリュートライアングルの表層は、日常のさまざまな業務です。業務の多くは、ずいぶんと細分化されています。そして、インターネットや携帯電話が発達して多くのコミュニケーションは仕事の話をするだけで事足りるようになっています。ここに実は落とし穴があります。

　インターネットや携帯電話は、それらがなかった時代を思い出すことができないほど当たり前のビジネスツールとなっています。このようなツールがない時代には、人は膝を付き合わせて議論をしたものです。議論をすれば、相手の表情がいつもと違うことや、元気がないことなどがわかりますが、ツールを通じて行っていると分からないことがあります。このため、人と人との間に心のこもった対話をする機会がずいぶんと少なくなっているのです。ここに意識的な対話の必要性が生まれてきます。

▶▶ 対話と価値創造のプロセス

　私たちは日々何げなく対話をしていますが、対話は常に相手がいます。そのような当たり前のなかに企業価値創造のヒントが隠れていることがあります。
・マーケットの良い情報、悪い情報がストレートに経営チームに伝わっているか？
・従業員の不平不満がストレートに経営チームに伝わっているか？
・部門間の情報が良い情報、悪い情報に関わらず伝わっているか？

　もしすべて伝わっていれば「風通しの良い企業」でしょうし、そうでなければ「風通しが悪い企業」です。企業の内外ではさまざまな対話がなされていますが、対話が分断されると価値創造のプロセスも分断され滞ってしまいます。このような視

8-7 組織資産－対話

点から日産を見てみましょう。

▶▶ 日産のケース

　日産のCEOに就任した当初の状況についてカルロス・ゴーン氏は以下のように述べています。

　　『部門と部門、職務と職務のつながりが見事に断ち切られていた。部門ごとに社員は、自分たちは目標を達成しているとそれぞれに信じていた。それは日産に関わらず、世界中の危機に瀕する企業に共通して見られる問題である』*

　　『従業員とマネジメントとのあいだに双方向のコミュニケーションがほとんど存在していなかったのである』*

　「従業員とマネジメントのあいだに双方向のコミュニケーションがなかった」というのは、「上位下達」といわれている文化の企業では起こりがちです。双方向のコミュニケーションがあるということは、経営者から発するメッセージがある一方で、従業員から発せられるメッセージに対しても経営者が誠実に耳を傾けているということです。つまり、経営者と従業員の間に「対話」があることです。

　対話がある企業では、企業全体で起こっていることが共有されているでしょう。逆に、対話が分断されている企業では、個々の仕事は行われているのですが全体像が見えなくなっています。対話が不足している企業では、経営者が従業員のメッセージに耳を傾けなくなっていることが当たり前になっているので、経営者と従業員の間の対話の不足に気づかないこともあります。

＊…問題である　カルロス・ゴーン『ルネッサンス』ダイヤモンド社、p.164より。
＊…のである　カルロス・ゴーン『ルネッサンス』ダイヤモンド社、p.165より。

8-7 組織資産－対話

対話の流れの全体像

利害関係者	組織資産 →	人的資産 →	物的資産 →	顧客資産 →	金融資産
	地域社会・環境	人的資産の市場	原材料市場	マーケット	資本市場
短期	日常の行動	日常の行動	日常の行動	日常の行動	日常の行動
	年度の成果	年度の成果	年度の成果	年度の成果	年度の成果
中期	組織戦略(IT法務…を含む)	人事戦略	技術戦略	営業戦略	財務戦略
	経営戦略・事業戦略				
長期			人づくり		
			企業文化		
			組織づくり		

Column コラム

短期的な株価の上昇

　短期的な株価の上昇は企業価値の創造を意味するのでしょうか？

　経営者が短期的に株価を上げたいとします。経営者がなぜ株価を短期的に上げたいかというとそれは資本市場にいる投資家が短期的な株価の上昇を期待していると思っているからです。短期的に株価を上昇させるために経営者は何をするでしょうか？　通常そのような場合経営者は短期的に利益があがるようなことを意識し実行に移します。たとえば試験研究費を少なくするとします。そうする短期的に利益を上げることになります。

　これは5つの資産で考えると、組織資産を少なくし、金融資産を増やすことを意味します。バリュートライアングルでいうと短期的な価値、特に当期利益という金融資産を意識することを意味します。これは同時に中長期的な視点が欠落していくことを意味します。確かに見える資産は増えますが、見えない資産は減っていますし、バリュートライアングルも浅くなります。

　これは企業価値が下がることを意味します。市場価値は中長期的には本質価値に収束しますので株価も将来的には下がることを意味します。そうなると、短期的に株価が上昇した段階で売る投資家が得をして、売らない投資家は損をすることになります。ですから短期的な株価の上昇というのはある一部の投資家の得にはなりますが、その他大勢の投資家にとっては損になる行動です。経営者は誰のために経営をしているのでしょうか？　経営者が株を持っていればこれで経営者は損をします。株を持っている従業員は一生懸命働いているのに損をします。顧客は短期的な行動をとる結果として魅力のない製品・サービスを受けることになりにこにこできなくなります。サプライヤーは試験研究費が下がればビジネスは消えます。企業を応援している長期的な投資家も損をします。企業は本来、顧客がよりにこにこするために、従業員がよりいきいきするために、経営者が自らのビジョンを実現して社会に貢献するために経営をしているはずです。この場合には、短期的な株価の上昇を期待している投資家を株主として選んでいることに問題があります。資本市場にいるのは、たしかに短期的な株価の上昇を期待する投資家もいますが、そうではない中長期的な株価の上昇を期待する投資家も存在します。株主の質をどのように選ぶかというのも経営者にとって大切なテーマです。

第8章　見えない資産とKVD

8-8
人的資産
―採用

　採用は企業価値にどのような影響があるのでしょうか？　どの企業でも優秀な人材を採用したいというメッセージを出しています。最近では、すぐにでも活躍できる人を採用したい、と中途採用も活発に行われています。

▶▶ 企業のタイプと採用のポイント

　採用する場合、どこにポイントを置くのかは企業によってさまざまです。それは企業がバリュートライアングルのどこまでをより意識しているのか、に関係しているように感じます。

　短期的な視点が強い企業は、より即戦力を求める傾向が強いです。では、中長期的な視点が強い企業は、どのような人材を採用しているのでしょうか？

▶▶ リッツカールトンのケース

　リッツカールトンは、ホテル業界で世界的に高品質なサービスを提供する企業として有名です。前リッツカールトン大阪の総支配人オクタビア・ガマラ氏は彼自身がどのような理由でリッツカールトンを選んだのか次のように語っています。
「他のホテルは「自分のする仕事」の話しか話題にならなかったが、リッツカールトンだけがリッツカールトンの価値観・信念の話が中心でした。リッツカールトンの考え方は自分が両親から受け継いだ考え方とフィットしていました。人の性格はそう簡単に変えられるものではないので、自分の物事の見方・考え方にフィットした職場を選ぶことを心がけました。」

①リッツカールトンの価値観・信念
　リッツカールトンの価値観・信念については以下のように語っています。
「ビジネスとは、人生と切り離されたものではなく人生そのものであると考えています。1日のうち8時間もの時間を過ごす場所がわくわくする場所でなければなんのための人生であるかわかりません。同じ職場で働く同僚への配慮・お客様への配慮を

8-8 人的資産－採用

はじめすべての人を一人の人間として配慮する価値観（care people）を大切にしています。リッツカールトンは各人の理想（dream）を追求する場であり、従業員が互いに尊敬し励ましあう（inspire）場です。」

②採用の重視

　リッツカールトンは、人的資産を一番重要な資産だと考え、採用を重視しています。採用活動は、以下のような視点で慎重に行われています。

- リッツカールトンではあるスキル（skill）を持った人を雇用するのではなく、リッツカールトンの価値観・信念を実践している人を選択するプロセス（selection）と考え採用をきわめて重視しています。
- 採用はきわめて重要なプロセスなので総支配人が1人1人と話をしています。
- 「人をひとりの人間として配慮することができるか（care）」という視点を大切にしています。
- 「フレンドリーであるか(friendly)」、リッツカールトンではこれはスキル（skill）より重要な資質だと考えています。1人の人間として暖かいもてなしができる資質をもっていることが何よりも優先されます。常にスキルは暖かい人間性（warm friendliness）の後に考慮されるものだからです。
- 「経験から学ぶことができるか（learner）」という視点と「自己管理ができるか（discipline）」という視点も大切にしています。

　リッツカールトンは、採用を慎重にしかも真剣に行っています。自社の価値観・信念が明確な企業は、その企業の価値観・信念にフィットするような人を採用するように心がけています。

5つの資産と採用*

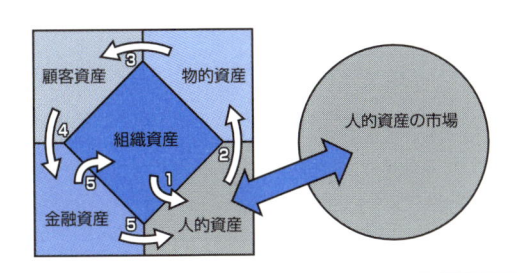

※…と採用　アーサーアンダーセン「バリューダイナミクス」東洋経済新報社をもとに作成。

8-9

人的資産
－成果主義

　成果主義の「成果」は、企業によってその定義が違います。何を成果として考えるか、時間軸をどのように考えるかで成果主義の意味も違ってきます。成果主義ではこの点を明確にすることが大切です。

▶▶ 成果主義の「成果」

　通常、成果主義というと「1年間で達成された結果」で測定することが多いようです。ところが、5つの資産で考えると、成果は金融資産や物的資産に関連するものであれば、1年間で測定可能ですが、組織資産や人的資産などはより長期的な時間軸を入れることで初めて見えてくるものなので、測定対象になりにくいです。

　成果主義として、中期的な価値や長期的な価値をまったく無視して短期的な成果だけを考え導入すると、バリュートライアングルの短期的な価値しか意識しない方向へ向かう恐れがあります。

▶▶ 成果主義の例

　いまAさんとBさんの2人の部長がいます。2人を短期的な成果で評価するとします。この企業には横軸（短期的な成果の軸）しかないので、Bさんのほうが Aさんよりも成果を出していることになります。

　しかし、その企業で働いているAさん、Bさんの上司も部下もなんとなく納得できないものがあります。ここで、短期的な成果とともに中長期的な成果の軸を入れます。中長期的な成果とは、企業の価値観・信念を体現していること（組織資産）とか、部下の成長を促進していること（人的資産）です。たとえば、Bさんの部下はまったくいきいきしておらず、担当する顧客もにこにこしていない場合、Bさんは短期的には成果を出しているかもしれませんが、人的資産と顧客資産を低めている可能性が高いです。それが短期ではまだ数値として現れていないだけです。

　逆に、Aさんは短期的な成果ではBさんよりも劣っているかもしれません。しかし、Aさんの部の人たちはいろいろなチャレンジを通じて成長していていきいきして

いる、顧客がにこにこしているのであれば、今後も価値創造していく流れができています。

　短期的な視点だけで成果主義を導入すると、5つの資産の一部の資産だけを成果として考え、バリュートライアングルの浅い部分だけを意識することになるので、中長期的には企業価値を破壊することになります。逆に、中長期的な視点のなかで短期的な成果も見つめていくような成果主義を導入し、上手く運用している企業は企業価値を高める可能性が高くなります。

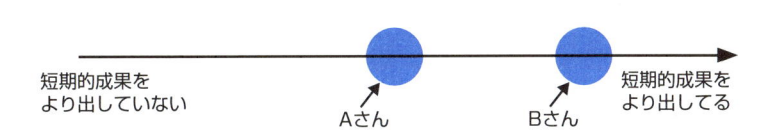

1つの軸（短期的な軸）だけで成果を考えるケース

短期的成果を
より出していない　　Aさん　　Bさん　　短期的成果を
より出してる

2つの軸（中期的な軸と短期的な軸）で成果を考えるケース

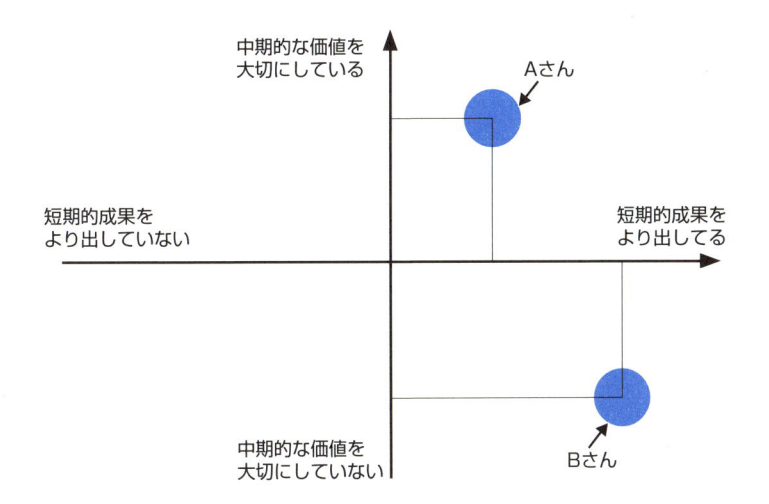

中期的な価値を
大切にしている　　　Aさん

短期的成果を
より出していない　　　　　　　　短期的成果を
より出してる

　　　　　　　　　　　　　　　　Bさん
中期的な価値を
大切にしていない

8-10 人的資産
－従業員への教育

　経営者は、ここ数年で企業を取り巻く環境の変化を肌感覚で感じ、企業価値に対する理解を深めています。企業価値に対する理解は、経営者レベルで留めるべきではなく、従業員へも共有されることが大切です。

▶▶ 経営者と従業員のギャップ

　経営者が企業価値に対する理解を深めるのは、企業価値を創造する責任者として当然のことです。一方、世の中の変化に、企業で働いている従業員が同じリアリティーを持って感じることは残念ながら難しいことです。従業員は、製造の現場、営業の現場、試験研究施設などで一生懸命働いています。そして、日々企業価値の創造に貢献しているのですが、日常の行動のレベルでは企業価値の全体像を見渡すことはできないことが多いからです。

　このため、経営者の感覚と従業員の感覚の間に、この数年で大きなギャップが生じています。

「企業価値」の浸透の必要性

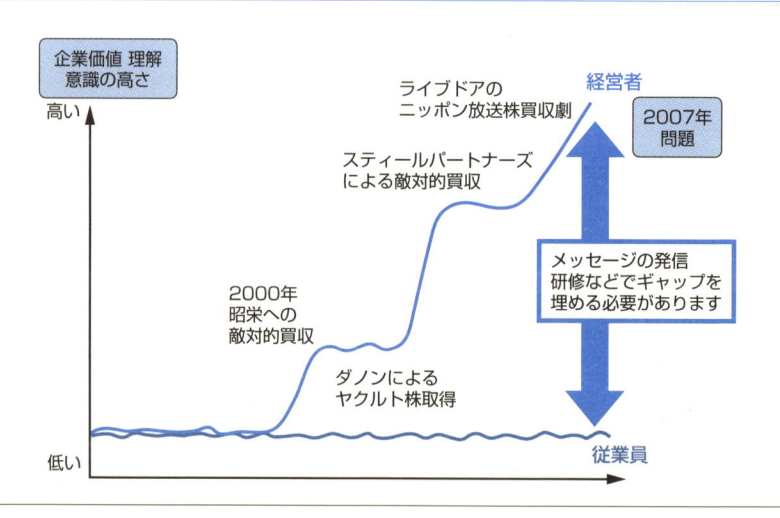

企業価値 理解 意識の高さ（高い／低い）

- 2000年 昭栄への敵対的買収
- ダノンによるヤクルト株取得
- スティールパートナーズによる敵対的買収
- ライブドアのニッポン放送株買収劇
- 2007年問題
- 経営者
- 従業員

メッセージの発信、研修などでギャップを埋める必要があります

8-10 人的資産－従業員への教育

▶▶ 企業価値創造への理解の必要性

　企業価値を創造することは、7-6で説明したようにある特定の利害関係者、たとえば、現在の株主のためだけのものではありません。ところが、多くの従業員は、企業価値の理解が不足しているがために企業価値を誤解している場合が多いです。本来、経営者と従業員は同じ船に乗って同じ方向へ向かっているはずです。どちらか一方の価値を高めても企業価値は創造されないからです。経営者と従業員の意識の差は、経営者からのメッセージや研修の場を通じて継続的に埋める必要があります。

▶▶ 社内IRの勧め

　IRというと、外部の投資家との対話だと思っている方がいますが、企業の内部にも投資家はいます。従業員持株会がある企業であれば、従業員は大切な株主になります。ところが多くの企業が従業員へのIRを怠っていますし、逆に従業員も自社株を保有している意味を感じていないことが多いです。

　企業価値（本質価値）を高めることは、組織をよりわくわくするような場にすることであり、従業員がよりいきいきすることであり、顧客をよりにこにこすることです。このような日々の活動を通じて企業価値を高めていくと、中長期的には市場価値に反映し、各従業員の持株の価値に反映することになります。これが従業員持株会の意味です。

　ある企業では、定期的に社内向けのIRを行っています。社内IRを通じて企業の情熱やビジョンや戦略を繰り返し共有しています。社内IRは、従業員にとっては定期的に自分の仕事の全体のなかでの位置づけを確認するいい機会となっています。

　日々の企業価値は従業員が創っているのですから、企業価値の理解は経営者に留めておくべきではなく、広く従業員と共有され、組織の隅々まで浸透されることが望まれます。また、「従業員への教育」というと、日常の業務を行うスキルの獲得だけを教育だと思っている方が多いですが、企業の全体像を伝え共有することも大切な教育です。

8-11
人的資産
－次世代の経営者の育成

　企業価値の多くは、文化の価値と戦略の価値から成り立っています。経営者は、両者に責任を負っていますが、このような視点を持った次世代の経営者は意識的に作っていく必要があります。

▶▶ 部課長の視点

　企業が大きくなっていくと、営業は営業、経理は経理とその道のプロフェッショナルとして成長していきます。業務を行っていく上でのスキルを身につけることは大切です。これを、反対から見ると、ある分野のことには詳しいが他の分野のことには詳しくないことになります。たとえば、Aさんは経理のプロ、Bさんは営業のプロで、部門の部長あるいは課長だとすると、2人の関心領域は自然とある特定の部分だけになりがちです。

部課長の視点

利害関係者

金融資産　物的資産　組織資産　人的資産　顧客資産

より意識的　　　　　　　　　　　　　　　　　企業に与える影響小

Aさん　　　日常の意志決定
　　　　　　ルール
　　　　　　年度の成果　　　　　　　　　　　Bさん

中期経営計画
財務戦略　技術戦略　組織戦略　人事戦略　営業戦略
全体の戦略

SWOT分析

慣習・行動基準
価値観・信念
ビジョン
情熱
文化

より無意識的　　　　　　　　　　　　　　　　企業に与える影響大

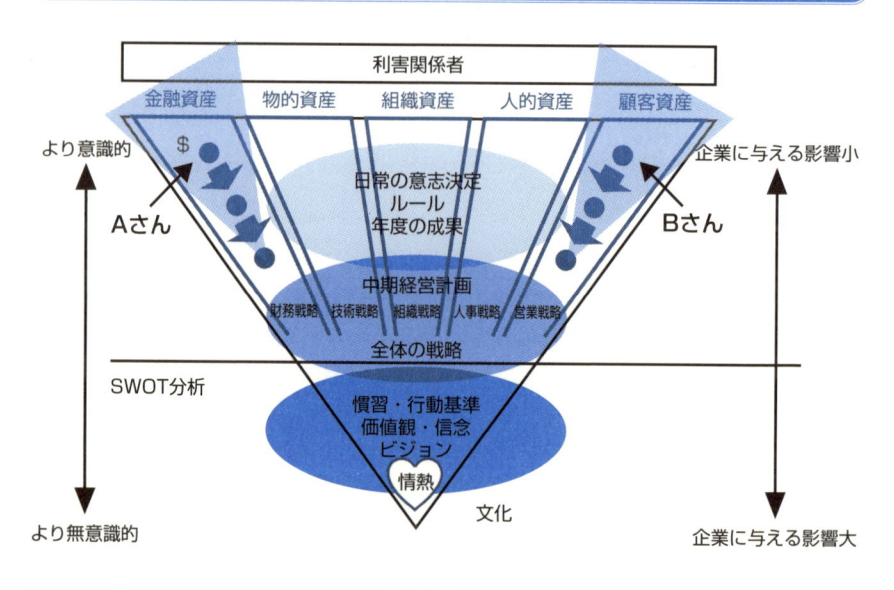

▶▶ 経営者の視点

　企業価値創造の視点から見ると、経営者の大きな役割は文化の価値を高め、戦略の価値を高めることです。これは、部課長の視点に加え、全社の視点が必要になってきます。全社の視点は、1つの部門にいるだけで養うことは難しいです。これは、他の部門を渡り歩いたほうがいいということではありません。日常の行動のレベルですべての領域に詳しくなったからと言って、文化を高めるスキルや戦略を立て実行するスキルは身につくものではありません。

　自分で事業を起こしている場合、創業者は、企業の成長の過程で経営者としての視点を日々の実践を通じて学んでいるので、このような視点を学ぶ必要性は少ないです。しかし、企業が大きくなって、ある部門の経験しかしていない管理者から経営者を育てる場合には工夫が必要になってきます。

経営者の視点

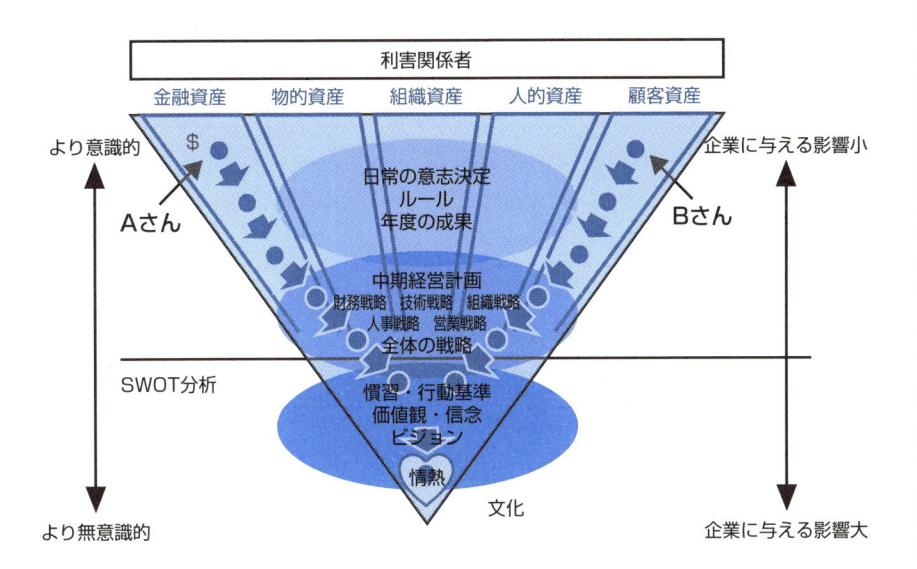

▶▶ 次世代の経営者の育成

①小さな事業・子会社のトップの経験

　7-10で説明したように、いきなり大きな事業について価値創造のプロセスを実践することは難しいです。そうであれば、大企業の場合、意図的に小さな子会社や事業部のトップの経験の中で経営者の視点を学んでいってもらうのは1つの方法です。小さいとは言えトップであれば、事業の組織資産や人的資産を含めたすべての資産について意識をせざるを得なくなります。そのような経験からは、経営者として身に着けておくべき多くのことのスキルを学ぶことが可能です。小さな組織を経営するスキルを身につけたら、もう少し大きい、あるいは複雑な組織を経験する、というキャリアパスを通じて経営者の視点を身に着けることが可能です。

②意図的な次世代の育成の教育

　トップとしての実際の経験は大切な経験ですが、実践を裏付けるサポートをするとこの効果はさらに高まります。自分の経験が何を意味するのか、すでに経験のある人から説明を受けると理解が深まります。MBAプログラムなどを通じて学ぶことも可能です。

　①と②は通常どちらか一方だけになりがちです。①のみですと、自分の経験を体系的にとらえることが難しくなります。②のみですと、経験がないので机上の空論になりがちです。車輪の両輪のように、①と②を組み合わせることを通じて次世代の経営者は育成されていきます。

8-12
顧客資産
―顧客満足度

　顧客満足度というのは、5つの資産でいうと顧客資産をさします。顧客は何らかの期待を持っているのですから、顧客の適切な期待を超え続けることが顧客満足度を高めるポイントです。

▶▶ 顧客満足度とは

　企業が製品・サービスを顧客に提供するのは、顧客の何らかの期待にこたえるためです。もし企業が顧客の期待にこたえることができれば、顧客はまた同じ企業の製品・サービスを購入するでしょう。もし、企業が顧客の期待を大幅に超えることができれば、顧客は感動します。逆に、企業が顧客の期待を裏切ることがあると、顧客は二度とその企業の製品・サービスを購入することはないでしょう。顧客満足度とは、顧客のさまざまな期待にどれだけこたえているのか、という度合いを指します。

▶▶ 顧客の期待を超え続ける

　顧客が定期的に購入するような製品・サービスの場合には、顧客は前回の経験をベースに製品・サービスを購入します。そうであれば、企業は顧客の期待を超え続けることを通じて顧客の満足度を高めることができるのです。

　「顧客の期待を超え続ける」ということは、「顧客の言いなりになる」こととは異なります。企業は、その道のプロフェッショナルとして、顧客のさまざまの期待のうち、企業のビジョンの方向性と合っているか、強みがある分野か、機会はあるのか、などさまざまな要因を考慮に入れ、そのなかで意味のある期待を拾い上げていきます。もし、顧客の言いなりになってしまうと、逆に顧客の期待を裏切ってしまうことすらあります。

▶▶ 顧客満足度を大切にしている企業

　顧客満足度を大切にしている企業としてどのような企業を思い浮かべますか？デルコンピューターは「在庫を持たない経営」、「受注を受けてから製造をする」高

8-12　顧客資産－顧客満足度

い売上成長率を達成している企業です。ところが5つの資産で考えると、違った姿が見えてきます。

マイケル・デル氏は日本経済新聞に対して次のようにコメントしています。

『我々は顧客満足度の向上を最大の経営目標としてきた』＊

さらに、デル氏は、日本ではシェアが1位ではない現状に対して次のようにコメントしています。

『何をもってトップといえるのか。売上だけ追うのは長続きしない。我々は顧客満足度、利益、売上という順番でトップを目指している。顧客満足度ではすでに日本でも高い評価を得た。他社より伸び率が高ければ、いずれ売上高でもトップになれる』＊

このように顧客満足度を高めることは顧客資産の価値を高めることであり、それを通じて利益、売上の成長を考え実践しているのがデルの特徴的な点です。

このようなデル氏が企業文化についてどう考えているのかは興味があるところですが、彼は次のように言ってきます。

『勝ち組の企業風土は合併からは生まれてこない。50年後にも通用するよう自分たちのやり方に誇りをもってまい進するだけだ』＊

デルは短期的な売上成長率、利益率で申し分ない企業ですが、短期的な成果はこのような長期的な文化に支えられているのです。企業価値の視点からすると、これはとても合理的なことです。

顧客満足度とマーケットの関係＊

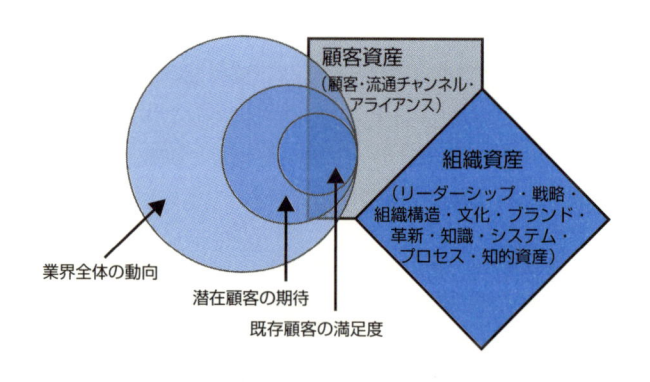

- 業界全体の動向
- 潜在顧客の期待
- 既存顧客の満足度
- 顧客資産（顧客・流通チャンネル・アライアンス）
- 組織資産（リーダーシップ・戦略・組織構造・文化・ブランド・革新・知識・システム・プロセス・知的資産）

＊…目標にしてきた　『日本経済新聞』2002年11月8日15面より。
＊…トップになれる　『日本経済新聞』2002年11月8日15面より。
＊…まい進するだけだ　『日本経済新聞』2002年11月8日15面より。
＊…の関係　アーサーアンダーセン『バリューダイナミクス』東洋経済新報社をもとに作成。

付録
参考文献

●ホームページの公開資料より参照
○Yahoo finance
http://quote.yahoo.co.jp/
○ブルームバーグ
http://www.bloomberg.co.jp/
○東京証券取引所
http://www.tse.or.jp/
○NIKKEI NET マネー&マーケット
http://markets.nikkei.co.jp/
○モーニングスター
http://www.morningstar.co.jp/index.asp
○経済産業省
http://www.meti.go.jp/
○金融庁
http://www.fsa.go.jp/
○総務省統計局
http://www.stat.go.jp/
○EDINET
http://info.edinet.go.jp/EdiHtml/main.htm
○社団法人日本証券アナリスト協会
http://www.saa.or.jp/

●書籍より参照
○企業価値評価に関連して
* 日経文庫 ビジュアル企業価値評価の基本　渡辺茂著　日本経済新聞社
* 企業価値評価　バリエーション:価値創造の理論と実践　マッキンゼー・アンド・カンパニー　ティム・コープランド、ジャック・ミュリン著　ダイヤモンド社
* ケースと図解で学ぶ　企業価値評価　渡辺茂著　日本経済新聞社
* 図解　企業価値入門　渡辺康夫　松村広志著　東洋経済新報社
○財務諸表の読み方、経営分析に関連して
* あなたを変える「稼ぎ力」養成講座　決算書読みこなし編　渋井真帆著　ダイヤモンド社
* 経営分析入門　森田松太郎　日本経済新聞社
○企業価値評価の実践、資本市場に関連して
* 日本の資本市場　氏家純一　東洋経済新報社
* 外国人投資家が買う会社・売る会社　菊池正俊著　東洋経済新報社
* 証券アナリストのための企業分析(第2版)　(社)日本証券アナリスト協会編　東洋経済新報社

付録　参考文献

* ゼミナール　企業分析　基礎と実際　大村和夫著　東洋経済新報社
* 「敵対的M&A」防衛マニュアル　平時の予防策　緊急時の対抗策　野村證券株式会社IBコンサルティング部編　中央経済社
* ROE（株主資本利益率）革命　渡辺茂著　東洋経済新報社
* 最強CFO列伝　巨大企業を操るもう一人の最高権力者たち　井出正介著　日経BP社
* 競争の戦略　M.E.ポーター著　土岐坤他訳　ダイヤモンド社
* 競争優位の戦略　M.E.ポーター著　土岐坤他訳　ダイヤモンド社
* 最強の投資家バフェット　牧野洋　日経ビジネス人文庫
* 賢明なる投資家　ベンジャミン・グレアム　Pan Rolling
* スリッパの法則　藤野英人　PHP
* 金のなる木は清い土で育つ　藤野英人　経済界

○IRに関連して

* 実践IR　自社株マーケティング戦略　三ツ谷誠著　NTT出版株式会社
* リーディング・カンパニー50社に学ぶ　IR経営戦略　小松孝行著　総合法令
* 経営戦略としてのIR　三菱信託銀行　証券代行部編　東洋経済新報社
* 企業価値向上のためのIR経営戦略　遠藤彰郎、岡田依里、北川哲雄、田中襄一編　東洋経済新報社
* 日経文庫　IR戦略の実際　日本インベスター・リレーションズ協議会著　日本経済新聞社

○企業価値創造のフレームワークに関連して

* CRACKING THE Value Code How Successful business are creating wealth in the New Economy ARTHUR ANDERSEN by Richard E.S. Boulton Barry D. Libert Steave M. Samek
* CRACKING THE Value Code　バリューダイナミクス　新しい価値創造のフレームワーク　アーサーアンダーセン　東洋経済新報社
* バランスト・スコアカード　理論とケース・スタディ　桜井道晴著　同文舘出版株式会社
* ウイニング・バランスト・スコアカード　MB賞基準による業績評価　マーク・グラハム・ブラウン著　梅津和夫訳　生産性出版

○企業価値の創造に関連して

* ビジョナリー・カンパニー　時代を超える生存の原則　ジェームズ・C・コリンズ、ジェリー・I・ポラス著　山岡洋一訳　日経BP社
* ビジョナリー・カンパニー②　飛躍の法則　ジェームズ・C・コリンズ、ジェリー・I・ポラス著　山岡洋一訳　日経BP社
* ウェルチの戦略ノート　ロバート・スレーター著　宮本喜一訳　日経BP社
* GE式ワークアウト　デーブ・ウルリヒ　スティーブ・カー　ロン・アニュケナス著　高橋透　伊藤武志訳　日経BP社
* 一勝九敗　柳井正著　新潮社
* トヨタウェイ　梶原一明　ビジネス社
* 俺の考え　本田宗一郎　新潮文庫
* 論語と算盤　渋沢栄一/述　梶山彬/編　大和出版
* ルネサンスとは何であったのか　塩野七生　新潮社
* 私的ブランド論　秦郷次郎著　日経新聞社
* プロフェッショナルの条件　いかに成果をあげ、成長するか　P.F.ドラッカー著　上田惇生訳　ダイヤモンド社

索引 INDEX

記号・数字
- 5つの資産 ……………………… 187, 188
- β ………………………………………… 107

A
- AM ……………………………………… 197

B
- B/S ……………………………………… 32
- BPS ……………………………………… 78

C
- C/F ……………………………………… 32
- CEO …………………………………… 198
- CFO …………………………………… 198
- CHO …………………………………… 198
- CIM …………………………………… 197
- CMO …………………………………… 198
- COO …………………………………… 198
- CRM …………………………………… 197

D
- DCFモデル ……………………… 56, 93, 220

E
- EBITDA ………………………………… 82
- EPS ……………………………………… 76
- ERM …………………………………… 197
- EV ………………………………… 58, 82
- EV/EBITDA ……………………… 75, 156
- EV/EBITDA倍率 ……………………… 82

H
- HRM …………………………………… 197

I
- IPO …………………………………… 230
- IR ……………………………………… 168
- IRM …………………………………… 198

K
- KVD ……………………………… 228, 231

M
- M&A ………………… 150, 152, 154, 162

P
- P/L ……………………………………… 32
- PBR ………………………… 75, 78, 156
- PCFR ……………………………… 75, 80
- PER ……………………………… 75, 76
- PSR ……………………………… 75, 85

R
- ROA …………………………………… 52, 53
- ROE …………………………………… 52, 53
- ROIC ………………………………… 52, 53

S
- SCM …………………………………… 197
- SWOT分析 …………………………… 215

T
- TOB …………………………………… 152

W
- WACC ………………………………… 104

あ行
- アーサーアンダーセン ……………… 188
- アナリスト ……………………………… 164
- アニュアルレポート …………………… 174
- 意思決定 ………………………………… 12
- 売上高 ………………………… 34, 98, 101
- 売上成長率 ……………………………… 123
- 売上総利益 ……………………………… 34
- 売掛金 …………………………………… 46
- 運転資本 ……………………… 46, 49, 102
- 運転資本増減 …………………………… 101
- 営業によるキャッシュフロー …………… 38
- 営業利益 ……………………………… 34, 48

259

営業利益率・・・・・・・・・・・・・・・・・・・・・98, 123

か行

海外企業・・・・・・・・・・・・・・・・・・・・・・・・154
買掛金・・・・・・・・・・・・・・・・・・・・・・・・・・46
加重平均資本コスト・・・・・・・・・・・・・・104
価値創造のプロセス・・・・・・・・・・・・・・218
株価・・・・・・・・・・・・・・・・・・・・・・・22, 126
株価売上高倍率・・・・・・・・・・・・・・・・・・85
株価キャッシュフロー倍率・・・・・・・・・・80
株価収益率・・・・・・・・・・・・・・・・・・・・・・76
株価純資産倍率・・・・・・・・・・・・・・・・・・78
株価倍率法・・・・・・・・・・・・・・・・・・・・・・74
株式交換・・・・・・・・・・・・・・・・・・・・・・154
株式時価総額・・・・・・・・・・・・・・・・・・・・20
株式市場・・・・・・・・・・・・・・・・・・・・・・・22
株式市場リスク・・・・・・・・・・・・・・・・・・24
株式投資・・・・・・・・・・・・・・・・・・・・・・・22
株主・・・・・・・・・・・・・・・・・・・・・164, 181
株主価値・・・・・・・・・・・・・・・・・・94, 113
株主資本コスト・・・・・・・・・・・・106, 108
株主資本配当率・・・・・・・・・・・・・・・・・・42
株主資本利益率・・・・・・・・・・・・・・・・・・52
カルロス・ゴーン・・・・・・・・・・・・・・・・243
企業価値・・・・・・・・・・10, 113, 122, 191
企業価値評価・・・・・・・・・・・・・・・・・・116
企業価値リスク・・・・・・・・・・・・・・・・・・28
企業ステージ・・・・・・・・・・・・・・・・・・110
キャッシュフロー計算書・・・・・・・・32, 38
ギャップ・・・・・・・・・・・・・・・・・・142, 146
緊急度・・・・・・・・・・・・・・・・・・・・・・・233
金融市場・・・・・・・・・・・・・・・・・・・・・・195
金融投資家・・・・・・・・・・・・・・・・・・・・158
経営企画チーム・・・・・・・・・・・・・・・・150
経営者・・・・・・・・・・・・・・・150, 225, 253
経営戦略・・・・・・・・・・・・・・・・・・・・・・153
経常利益・・・・・・・・・・・・・・・・・・・・・・・35
継続価値・・・・・・・・・・・・・・・・・・・・・・112
継続的改善・・・・・・・・・・・・・・・・・・・・239
決定木分析法・・・・・・・・・・・・・・・・・・・87
減価償却費・・・・・・・・・・・・・・・・・44, 101
現在価値・・・・・・・・・・・・・・・・・・・・・・・50
原材料市場・・・・・・・・・・・・・・・・・・・・195
公開企業・・・・・・・・・・・・・・・・・・・・・・110
顧客資産・・・・・・・・・・・・・・・・・・・・・・190

顧客満足度・・・・・・・・・・・・・・・・・・・・255

さ行

財務諸表・・・・・・・・・・・・・・・・・・・・・・・32
財務責任者・・・・・・・・・・・・・・・・・・・・150
財務によるキャッシュフロー・・・・・・・・39
財務レバレッジ・・・・・・・・・・・・・・・・・108
採用・・・・・・・・・・・・・・・・・・・・・・・・・246
サスティナブル成長率・・・・・・・・・・・・・77
時価純資産法・・・・・・・・・・・・・・・・・・・61
事業価値・・・・・・・・・・・・・・・・・・・・・・・96
事業責任者・・・・・・・・・・・・・・・・・・・・150
事業投資家・・・・・・・・・・・・・・・・・・・・158
事業報告書・・・・・・・・・・・・・・・・・・・・175
資産・・・・・・・・・・・・・・・・・・・・・・・・・・36
自社株取得・・・・・・・・・・・・・・・・・・・・178
市場価値・・・・・・・・・・・・・・・・・・15, 122
資本・・・・・・・・・・・・・・・・・・・・・・・・・・37
資本効率・・・・・・・・・・・・・・・・・・・・・・・53
資本コスト・・・・・・・・・・・・・・・・・・・・104
資本政策・・・・・・・・・・・・・・・・・・・・・・176
社会・環境・・・・・・・・・・・・・・・・・・・・195
社内IR・・・・・・・・・・・・・・・・・・・・・・・251
収益還元法・・・・・・・・・・・・・・・・・・・・・63
収益方式・・・・・・・・・・・・・・・・・・・・・・・63
習慣曲線・・・・・・・・・・・・・・・・・・・・・・240
従業員・・・・・・・・・・・・・・・・・・・・・・・250
重要度・・・・・・・・・・・・・・・・・・・・・・・233
純資産方式・・・・・・・・・・・・・・・・・・・・・60
証券アナリスト・・・・・・・・・・・・・・・・・172
将来のキャッシュフロー・・・・・・・・・・・26
将来の時間軸・・・・・・・・・・・・・・・・・・206
人的資産・・・・・・・・・・・・・・・・・・・・・・189
スティール・パートナーズ・・・・・・・・・152
成果主義・・・・・・・・・・・・・・・・・・・・・・248
税引前当期純利益・・・・・・・・・・・・・・・・35
製品・サービス市場・・・・・・・・・・・・・195
設備投資・・・・・・・・・・・・・・・・・・・44, 101
セルサイドアナリスト・・・・・・・・・・・・172
戦略・・・・・・・・・・・・・・・・・・・・・・・・・215
総還元性向・・・・・・・・・・・・・・・・・・・・・42
総資本利益率・・・・・・・・・・・・・・・・・・・52
組織資産・・・・・・・・・・・・・・・・・・・・・・189
損益計算書・・・・・・・・・・・・・・・・・・32, 34

た行

項目	ページ
貸借対照表	32, 36
タイムラグ	204
対話	242
棚卸資産	47
短期的な価値	206, 212
チャレンジ	237
中期経営計画	214
中期的な価値	208, 214
長期的な価値	208, 216
定額償却	44
ディシジョンツリーアナリシス	87
ディスカウントキャッシュフロー	56
ディスカウントキャッシュフローモデル	64, 92
敵対的TOB	24
敵対的買収対策	160
デルコンピューター	255
投下資本利益率	52
当期純利益	35
投資家	164
投資によるキャッシュフロー	38
投資判断	13
投資リスク	106
毒薬条項	160
トヨタ	238
取引事例法	73

な行

項目	ページ
日常の意思決定	212
日常の行動	212
日産	243
ネットEV	82

は行

項目	ページ
買収対象	158
買収ファンド	152
配当	40
配当額	40
配当還元法	68
配当性向	42, 77
配当政策	180
配当方式	68
配当利回り	75, 84
バリュートライアングル	187, 211
販売費および一般管理費	34
非事業性資産	113
比準方式	72
ビジョン	217, 235
不確実性	86
部課長	252
負債	36
負債コスト	105
負債資本コスト	108
ブラックショールズモデル	87
ブランド	193
フリーキャッシュフロー	48, 96
フレームワーク	184
プロセス	201
文化	216
ベータ	107
ポイズンピル	160
ホームページ	175
簿価純資産法	60
本質価値	14, 141, 146

ま行

項目	ページ
マイケル・デル	256
マネジメント	197
見えない資産	168, 193, 231
未処分利益	40
モンテカルロ法	88

や行

項目	ページ
有利子負債	26
ユニクロ	238
余剰キャッシュ	180

ら行

項目	ページ
リアリティーチェック	99
リアルオプション法	87
利害関係者	195
リスク管理	28
リッツカールトン	246
流動性	111
類似会社比準法	72
類似業種比準法	72

わ行

項目	ページ
割引率	51

著者紹介　株式会社バリュークリエイト

2001年設立。創業時のベンチャー企業から従業員1万人以上の企業まで、企業の規模、業種、業態を問わず企業価値の視点を提供している。現在の顧客企業の時価総額は約1.5兆円。過去4年の顧客企業の時価総額増加率は年率約40％。主な事業は、企業価値創造の経営アドバイス、IRアドバイス、エンジェル投資（2005年7月現在6社）、次世代の経営者の育成、企業価値創造の視点の研修。
バリュークリエイトのHP：http://www.valuecreate.net/
バリュークリエイトのブログ：http://blog.livedoor.jp/value_create/

奥野　雄平（おくの　ゆうへい）　バリュークリエイト　パートナー　第2章、第3章、第4章担当

2002年バリュークリエイト入社　IR担当者、ミドルマネジメント、新入社員を対象にした企業価値創造の視点の研修の企画および運営、社内IRの開催のサポートやベンチャー企業に対しての企業価値創造の視点でのアドバイスを行っている。okuno@valuecreate.net

小泉　正明（こいずみ　まさあき）　バリュークリエイト　アドバイザー

1987年アーサーアンダーセン入所。朝日監査法人（現あずさ監査法人）パートナーを経て、2004年双葉監査法人パートナー。2005年シティ公認会計士事務所に参加。株式会社インターネットイニシアティブ（IIJ）監査役、日本社会事業大学大学院非常勤講師、株式会社リプロジェクト・パートナーズ　アドバイザー　公認会計士、税理士及びシステム監査技術者　日刊工業新聞社刊『IT知財と法務』執筆（IT企業法務研究所編）koizumi@valuecreate.net

佐藤　明（さとう　あきら）　バリュークリエイト　パートナー　第1章、第6章担当

1987年野村證券株式会社入社。1989年より証券アナリストとして活動。1995年日経金融アナリストランキング企業総合部門第1位、1993～1999年造船プラント部門1位など。ベンチャー企業を経て、2001年バリュークリエイト設立。主に公開企業の経営者に企業価値創造の視点でアドバイスを提供。国内・海外の資産運用会社社外取締役、ベンチャー企業数社の監査役、デジタルハリウッド大学助教授。論文として「日本的M&Aの考察」など。sato@valuecreate.net

波田野　美由起（はたの　みゆき）　バリュークリエイト　パートナー　第6章担当

1983年から主婦として2人の子供を育てる。2000年株式会社ワークスアプリケーションズ入社。上場前から上場後まで同社のIR担当者としてIRの実務を行う。積極的かつ戦略的なIR活動が機関投資家やアナリストから継続的に高く評価され、日本経済新聞「2002年に期待する新興企業調査」第4位、2002年日経ベンチャー「ベンチャー・オブ・ザ・イヤー新規公開部門」第2位、2002年日本経済新聞「ベストIPO調査」第1位、日経金融新聞「新興企業の2003年有望銘柄分析」第1位、日本経済新聞「2003年に期待する新興企業調査」第2位を受賞。2003年よりIRコンサルタントとして独立、2005年バリュークリエイト入社。IRアドバイスを行っている。
hatano@valuecreate.net

三富　正博（みとみ　まさひろ）　バリュークリエイト　パートナー　第5章、第7章、第8章担当

1987年アーサーアンダーセン東京事務所入所。1991年米国に転勤、以降9年間マーケティング、リスク管理、プロジェクト管理、顧客管理、品質管理、人事・教育、ナレッジ・マネジメント等の知的資産のマネジメントを実践する。2000年に日本帰国、ベンチャー企業の経験を経て、2001年バリュークリエイト設立。企業の経営者に「5つの資産」と「バリュートライアングル」を使って企業価値創造の視点からのアドバイスや、マネジメントチームの構築、次世代の経営者の育成のサポートを行っている。ベンチャー企業取締役　公認会計士、米国公認会計士
mitomi@valuecreate.net

●カバーイラスト 石倉誠一郎(有限会社図工舎)

図解入門ビジネス 最新
企業価値評価の基本と仕組みが
よ～くわかる本

| 発行日 | 2005年 7月15日 | 第1版第1刷 |

著　者　株式会社バリュークリエイト

発行者　牧谷　秀昭
発行所　株式会社　秀和システム
　　　　〒107-0062　東京都港区南青山1-26-1 寿光ビル5F
　　　　Tel 03-3470-4947(販売)
　　　　Fax 03-3405-7538
印刷所　株式会社平河工業社　　　　Printed in Japan

ISBN4-7980-1107-X C0034

定価はカバーに表示してあります。
乱丁本・落丁本はお取りかえいたします。
本書に関するご質問については、ご質問の内容と住所、氏名、電話番号を明記のうえ、当社編集部宛FAXまたは書面にてお送りください。お電話によるご質問は受け付けておりませんのであらかじめご了承ください。

「図解入門」シリーズ

業界研究 最新介護ビジネス業界の動向とカラクリがよ～くわかる本
著者：山田正和　　定　価：（本体1400円+税）　　ISBNコード：4-7980-1058-8　2005/04/26刊

業界研究 最新ファッション業界の現在とトレンドがよ～くわかる本
著者：為家洋子　　定　価：（本体1400円+税）　　ISBNコード：4-7980-0981-4　2005/02/22刊

業界研究 最新コンサル業界の動向とカラクリがよ～くわかる本
著者：廣川州伸　　定　価：（本体1400円+税）　　ISBNコード：4-7980-0982-2　2005/02/22刊

業界研究 最新広告業界の動向とカラクリがよ～くわかる本
著者：中野明、蔵本賢、林孝憲　　定　価：（本体1300円+税）　　ISBNコード：4-7980-0986-5　2005/01/21刊

業界研究 最新放送業界の動向とカラクリがよ～くわかる本
著者：中野明　　定　価：（本体1300円+税）　　ISBNコード：4-7980-0987-3　2005/01/21刊

業界研究 最新医薬品業界の動向とカラクリがよ～くわかる本
著　者：荒川博之　　定　価：（本体1400円+税）　　ISBNコード：4-7980-0740-4　2004/03/23刊

業界研究 最新流通業界の動向とカラクリがよ～くわかる本
著　者：(株)日本流通経営研究所　　定　価：（本体1400円+税）　　ISBNコード：4-7980-0702-1　2004/02/28刊

最新 MOT（技術経営）がよ～くわかる本
著者：出川通　　定　価：（本体1800円+税）　　ISBNコード：4-7980-0998-9　2005/02/10刊

介護保険の基本と仕組みがよ～くわかる本
著者：ケアマネジメント研究フォーラム　　定　価：（本体1400円+税）　　ISBNコード：4-7980-0962-8　2004/12/17刊

ビジネス 最速 プライバシーマーク取得実務がよ～くわかる本
著者：打川和男ほか　　定　価：（本体1800円+税）　　ISBNコード：4-7980-0952-0　2004/12/15刊

貿易実務の基本と仕組みがよ～くわかる本
著　者：布施勝彦　　定　価：（本体1500円+税）　　ISBNコード：4-7980-0961-X　2004/12/15刊

最新ISO14001がよ～くわかる本
著者：辻井浩一　　定　価：（本体1600円+税）　　ISBNコード：4-7980-0934-2　2004/11/18刊

ソフト契約と見積りの基本がよ～くわかる本
著者：谷口功　　定　価：（本体1600円+税）　　ISBNコード：4-7980-0916-4　2004/10/29刊

ビジネス 知財評価の基本と仕組みがよ～くわかる本
著　者：鈴木公明　　定　価：（本体1600円+税）　　ISBNコード：4-7980-0876-1　2004/10/02刊

最新 バランス・スコアカードがよ～くわかる本
著　者：藤井智比佐　　定　価：（本体1500円+税）　　ISBNコード：4-7980-0869-9　2004/09/15刊